Wilhelm Hartmann

Rütli

Liederbuch für Männergesang

Wilhelm Hartmann

Rütli
Liederbuch für Männergesang

ISBN/EAN: 9783743327160

Hergestellt in Europa, USA, Kanada, Australien, Japan

Cover: Foto ©Thomas Meinert / pixelio.de

Manufactured and distributed by brebook publishing software
(www.brebook.com)

Wilhelm Hartmann

Rütli

Das Rütli.

Liederbuch für Männergesang.

Für Amerika herausgegeben

von

Wilhelm Hartmann,
Gesanglehrer und Director des Gesang-Vereins „Junger Männerchor".

Neue vermehrte Auflage.

Philadelphia,
bei Schäfer und Koradi,
Vierte und Wood-Straße.

Zur Beherzigung.

An die Aktiven.

Wer singt, der sing,
Daß es wohl kling,
Und thu die Stimm recht führen;
Schrei nit zu sehr,
Thu sich vielmehr
Fein lieblich moderiren,
Auf daß gar frei
Die Melodei
Zum Text mög concordiren;
Denn sonst der Gsang
Sein Ton und Klang
Thut ganz und gar verlieren.

An die Passiven.

Wer dabei sitzt,
Brauch kluge Witz
Und thu ja nicht verstören
Ein guten Gsang,
Daß man den Klang
Fein eigentlich mag hören,
Denn man sonst lacht
Und ihn bald acht
Für einen groben Knollen,
Der nichts nit kann,
Noch thut verstan
Und sich mit Schand muß trollen.

Inhaltsverzeichniß.

Nro.	Seite	Liederanfänge.	Componisten.	Dichter.
125	301	Abend wird es wieder	Ch. H. Rinck.	Hoffmann v. F.
147	349	Ach du klarblauer Himmel	Fr. Silcher.	
113	268	Ade, du lieber Tannenwald	Esser.	J. v. Eichendorff.
145	346	Aennchen von Tharau ist's	Fr. Silcher.	A. G. Herder.
4	16	Alle die tiefen Qualen	A. Lotti.	
153	364	Alles, was wir lieben, lebe	Volksweise.	Ritter.
257	556	Allons, enfants		
265	559	Am Brunnen vor dem Thore		Wilhelm Müller.
205	484	Am Ufer hin und wieder	Volksweise.	E. Hobein.
110	261	Am Waldrand steht ein	J. B. Schmölzer.	Fr. Oser.
172	408	An der Saale hellem Strande	W. Baumgartner.	F. Kugler.
138	331	Athme nur leise	C. Ecker.	
201	474	Auf ferner fremder Aue	J. R. Weber.	G. Seidl.
214	511	Auf ihr Brüder, laßt uns	Stunz.	Dr. H. Weißmann.
254	555	Auf, Matrosen, die Anker		W. Gerhard.
22	62	Befiehl du deine Wege	nach F. Malan.	P. Gerhard.
224	530	Bei Wöbbelin im freien Feld	L. Berger.	F. R. Förster.
242	549	Bekränzt mit Laub		Fr. v. Kobell.
246	550	Bin i nit ä lust'ge		
195	460	Bravo! Brüder so ist's recht		
183	433	Bringt mir Blut der edlen		E. M. Arndt.
239	547	Brüder lagert euch im Kreise		
196	463	Brüder laßt uns lustig sein	H. Marschner.	J. Ch. Günther.
176	415	Brüder, reicht die Hand	Mozart.	
240	548	Ça, ça geschmauset		Alt-J. Tafellied.
5	19	Christe du Lamm Gottes	nach M. Prätorius.	
41	106	Da unten ist Frieden	C. Kloß.	C. Sauppe.
102	240	Das Herz gehört dem Vaterl.	Fr. Gackstatter.	F. Haberkamp.
9	26	Das ist der Tag des Herrn	C. Kreutzer.	L. Uhland.
226	533	Das junge Völkchen mag sich	Maczewsky.	Langbein.
148	352	Das Lieben bringt groß'	J. Rietz.	Schwäb. Volksl.
253	554	Das Schiff streicht durch die		Brassier.
14	41	Das walte Gott, der helfen	C. Ecker.	Betichius.
42	108	Dem Menschenfreund, der	Lindpaintner.	
44	114	Dem Wahren, Guten	J. Heim.	J. Sprüngli.
120	290	Der Abend sinkt, in dunkeln	F. Abt.	
141	339	Der alte Barbarosse	Fr. Silcher.	Fr. Rückert.
119	288	Der du von dem Himmel bist	C. M. v. Weber.	W. v. Göthe.
84	204	Der Gott, der Eisen wachsen	Methfessel.	E. M. Arndt.
3	12	Der Herr ist mein Hirt	H. B. Klein.	
105	248	Der Mai ist gekommen	Volksweise.	E. Geibel.
13	39	Der Mensch lebt und bestehet	H. G. Nägeli.	M. Claudius.

Nro.	Seite	Liederanfänge.	Componisten.	Dichter.
30	80	Des Sonntags in der	W. H. Veit.	Rob. Reinick.
11	30	Dich preist, Allmächtiger	J. H. Breitenbach.	F. Matthisson.
133	320	Die Abendglocken klingen	F. Abt.	
168	401	Die Blumenglöckchen klingen	Volksweise.	Delia Helena.
171	406	Die Gedanken sind frei	Volkslied.	
12	35	Die Himmel rühmen des	nach Beethoven.	L. F. Gellert.
112	266	Die linden Lüfte sind erwacht	W. Baumgartner.	L. Uhland.
156	370	Die Sonn' erwacht	C. M. v. Weber.	P. A. Wolff.
129	308	Die Sterne sind erblichen	Jos. Gersbach.	Hoffmann v. F.
185	436	Die Weinlein, die da fließen	Fr. Kücken.	F. Löwe.
69	173	Dir möcht' ich diese Lieder	C. Kreutzer.	L. Uhland.
150	358	Drauß ist Alles so prächtig	arrang. v. J. Rietz.	Fr. Richter.
192	453	Draußen regnets, Alles	H. Bönicke.	Strauß u. Born.
31	82	Droben stehet die Kapelle	C. Kreutzer.	L. Uhland.
202	476	Du lieblicher Stern	R. Schumann.	Hoffmann v. F.
76	189	Du Schwert an meiner Linken	C. M. v. Weber.	Th. Körner.
218	518	Durch Feld und Buchenhallen	Th. Gaugler.	J. v. Eichendorff.
7	21	Durch Nacht zum Licht	P. A. Zwyssig.	
2	6	Ehre sei Gott in der Höhe	M. Hauptmann.	
78	192	Eidgenossen schirmt das Haus	Fr. Kücken.	H. Rustige.
158	378	Ein Kirchlein steht im Blauen	C. Becker.	W. Kilzer.
250	552	Ein lust'ger Musikante		E. Geibel.
152	361	Ein Wanderbusch, mit dem	C. Attenhofer.	J. N. Vogel.
233	544	Er lebe hoch!	F. Abt.	
227	536	Es blickt so still der Mond	A. Braun.	
264	558	Es blinken drei freundliche		Th. Körner.
89	213	Es braust ein Ruf wie	C. Wilhelm.	Müller.
137	329	Es geht bei gedämpfter	Fr. Silcher.	A. v. Chammisso.
208	493	Es gingen drei Jäger	L. Heisig.	L. Uhland.
248	551	Es hatten drei Gesellen		E. Salomon.
92	222	Es heult der Sturm, es	n. Mendelssohn-B.	F. Lange.
204	481	Es ist bestimmt in Gottes	W. Baumgartner.	E. Feuchtersleben.
206	486	Es ist das Lied mein	C. Santner.	H. Stein.
252	554	Es kann ja nicht immer so		A. v. Kotzebue.
48	120	Es lebt in jeder Schweizerb.	J. R. Weber.	L. Widmer.
121	293	Es liegt ein Weiler	Hermes.	E. Hermes.
142	340	Es scheinen die Sternlein	Volksweise.	
124	300	Es steht eine mächtige Linde	H. Szadrowsky.	Auguste Kurs.
154	366	Es war ein König in Thule	Volksweise.	W. v. Göthe.
151	360	Es war einmal ein König	A. Billeter.	
19	55	Es weht durch euren Frieden	J. Otto.	
243	549	Es zogen drei Burschen		L. Uhland.
165	395	Es zogen drei Krieger	Volksweise.	L. Widmer.
167	399	Fahr' wohl, du goldne Sonne	Beethoven.	Fr. Rückert.
108	256	Feierliche Stille schwebet	Behrens.	
17	48	Feierlicher Glockenklang	J. Otto.	F. Lange.
164	394	Ferne vom Heimatland	Volksweise.	Hoffmann v. F.

Nro.	Seite	Liederanfänge.	Componisten.	Dichter.
135	324	Frei wie des Adlers	H. Marschner.	Schnabel.
67	169	Freie Männer sind wir	C. Kreutzer.	J. J. Hegner.
235	545	Freiheit, die ich meine		M. Schenkendorf.
193	456	Freude breite ihre Schwingen	A. Ahrenssen.	J. Tötemeier.
251	553	Freut euch des Lebens		M. Usteri.
98	232	Frisch auf, du schweizer Mann	B. Vogler.	
116	279	Früh Morgens, wenn die	Fr. Abt.	
75	186	Furchtlos schreitet der kräftige	H. G. Nägeli.	
260	557	Gekommen ist der Winter		Corrodi.
23	64	Glocke, klingst so fröhlich	A. Feska.	
223	528	Gott erhalte Franz, den Kaiser	Jos. Haydn.	L. Haschka.
187	440	Guckt nicht in Wasserquellen	W. Baumgartner.	
259	557	Hab' oft im Kreise der Lieben		A. Chamisso.
166	398	Han anem Ort es Blümli	Volksweise.	G. J. Kuhn.
180	424	Heda, Wein her! Vom Rhein	C. Zöllner.	
21	60	Heil'ge Nacht, o gieße du	nach Beethoven.	
83	202	Heißt ein Haus zum	Volkslied.	G. Keller.
87	210	Heran, du ehrenwerthe	F. Laur.	H. Goll.
18	53	Herr, der du in deiner	Volksweise.	
45	115	Herr, sei der Väter Schutz	A. Lwoff.	
93	224	Herz, mys Herz, warum so	Volksweise.	R. Wyß.
88	212	Herz voll Muth! Blick voll	Gackstatter, sen.	Hinkel.
211	504	Herzel, was kränkt dich	Fr. Silcher.	
200	472	Heut' haben sie mein Lieb	C. Munzinger.	übers. v. Kapper.
97	230	Heut' muß geschieden sein	Volksweise.	R. Adair.
37	95	Hier ist so tiefer Schatten	C. Ecker.	J. v. Eichendorff.
163	392	Hier sind wir versammelt	Volksweise.	W. v. Göthe.
91	220	Hoch vom Himmel droben	L. Liebe.	A. Becker.
49	121	Hör' uns, Allmächtiger	P. A. Zwyssig.	
81	199	Hör' uns! Gott, Herr	E. Mehul.	L. Widmer.
230	541	Holder Lenz, du bist	C. Zöllner.	N. Lenau.
114	270	Horch, wie brauset der Sturm	C. Kreutzer.	L. Uhland.
238	547	Ich bin ein Schweizerknabe		
191	450	Ich bin nicht gern allein	Fr. Schneider.	
207	489	Ich geh' noch Abends spät	C. Kreutzer.	
249	551	Ich hab' mich ergeben		H. F. Maßmann.
256	555	Ich hatt' einen Kameraden		L. Uhland.
179	422	Ich kenn' ein Königstöchterlein	E. J. Pfeiffer.	Müller v. d. W.
52	129	Ich kenn' ein wunderschönes	P. v. Lindpaintner.	
255	555	Ich nehm' mein Gläschen		
247	551	Ich weiß nicht was soll es		H. Heine.
209	500	Ich zog zur hellen Stadt	A. Billeter.	
241	548	Jetzt gang' i an's Brünnele		H. F. Maßmann.
51	126	Ihr Riesengletscher, lind	C. Kreutzer.	J. C. Peppert.
132	317	Ihr Wandervögel in der Luft	Niels W. Gade.	O. Roquette.
186	438	Im Pokale klaren Wein	Stunz.	Weichselbaumer.
90	215	Im Schweizerlande rauscht	W. Baumgartner.	C. Morell.

Nro.	Seite	Liederanfänge.	Componisten.	Dichter.
29	76	Im Walde steht ein altes	C. Kreutzer.	A. Schuhmacher.
68	172	In der Heimat ist es schön	A. Zöllner.	J. Krebs.
54	134	In der Heimat wohnt der	J. G. Müller.	B. O. Sternau.
34	90	In des Friedhofs stillen	nach F. Werner.	L. Widmer.
237	546	In einem kühlen Grunde		J. v. Eichendorff.
20	58	In Ihm sei's begonnen	Th. Veraguth.	
198	467	Jubelnd in die blauen Lüfte	C. J. Pfeiffer.	
149	354	Kühlrauschend unter'm	C. Ecker.	J. v. Eichendorff
10	29	Laßt Jehovah hoch erheben	P. A. Zwyssig.	
212	505	Leb' wohl du theures	Volksweise.	Genée.
40	103	Leiden und Freuden, Leben	Lindpaintner.	
143	342	Lieb' ist ein Blümelein	Fr. Abt.	W. Floto.
263	558	Mädele ruck ruck		Schwäb. Volksl.
217	517	Mag auch heiß das Scheiden	C. Wilhelm.	E. Geibel.
95	227	Mein Herz ist im Hochland	Volksweise.	Freiligrath.
199	470	Mein Herz ist wie die	G. Bergmann.	E. Geibel.
111	264	Mein Herz thu' dich auf	Chr. Seidel.	
157	371	Mein Lebenslauf ist Lieb'	C. A. Mangold.	A. Mahlmann.
170	404	Morgen marschiren wir	J. Stern.	Hoffmann v. F.
173	410	Morgen muß ich weg von	Fr. Silcher.	
245	550	Morgenroth! Morgenroth		W. Hauff.
32	85	Muß Einer von dem Andern	A. Billeter.	Fr. Oser.
266	559	Muß i denn, muß i denn		F. Wagner.
134	322	Nacht, o Nacht, du heil'ge	F. X. Chwatal.	H. Chezy.
267	560	Nimm deine schönsten		J. J. Sprüngli.
160	386	Noch ist die blühende		O. Roquette.
96	229	Nun ade, du theures	Volksweise.	A. Desselhof.
107	251	Nun brechen aller Enden	C. Reinecke.	R. Reinick.
106	250	Nun fangen die Weiden	Volksweise.	Fr. Oser.
70	176	Nun laßt uns hoch den Becher	F. Sauer.	
229	540	Nur in des Herzens	Flemming.	Chr. Schulz.
228	538	O Harmonie	Fr. Silcher.	
210	502	O Jugendzeit, du grüner	W. Baumgartner.	
62	154	O mein Heimatland	"	G. Keller.
6	20	O sanctissima	Sicil. Schifferlied.	Herder's Volksl.
	1	O Schutzgeist alles Schönen	W. A. Mozart.	Denzel.
219	520	O Thäler weit, o Höhen	A. Zimmermann.	J. v. Eichendorff.
146	347	O wie ist's möglich dann	Volksweise.	H. Chezy.
36	93	O wie sanfte, selige Ruh'	Kuhlau.	
24	65	O wunderbares tiefes	Mendelssohn=B.	J. v. Eichendorff.
103	242	O wunderschönes Schweizerl.	Carl Ecker.	L. Keller.
189	444	Ob auch alle Götter verließen	"	A. W.
25	68	Reichgesegnet sei die Stunde	C. T. Brunner.	
234	545	Rufst du, mein Vaterland		J. R. Wyß.

Nro.	Seite	Liederanfänge.	Componisten.	Dichter.
127	304	Sah ein Knab' ein Röslein	H. Werner.	W. v. Göthe.
131	316	Schlafe wohl! Im Thal	A. Billeter.	
33	88	Schon die Abendglocken	C. Kreutzer.	
181	426	Schon zieht die Nacht	E. J. Pfeiffer.	H. Heise.
64	161	Schweizersöhne in die	J. Greith.	
197	465	Seht Freunde, wie der	Volksweise.	H. J. Boßhard.
100	236	Seht ihr die alte Veste	R. Schumann.	J. G. Müller v. W.
215	514	Stehst du am Abend	E. R. Kühne.	H. Kletke.
27	72	Silberumsäuseltes Wolkeng.	Hauptmann.	Fr. Oser.
85	206	's ist im e Dorf vor Zite	Volksweise.	
15	45	So feierlich und stille	Gackstatter.	Knapp.
117	283	So viel der Mai auch	Volksweise.	Hoffmann v. F.
244	550	Steh' ich in finst'rer		W. Hauff.
16	46	Stille ruht die Erde	F. Abt.	
262	558	Studio auf einer Reis'		
104	245	Süßer Hauch der Frühlingsl.	C. Kreutzer.	Stieglitz.
61	152	Treue Liebe bis zum Grabe	W. Baumgartner.	Hoffmann v. F.
177	417	Trink, trink, trink Kamerad	C. Zöllner.	
8	24	Trittst im Morgenroth daher	P. A. Zwyssig.	L. Widmer.
225	532	Ueber allen Gipfeln ist Ruh'	E. R. Kühne.	W. v. Göthe.
26	70	Ueber den Hügel hin	C. Santner.	
71	179	Ueber den Sternen	arr. v. Ehrenzeller.	Ida Hahn-Hahn.
123	298	Ueber Gebirg und Thal	C. Ecker.	H. Weiser.
261	557	Ufem Bergli bin i		W. v. Göthe.
94	226	Und so lang ich noch jauchz'	Abt, arr. Schnyder	Fr. Oser.
101	239	" " " " " "	L. Liebe.	"
130	309	Uns're Gläser klingen hell	G. E. Stehle.	Lenau.
73	182	Vater ich rufe dich	Himmel.	Th. Körner.
232	543	Vaterland hoch		
80	197	Vaterland, ich muß marschiren	Volksweise.	
63	156	Vaterland, Vaterland! dir	E. Reiter.	
46	116	Vaterland, Vaterland, ruh'	J. Heim.	R. Krüsi.
159	383	Vöglein, was singst du im	nach J. Dürner.	O. v. Haugwitz.
184	434	Vom hoh'n Olymp herab	arr. v. Baumgart.	H. Ch. Schnorr.
1	4	Von ferne sei herzlich gegrüßet	J. Greith.	J. Krauer.
86	208	Wackre Burschen, Schwyzer	Ph. Tietz.	O. Roquette.
99	234	Was brausest du, mein	arr. von J. Heim.	E. M. Arndt.
43	111	Was freut einen alten	F. Abt.	
221	524	Was glänzt dort vom Walde	C. M. v. Weber.	Th. Körner.
213	508	Was glänzt im Aug' so helle	"	
60	148	Was ist des Deutschen Vaterl.	G. Reichardt.	E. M. Arndt.
58	142	Was ist des Schweizers Vaterl.	"	nach "
82	200	Was ist es, was den freien	W. Speidel.	
28	73	Was schimmert dort auf dem	C. Kreutzer.	C. Breidenstein.
169	402	Was, traute Brüder, sitzt	Fr. Silcher.	
74	183	Was uns eint als treue	Mendelssohn-B.	J. v. Eichendorff.

Nro.	Seite	Liederanfänge.	Componisten.	Dichter.
128	305	Weg mit den Grillen und	arr. v. Baumgartn.	A. Mahlmann.
38	98	Weinet nicht	C. G. Elsässer.	
161	388	Weißt du wohl noch, was	Volksweise.	
178	420	Wem bring' ich wohl das	Fr. Abt.	J. N. Vogl.
118	285	Wem Gott will rechte Gunst	Mendelssohn=B.	J. v. Eichendorff.
190	448	Wenn das atlant'sche Meer	Schröter.	
109	258	Wenn der Lenz beginnt	F. Abt.	H. Franke.
57	140	Wenn der Schnee von den	J. Heim.	A. Schnezler.
194	458	Wenn die Quellen silbern	C. Häser.	Brämer.
182	429	Wenn die Sorgen uns	H. Bönicke.	C. Lange.
139	334	Wenn ich ein Vöglein wär	Volkslied.	Herder's Volksl.
39	99	Wenn Ihr dereinst mich tragt	B. Vogler.	Stein.
59	146	Wenn's Herz in der Fremde	B. Vogler.	Stolle.
79	195	Wenn sich der Geist auf	J. W. Kalliwoda.	A. Weißmann.
55	136	Wenn weit in den Landen	Volksweise.	R. Burns.
162	390	Wenn wir durch die Straßen	arr. v. Baumgartn.	W. Müller.
126	302	Wer hat dich, du schöner	Mendelssohn=B.	J. Eichendorff.
72	180	Wer seine Hände falten kann	Volksweise.	G. Herwegh.
231	542	Wie die Blümlein draußen	B. Vogler.	O. Sternau.
77	190	Wie ein stolzer Adler	Spohr.	H. Schütz.
115	274	Wie Feld und Au so blinkend	Mendelssohn=B.	
155	368	Wie heißt König Ringangs	Volksweise.	C. Möricke.
50	124	Wie könnt' ich dein vergessen	X. Iten.	Hoffmann v. F.
122	296	Wie mit grimm'gem	Jul. Dürner.	J. Falk.
144	343	Wie schön bist du, freundliche	F. Schubert.	
35	92	Wie sie so sanft ruh'n	Neefe.	Stockmann.
140	336	Wie Sturmgebraus, wie	C. M. Heim.	
268	560	Wir fühlen uns zu jedem		J. Hegner.
47	118	Wir grüßen dich, du Land	F. Huber.	C. Münch.
236	546	Wir hatten gebauet		A. v. Binzer.
66	166	Wir wollen frei	H. Marschner.	
203	477	Wo Büsche steh'n und Bäume	C. A. Mangold.	C. Tenner.
188	442	Wo möcht ich sein? Wo der	C. Zöllner.	O. L. A. Wolff.
174	411	Wohl war es eine Seligkeit	J. Witt.	
56	138	Wohlauf, du Eidgenossensch.	J. Rietz.	Müller v. d. W
258	556	Wohlauf noch getrunken		J. Kerner.
65	164	Zieh'n wir aus in's Feld	F. Abt.	L. Widmer.
216	515	Zu Augsburg steht ein hohes	Fr. Silcher.	J. Kerner.
220	522	Zu ehren und preisen die		
136	328	Zu Straßburg auf der	Fr. Silcher.	Wunderhorn.
222	526	Zum Walde mußt du	A. Billeter.	Scheurlin.
175	414	Zur Schmiede ging ein	Volksweise.	L. Uhland.
53	132	Zwischen Frankreich und	nach J. Stern.	Hoffmann v. F.

☞ An die Herren Componisten richtet die Verlagshandlung das höfliche Ansuchen um gütige Einsendung von **Compositionen**, welche dann in späterer Auflage des „Rütli" gerne Aufnahme finden und nach Uebereinkunft honorirt werden.

Weihe des Gesanges.

Langsam. W. A. Mozart.

1. O Schutz = geist al = les Schö = nen,
2. Ver = ei = ne al = le Men = schen
steig' her = nie = der! in sanf = tem Weh'n, zu
und ver = söh = ne, was sich ge = trennt im
wei = hen uns' = re Lie = der, daß sie sich freu = dig auf zum Him = mel
Wohl = laut dei = ner Tö = ne! dem Ed = len ist das Schönste nur be =

ſchwin = gen, in heil'=ger Kraft von Herz zu Her=zen drin=
ſchie = den, in der Ge=füh=le rein er=klung=nem Frie=
gen. Von dei = nem Hauch die
den. Von wil = der Luſt der
Bruſt durch=bebt, von dei=nem Hauch die Bruſt durch=
Er = de rein, von wil = der Luſt der Er = de
von dei = nem Hauch die Bruſt durch=
von wil = der Luſt der Er = de

bebt, hoch, hoch, hoch ü = ber Welt und Zeit uns hebt,
rein, rein, rein, rein muß das Herz des Sän = gers sein,
hoch, hoch, hoch ü = ber Welt und Zeit uns hebt,
rein, rein, rein muß das Herz des Sän = gers sein,
Zeit uns hebt, Zeit uns hebt.
Sän = gers sein, Sän = gers sein.

1. Das Rütli.

Mäßig bewegt. **J. Greith.**

mf
poco cresc.
1. Von fer = ne sei herz = lich ge = grü = ßet, du stil = les Ge=
2. Ge=prie=sen sei fried = li = che Stät = te, ge = prie=sen du
mf
poco cresc.
län = de am See, wo spie = lend die Wel = le zer=
hei = li = ges Land, wo spreng=ten der Skla = ve = rei

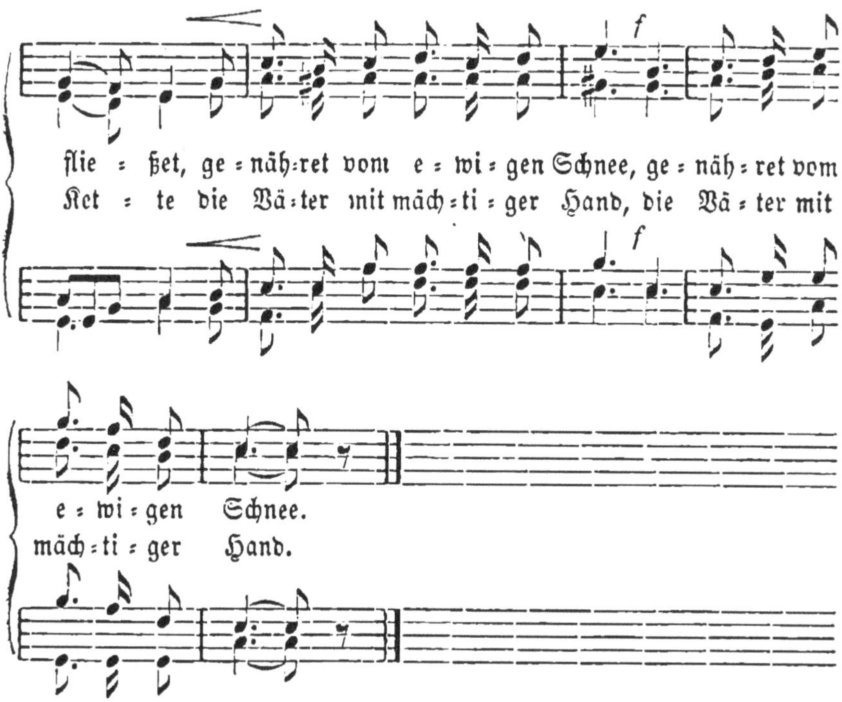
flie = ßet, ge = näh=ret vom e = wi = gen Schnee, ge = näh = ret vom
Ket = te die Vä=ter mit mäch=ti = ger Hand, die Vä = ter mit
e = wi = gen Schnee.
mäch=ti = ger Hand.

3.
Da blickten in nächtlicher Stille
Sie jammernd auf Vaterlands Noth,
Und sahen, wie Jammer die Fülle
:,:Vollbringe der Willkür Gebot.:,:

4.
Nur trauernd hinglänzten die Sterne
Auf Berge und sumpfiges Ried,
Verstummet war nahe und ferne
:,:Des Kühers erfreuliches Lied.:,:

5.
Dort stöhnte des Tapferen Stimme
Tief unten im grausen Verließ,
Den bübisch in lüsternem Grimme
:,:Der Zwingherr der Gattin entriß:,:

6.
Da weinten und seufzten die Waisen
Sie hatten die Mutter nicht mehr,
Sie lag beim Tyrannen im Eisen,
:,:Den Vater durchbohrte der Speer:,:

7.
Hier standen die Väter zusammen
Für Freiheit und heimisches Gut,
Und schwuren beim heiligsten Namen
:,:Zu stürzen die Zwingherrenbrut.:,:

8.
Der Schimmer der Sterne erhellte
Nur düster die schimmernde Flur,
Als rächend zum Himmelsgezelte
:,:Entschwebte der heilige Schwur.:,:

9.
Und Gott, der Allgütige, nickte
Gedeihen zum heiligen Schwur,
Sein Arm die Tyrannen erdrückte,
:,:Und frei war die heimische Flur.:,:

10.
D'rum Rütli, sei herzlich gegrüßet,
Dein Name wird nimmer vergeh'n,
So lange der Rhein uns noch fließet,
:,:So lange die Alpen besteh'n.:,:

2. Ehre sei Gott in der Höhe!

Feierlich. M. Hauptmann.

Eh = re!
f
f
mf
cresc.
f Eh = re sei Gott!
Eh = re,
Eh = re sei
Eh = re!
Eh = re sei Gott!
cresc.
f
f
mf
cresc.
Eh = re sei Gott!
Eh = re!
f
p
cresc.
Gott in der Hö = he und Frie = de, und Frie = de den
f
p
cresc.
Wir prei = sen dich,
f
mf
mf
Men = schen auf der Er = de. Wir lo = ben dich, o Herr, wir
f
mf
Wir prei = sen dich,

wir dan=ken dir
p
cresc.
f
mf
dan = ken dir für dei=ne gro=ße Herr=lich=keit, wir
wir dan=ken dir cresc.
dim.
mf cresc.
f
dan = ken dir für dei=ne gro=ße Herr=lich=keit, o
mf cresc.
wir be = = ten dich an.
dim.
pp
p Halbchor.
Herr, wir be = ten dich an. Himm=li=scher Herr, Herr
be=ten dich an.

mf
cresc.
Herr und Kö - nig! All-mächt'ger Gott, Va-
mf
cresc.
All-mäch - ti - ger, all-mächt'ger
dim.
cresc.
f
fz. ten.
- - ter, ei - ni - ge Sohn, Je - su, Je - su Chri-
dim.
cresc.
f
fz. ten.
Va - ter, ei - ni - ger Sohn,
p poco rit.
f
a tempo
fz.
mf
ste, und du, hei - li - ger Geist, o Herr und Gott, o
poco rit.
p
f
a tempo
f
fz.
mf
und du hei - li - ger Geist, o
f
Herr und Gott, und du, hei - li - ger Geist, o Herr, —
cresc.
f
und du hei - li - ger Geist! o

Herr und Gott,
ritar.
ff
mf
dim.
ritar.
p
—, o Herr und Gott, o Herr, Herr und Gott, und
ritar.
ff
mf
dim.
ritar.
p
Herr und Gott,
Solo.
dolce
f
du! O, du Lamm Got=tes, des Va=ters Sohn, der du hin=
Solo.
dolce
f
poco riten.
Tutti belebter
mf
wegnimmst die Sün=den der Welt, er=hör' uns, o Herr, er=
poco riten.
Tutti belebter
mf
er=hör'
er=
cresc.
f
hör' un=ser Ge=bet, der du si=tzest zur Rech=ten des Va=
cresc.
f
hör' un=ser Ge=bet, der du si=tzest zur

dim.
dolce
denn
ters, er=barm' dich un=ſer, er=bar=me dich; denn du,
du
dim.
dolce
denn
du al=lein,
al=lein
denn du al=lein, al=lein biſt hei=lig,
al=lein, du al=lein, du biſt
du al=lein, denn du al=lein, al=lein biſt hei=lig,
mf
cresc.
f
du nur biſt Gott, Je=ſus Chri=ſtus, zu Gott des Va=ters,
mf
dim.
dolce
zu Gott des Va=ters Preis; denn
Preis, denn du al=
des Va=ters, des Va=ters Preis — — —

du, du al - lein — — —, al - lein bist hei - lig,
du, du al - lein bist hei - - - lig, du
lein, du al - lein bist hei - - - lig, denn du al-
—; denn du, du bist hei - lig,
du al - lein bist hei - - lig, bist Herr.
dim.
fz
dim.
dolce
al - lein, du bist Herr. Eh - - re sei
lein, du al - lein,
dolce
fz
dim.
du al - lein, du bist Herr. Eh - - re sei
sei Gott
mf
dim.
ritard.
pp
mf
Gott, sei Gott in der Höh'! Eh - re sei Gott!
sei Gott Eh - - re
mf
dim.
pp
ritard.
pp
Gott, sei Gott Eh - re sei Gott!

3. Der 23. Psalm.

Nicht zu langsam. **H. B. Klein.**

dolce e legato
Der Herr ist mein Hirt; mir wird Nichts man-geln. Er
dolce e legato
mf
wei - det mich auf ei - ner grü - nen Au'. Der Herr ist mein
mf
man-geln. Er wei - det mich, er
dolce
Hirt; mir wird Nichts man-geln. Er wei-det mich,
dolce
wei - - det mich, er wei - det mich auf ei - ner
er wei - det mich, er wei-det mich auf ei - - ner
er wei - det mich auf ei - ner
er wei-det mich, er wei-det mich auf ei - ner

grü = nen Au; er füh=ret mich zu fri=schem Was = ser;
grü = nen Au', und füh=ret mich, mich zu fri=schem Was = ser;
grü = nen Au; er füh=ret mich zu fri=schem Was = ser;
p
f
er
er er = qui = cket, er = qui=cket mei = ne See = le; er
füh = ret mich auf rech = tem, auf
dolce
er füh = ret mich auf rech = tem Pfad. Der Herr ist mein
füh = ret mich, mich auf
dolce
füh = ret mich, er füh=ret mich auf rech = tem Pfad.
Hirt; mir wird Nichts mangeln. Er wei = det mich auf ei = ner

fp
grü = nen Au'. Ob ich schon wan=der = te in finst = rer
fp
Nacht, ob ich schon wan=der = te in
Ob ich schon wan=der = te in finst = = rer Nacht, in
fp
Nacht, ob ich schon wan=der = te in finst = rer
finst = rer Nacht, in finst = rer Nacht, ob ich schon
finst = rer Nacht, ob ich schon wan=der=te in
ob ich schon wan=der = te in finst = rer Nacht,
Nacht, in finst = rer, finst = rer Nacht,
wan=der=te in finst = rer Nacht, in finst = rer, finst = rer
finst = rer, in finst=rer Nacht, in finst = rer, finst = rer
ob ich schon wan=der=te in finst = rer Nacht, in finst = rer
ob ich schon wan=der=te in finst = rer

dolce
pf
p
Nacht, fürch=te ich kein'n Un=fall: denn Du, Du bist bei
dolce
p
pf
mir und trö=stest mich; du be=rei=test vor mir ei=nen
vor mir — — —
f
Tisch, du be=rei=test vor mir ei=nen Tisch ge=gen mei=ne Fein=
f
dolce
pp dolce
de. Der Herr, der Herr ist mein Hirt; mir wird Nichts mangeln. Er
pp dolce

wei - det mich auf ei - ner grü - nen Au. Der Herr ist mein
p
p
Der Herr — —, der
Mir wird Nichts man - geln, mir wird Nichts man-
Hirt, der Herr ist mein Hirt; mir wird Nichts man-
Herr ist mein Hirt; mir wird Nichts
geln, Nichts man - geln.
man - geln.

4. Jesu Leiden.

Sehr langsam. **A. Lotti.**

Al - le die tie - fen Qua - - len,
Tutti.
Al - le die tie - fen Qua - - len,
Tutti.

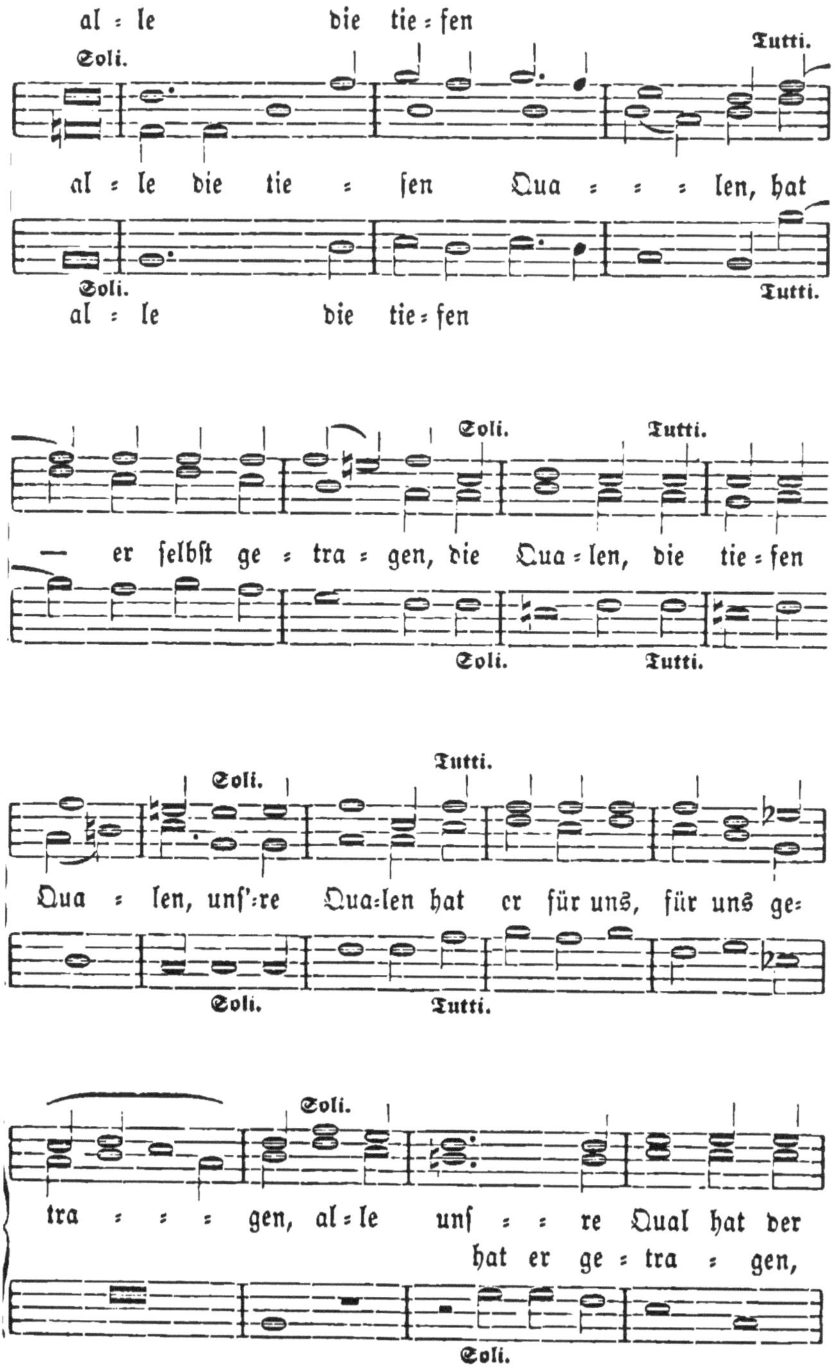
al = le die tie = fen
Soli.
Tutti.
al = le die tie = ſen Qua = = = len, hat
Soli.
Tutti.
al = le die tie = fen
Soli.
Tutti.
— er ſelbſt ge = tra = gen, die Qua = len, die tie = fen
Soli.
Tutti.
Tutti.
Soli.
Qua = len, unſ're Qua=len hat er für uns, für uns ge=
Soli.
Tutti.
Soli.
tra = = = gen, al = le unſ = = re Qual hat der
hat er ge = tra = gen,
Soli.

Tutti.
Herr ge = tra = gen für unſ' = re Sün = den uns zur Er =
hat er ge = tra = gen
Tutti.
Soli.
lö = ſung, al = le unſ' = re Qua = = = = len
Soli.
Tutti.
hat er ge = tra = = = = = = gen, hat er ge =
Tutti.
tra = = = = gen.

5. Christe, du Lamm Gottes.

Langsam. Nach M. Prätorius.

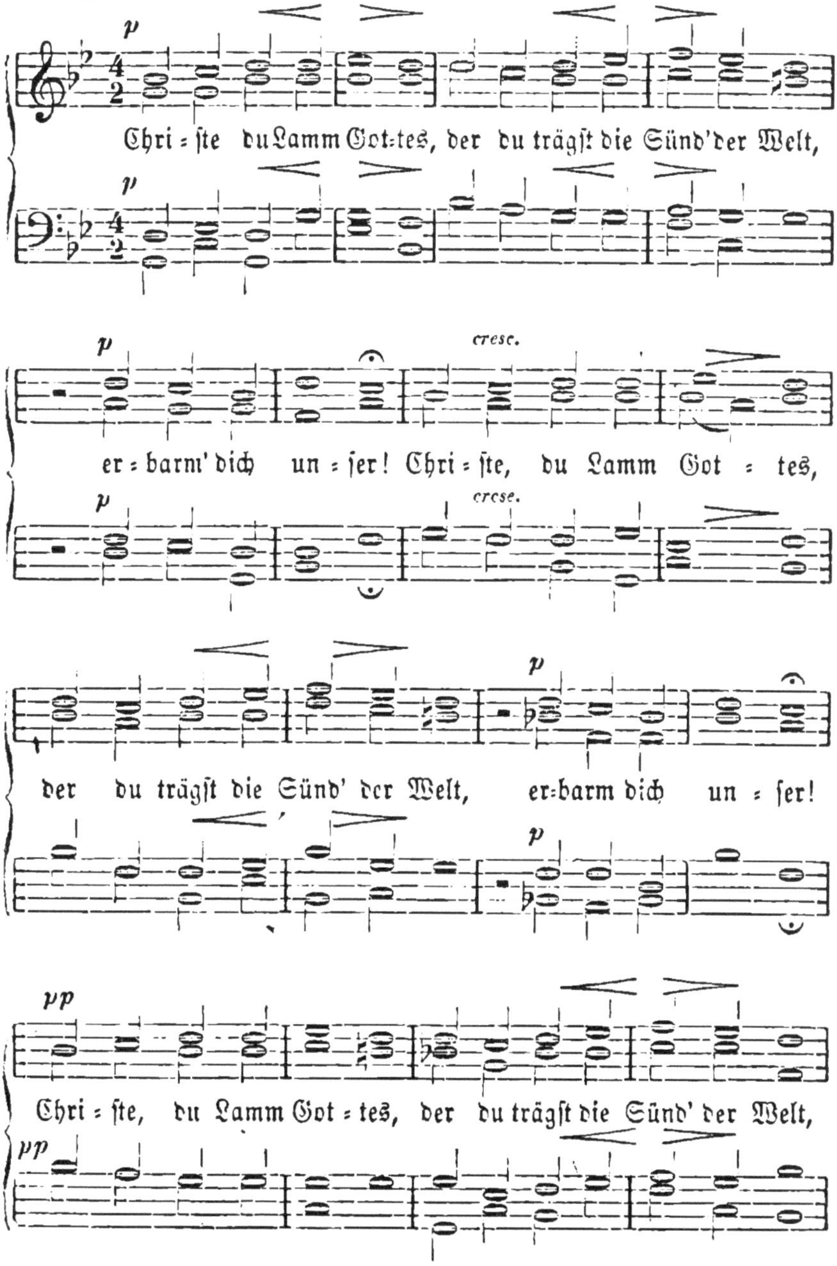
p
Chri = ste du Lamm Got=tes, der du trägst die Sünd' der Welt,
er = barm' dich un = ser! Chri = ste, du Lamm Got = tes,
cresc.
der du trägst die Sünd' der Welt, er=barm dich un = ser!
pp
Chri = ste, du Lamm Got = tes, der du trägst die Sünd' der Welt,

p
gieb uns dei=nen Frie=den! A : : : : : men.
p

6. Wallfahrtslied.

Langsam, doch nicht schleppend. **Sicilianisches Schifferlied.**

p
1. O sanc - tis - si - ma, o pi - is - si - ma
2. Pi - as la-cry-mas, pi - os ge - mi - tus
3. In mi - se - ri - is, in an - gu - sti - is
p

p
dul-cis vir - go Ma - ri - a! Ma - ter a- ma - ta
au - di, bo - na, pre - ca - mur. In - gru-unt hos - tes
o - ra, vir - go, pro no - bis! Pro no-bis o - ra,
p

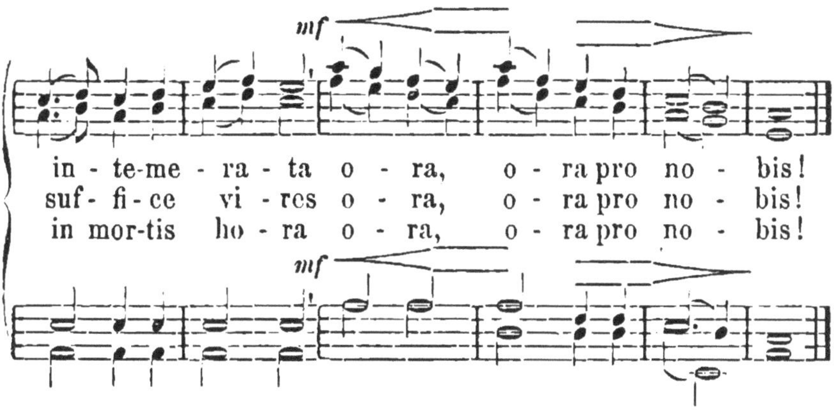
mf
in - te-me - ra - ta o - ra, o - ra pro no - bis!
suf - fi - ce vi - res o - ra, o - ra pro no - bis!
in mor-tis ho - ra o - ra, o - ra pro no - bis!
mf

7. Via crucis, via lucis.

Majestätisch. P. A. Zwyssig.

ff
mf
1. Durch Nacht zum Licht, durch Nacht zum Licht! Und
2. Durch Sturm zur Ruh', durch Sturm zur Ruh'! Und
3. Durch Kreuz zum Heil, durch Kreuz zum Heil', Und
4. Durch Streit zum Sieg, durch Streit zum Sieg, Und
5. Durch Weh' zur Wonn', durch Weh' zur Wonn'! Und
ff
mf
wenn das grau-se Dun-kel auch rings um dich die Schöpf-ung
wenn auch Erd' und Him-mel der Windsbraut don-nernd Rad durch-
wenn des Le-bens Pla-gen auch stark wie Rie-sen dich be-
wenn im Speer-ge-men-ge auch tau-send To-de dich um-
weinst du auch am Mor-gen, und weinst du auch um Mit-ter-

hüllt, ge-trost, ge-trost, ge-trost! auf mit-ter-nächt-lich
rollt, — — — auf lau-tes Sturm-ge-
dräu'n, — — — auf jam-mer-vol-les
dräu'n, — — — auf hei-ßes Schlachtge-
nacht, — — — auf, laß den Va-ter
Dun-kel folgt Son-nen-auf-gang lieb und mild, folgt Son-nen-
tüm-mel folgt lin-de Stil-le leis und hold, folgt lin-de
Kla-gen soll Frie-de Got-tes dich er-freu'n, soll Frie-de
drän-ge folgt Sie-ges-ruf und Frie-dens-reih'n, folgt Sie-ges-
sor-gen, der ü-ber dir im Him-mel wacht, der ü-ber
auf-gang, folgt Son-nen-auf-gang, folgt Son-nen-auf-gang
Stil-le, folgt lin-de Stil-le, folgt lin-de Stil-le
Got-tes, soll Frie-de Got-tes, soll Frie-de Got-tes
ruf, folgt Sie-ges-ruf, folgt Sie-ges-ruf und
dir, der ü-ber dir, der ü-ber dir im

lieb und mild, folgt Son-nen-
leis und hold, folgt lin-de
dich er-freu'n, soll Frie-de
Frie-dens-reih'n, folgt Sie-ges
Him-mel wacht, der ü-ber
II. Bass. folgt Son-nen-auf-gang lieb und mild, folgt
folgt lin-de Stil-le leis und hold, folgt
soll Frie-de Got-tes dich er-freu'n, soll
folgt Sie-ges-ruf und Frie-dens-reih'n, folgt
der ü-ber dir im Him-mel wacht, der
ff
auf-gang lieb und mild, Son-nen-auf-gang lieb und mild.
Stil-le leis und hold, lin-de Stil-le leis und hold.
Got-tes dich er-freu'n, Frie-de Got-tes dich er-freu'n.
ruf und Frie-dens-reih'n, Sie-ges-ruf und Frie-dens-reih'n.
dir im Him-mel wacht, ü-ber dir im Him-mel wacht.
ff
Son-nen-auf-gang
Stil-le leis und
Frie-de dich er-
Sieg und Frie-dens-
in dem Him-mel

8. Schweizerpsalm.

Rührend.
P. A. Zwissig.
p
1. Trittst im Mor=gen=roth da=her, seh' ich dich im
2. Kommst im A=bendglüh'n da=her, find' ich dich im
3. Ziehst im Ne=bel=flor da=her, such' ich dich im
(piu f) 4. Fährst im wil=den Sturm da=her, bist du selbst uns
p
f
Strah=len=meer, dich, du Hoch=er=ha=be=ner! Herr=li=cher!
Ster=nen=heer, dich, du Menschenfreund=li=cher! Lie=ben=der!
Wol=ken=meer, dich, du Un=er=gründ=li=cher! E=wi=ger!
Hort und Wehr, du, all=mäch=tig Wal=ten=der! Ret=ten=der!
f
Soli.
p
Wenn der Al=pen Firn sich rö=thet, be=tet frei=e
In des Him=mels lich=ten Räu=men kann ich froh und
Aus dem grau=en Luft=ge=bil=de tritt die Son=ne
In Ge=wit=ter=nacht und Grau=en laßt uns kind=lich
Soli.
p

Chor. mf
Schwei=zer, be=tet! Eu=re from=me See=le ahnt,
se=lig träu=men; denn die from=me See=le ahnt,
klar und mil=de, und die from=me See=le ahnt,
ihm ver=trau=en! Ja die from=me See=le ahnt,
Chor. mf
crescendo
eu=re
denn die
und die
ja die
from=me See=le ahnt Gott im heh=ren Va=ter=land,
f
fz
crescendo
ff
p
Gott im heh=ren Va=ter=land!
L. Widmer.

9. Schäfers Sonntagslied.

Ernst und mit Feuer. | C. Kreuzer.

ff
Das ist der Tag des Herrn! Das ist der Tag des Herrn!
Soli.
p
Ich bin al = lein auf wei = ter
p Ich bin al = lein — — — auf wei=ter
Flur, noch ei = ne Mor=gen=glok=ke nur! Noch ei = ne,
pp
Nun Stil = le nah' und
ei = ne Mor = gen=glok = ke nur!
Nun

fern
Chor.
Stil=le nah', nun Stil=le nah' und fern! An=be=
Chor.
Stil=le nah' und fern, nah' und fern!
Soli.
tend knie' ich hier! O sü=ßes Grau'n, ge=
Soli.
crescendo
hei=mes Weh'n, als knie=ten Vie=le un=ge=seh'n und
crescendo

O sü = ßes Grau'n, ge=
pp
langsamer
be = te = ten mit mir! O sü=ßes Grau'n, ge=
O sü = ßes
p
O sü=ßes, sü = ßes Graun, ge=hei=mes, ge=
hei = = mes Weh'n.
mf lebhafter
cresc.
ge = hei=mes Weh'n. Der Him=mel nah und fern, er ist so
mf lebhafter
cresc.
hei = mes Weh'n.
f
cresc.
langsam
ff
Chor.
ff
klar und fei = er = lich, so ganz, als wollt' er öff = nen sich! Das
cresc.
langsam
f
ff
Chor.
ff

a tempo
ff
ist der Tag des Herrn! Das ist der Tag des Herrn!
a tempo
ff

10. Laßt Jehovah hoch erheben!

Ernst. P. A. Zwyssig.

mf
f
1. Laßt Je = ho = vah hoch er = he = ben!
2. Men=schen = kin = der kommt und sin = get
3. Mö = gen Stür=me sich er = he = ben,
mf
f
p
cresc.
mf
er al = lein ist un = ser Le = ben, un = ser Heil und un = ser
Lob dem Herrn, denn er nur brin = get Le = ben Euch und Ehr' und
selbst die Er = de wan = ken, be = ben: mu=thig him = mel = an ge=
p
cresc.
mf

mf
Hort, Ihm er - schal - len Ju - bel - lie - der, und die Him - mel
Ruhm. In dem Kam - pfe hilft er sie - gen, läßt euch nimmer
schaut! Seht, euch winkt die Sie - ger - kro - ne! Da - rum ruft im
mf
f
ff
tö - nen wie - der durch Ae - o - nen fort und fort.
un - ter - lie - gen, strei - tend für sein Hei - lig - thum.
Ju - bel - to - ne: Se - lig wer auf Gott ver - traut!
f
ff

11. Dich preist, Allmächtiger.

(Hymne.)

Feierlich. J. H. Breitenbach.

mf
f
p
Dich preist, All - mäch - ti - ger, der Ster - ne Ju - bel -
mf
f
p

klang! Dich preist, dich preist, All = gü = ti = ger! der Se = ra = phim Ge=
Die gan = ze Schöpfung schwe = bet
cres - - - - - cen - - - - - - do
sang! Die gan = ze Schö = pfung, die Schö = pfung schwebt in ew' = gen Har = mo=
cres - - - - - cen - - - - - - do
nie = en, so weit sich Wel = ten dreh'n und Son = nen = hee = re
glüh'n, so weit sich Wel = ten dreh'n und Son = nen = hee = re

Soli. p
blü - hen. Dein Tem-pel, die Na - tur, sind dei-ner
Soli. p
p
dolce
pp
Herr-lich-keit, wie dei-ner Mil-de voll! Des Len - zes
Des Len-zes Blu-men-
p
dolce
pp
Des Len - zes
p
Blu-men-kleid, des Som - mers Aeh-ren-meer, des Herb-stes
kleid, des Som-mers Aeh-ren - meer,
Blu-men-kleid, des Som - mers Aeh-ren-meer,

Trau-ben-hü-gel, des Winters Sil-ber-höh'n, sind dei-ner
sind
All-macht Spie-gel, dei-ner All-macht Spie-gel!
dei-ner Allmacht
sind dei-ner Allmacht
p Halbchor.
Was bin ich, Herr, vor dir! Mein Le-ben ist ein Traum! Es trennt, es
p Halbchor.
trennt vom Tod-ten-kreuz mich nur ein Span-nen-raum!

mf
p
Wohl den-noch mir! Wohl den-noch mir! Wer sanft ent-schläft in
Wohl den-noch mir
Va-ters Ar-men, darf dem Er-wek-kungs-wort ver-trau'n!
Es
Es heißt: es heißt: Er-bar-men, Er-bar-
heißt,
rit.
Tutti.
men, Er-bar-men! An-be-tung, Eh-re,

Preis und Ruhm sei Dir, all=mächt'ger Gott! sei Dir in
E = wig = keit!

12. Die Ehre Gottes aus der Natur.

Majestätisch und erhaben. Nach **Beethoven** arr.

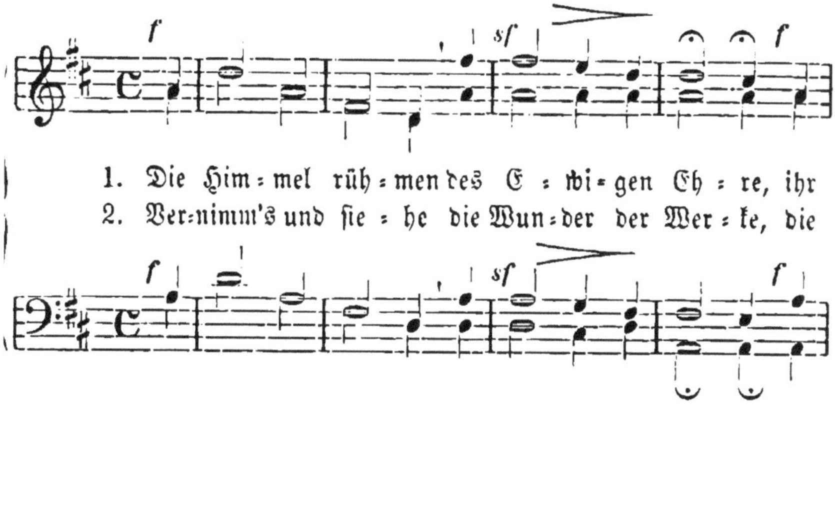
1. Die Him = mel rüh = men des E = wi = gen Eh = re, ihr
2. Ver=nimm's und sie = he die Wun=der der Wer = ke, die

Erd=kreis —
gebunden Weis=heit —
sf
p
Schall pflanzt sei = nen Na = men fort; ihn rühmt der Erd=kreis, ihn
die Na = tur dir auf = ge = stellt. Ver=kün=digt Weis=heit und
sf
p
—, ihn prei=sen Mee = re,
—, Ord=nung und Stär = ke
cresc.
f
ff
rit.
prei = sen die Mee=re, ver=nimm o Mensch, ihr gött=lich
Ord = nung und Stär=ke dir nicht den Herrn, den Herrn der
cresc.
f
ff
rit.
Wer trägt der
Er ist dein
Halbchor.
p
pp
Wort! Wer trägt, wer trägt der Him = mel
Welt? Er ist, er ist, er ist dein
Wer trägt —, wer trägt der Him = mel
Er ist —, er ist, er ist dein
Halbchor.
pp
pp
Wer trägt — — —, wer trägt —, der Him=mel
Er ist — — —, er ist —, er ist dein

Him = mel un = zähl = ba = re Ster = ne? Wer
Schö = pfer, ist Weisheit und Gü = te, ein
cresc.
dim.
mf
p
Ster = = = = = ne? Wer führt — — — —
Schö = = = = = pfer, ein Gott — — — —
Ster = = = = = ne? Wer führt, wer
Schö = = = = = pfer, ein Gott, ein
p
p
Ster = = = = = ne — — —? wer führt die
Schö = = = = = pfer — — —, ein Gott der
führt die Sonn' aus ih = rem Zelt?
Gott der Ord = nung und dein Heil;
cresc.
mf
f
Tutti.
—? wer führt die Sonn aus ih = rem Zelt? Sie kommt, sie
—, ein Gott der Ord = nung und dein Heil; er ist's, er
führt die Sonn' aus ih = rem Zelt? Sie kommt,
Gott der Ord = nung und dein Heil; er ist's
cresc.
mf
f
pp
cresc.
Tutti.
Sonn' aus ih = rem Zelt? Sie kommt —, sie kommt,
Ord = nung und dein Heil; er ist's —, er ist's

breit
sf
lang gehalten
f
kommt und leuch = tet und lacht uns von fer = ne, und
ist's! ihn lie = be von gan = zem Ge = mü = the und
mf
f
etwas drängend
ff
läuft den Weg gleich als ein Held, und läuft den
nimm an sei = ner Gna = de Theil, und nimm an
ff
rit.
Weg gleich als ein Held.
sei = ner Gna = de Theil!
rit.

13. Motette.

Sehr mäßig. H. G. Nägeli.

mf
p
Der Mensch lebt und be = ste = het nur ei = ne klei = ne
mf
p
p
Zeit, und al = le Welt ver = ge = het mit ih = rer Herr = lich=
p
f
keit. Nur Ei = ner, der ist e = wig und an al = len En = den, und
f

dim.
p
f
wir in sei = nen Hän = den.
Hal = le = lu = ja!
dim.
p
f
f
Und der ist all = wis = send.
Und
Hal = le = lu = ja!
der ist hei = lig,
und der ist all = mäch = tig,
p
Hal = le = lu = ja!
ist barm = her = = = = zig.
p
mf
p
Hal = le = lu = ja! ist barm = her = = = = = = = = zig.
f
Hal = le = lu = ja! A = men, A = men! Hal = le = lu = ja!
f

A = men! A = men! A = men! Eh = re sei = nem
gro = ßen Na = men! Hal = le = lu = ja! Hal = le = lu = ja!
A = = men! A = = men!

M. Claudius.

14. Das walte Gott.

Ruhig. C. Ecker.

1. Das wal = te Gott der hel = fen kann, mit Gott
2. All mein Be = gin = nen, Thun und Werk, for = dert

mit Gott fang' ich mein
er-for-dert Got-tes
poco cresc.
dim.
fang' ich — — mein
Got - - - - - tes
Ar-beit an! Mit Gott nur
Kraft und Stärk'. Mein Herz sucht
mit Gott fang' ich mein
er-for-dert Got-tes
poco cresc.
dim.
fang' ich mein
Got - - - - - tes
Drum ist auch dieß mein
Drum auch mein Mund mit
cresc.
Drum ist dieß mein
Drum mein Mund mit
geht es glück-lich fort.
Got-tes An-ge-sicht.
Drum ist auch mein er-stes,
Drum mein Mund mit Freu-den,
cresc.
Drum ist auch
Drum mein Mund

dim.
p
er = stes Wort:
Freu = den spricht:
„Das wal = te Gott!
Das wal = te Gott!
mein er = stes Wort:
mit Freu=den spricht:
dim.
p
mein er = stes Wort:
mit Freu=den spricht:
cresc.
dim.
Das wal = te Gott!
Das wal = te Gott!"
cresc.
dim.
bis all mein
p
poco cresc.
3. Er kann mich seg = nen früh und spat bis
all mein
bis all mein
p
poco cresc.
bis all mein

Thun ein
dim.
Thun ein En = de hat; er gibt und nimmt, macht's
dim.
Drum sprech' ich auch fein in der
poco cresc.
wie er will. Drum auch sprech' ich fein in der
Drum auch sprech' ich fein in der, fein in der
p
poco cresc.
Drum sprech' ich fein in der
dim.
p
cresc.
Still: „Das wal = te Gott! Das wal = te Gott! Das wal = te
dim.
p
cresc.
dim.
Gott! Das wal = te Gott!
Betichius.
dim.

15. Sonntagslied.

Feierlich, langsam. Gackstätter.

mf

(p) 1. So sei - er - lich und stil - le, als heu - te
(piu f) 2. Es tö - nen hell die Glok-ken, sie tö - nen
3. O, sol - chem freud'-gen Ru - fe, wer folg - te
(p) 4. Und sieh', der Glau - be lei - tet, wie einst der
5. Da sind ihm al - le Lü - ste der Er - de

mf

p
cresc.

nah' und fern, sei's auch in mei-nem Her - zen am
nah' und fern, und wol-len al - le la - den in's
dem nicht gern? Wer näh-me Gnad' und Lie - be nicht
Wei - sen Stern. Das Herz auf si - cherm Pfa - de hin-
Schmer-zen fern; er lebt in sel'-ger Stil - le al-

p
cresc.

f

schö - nen Tag des Herrn!
ho - he Haus des Herrn.
gern von sei - nem Herrn?
auf zu sei - nem Herrn.
lein in sei - nem Herrn.

Knapp.

f

16. Sabbatfeier.

Langsam und zart. F. Abt.

pp
1. Stil = le ruht die Er = de sanft im Mor = gen=
2. An der Wöl=bung Bläu = e däm=mert Mor = gen=
3. In dem Son = nen = strah = le ju = belt Flur und
4. Glok=ken=klän = ge ru = fen hin zu Got = tes
pp
traum, Got = tes En = gel schwe = ben leis' im wei = ten
glanz, und die Hö = hen leuch = ten mild im heh = ren
Hain, und die Wo = gen fei = ern in dem gold = nen
Haus, in der Schöpfung Tem = pel dringt der Ruf hin=
mf
Got=tes En = gel schwe = ben
p
Raum, und in lin = den Lüf = ten weht ihr Lob = ge=
Kranz, prangend steigt die Son = ne auf am Ae=ther=
Schein, und der We = sen Hee = re all in nah' und
aus, und in from = mer An = dacht glüht das Menschen=
I. Bass. und in lin = den Lüf = ten
und in lin = den Lüf = ten

mf
sang, schallt am Tag des Ew' = gen,
zelt, preist am Tag des Ew' = gen,
fern, singt am Tag des Ew' = gen,
herz; schwing' am Tag des Ew' = gen,
p cresc. mf
weht ihr Lob = ge = sang, schallt am Tag des Ew' = gen,
p p cresc. mf
schallt am Tag des Ew'=gen froh der Him = mel Klang,
preist am Tag des Ew'=gen ihn, den Herrn der Welt,
singt am Tag des Ew'=gen ihm des Le = bens Herrn,
schwing' am Tag des Ew'=gen, schwing' dich him = mel= wärts,
p mf
froh der Himmel
p
froh der Him=mel Klang.
ihn den Herrn der Welt.
ihm des Le=bens Herrn.
schwing' dich him=mel =wärts.
p
Klang, der Him=mel Klang.

17. Sonntagsfrühe.

Mäßig. J. Otto.

Fei = er = li = cher Glok = ken = klang, fei = er = li = cher Glok = ken = klang
lei = se rauschen fer = ne
hal = let durch die stil = len Fel = der, lei = se rauschen fer = ne
rau = schen fer = ne
Wäl = der, lei = se, lei = se rau = schen fer = ne Wäl = der ei = nem

heh = ren Lob = ge = sang, ei = nen heh = ren Lob = ge = sang. Stil = le
wird's mir im Ge = müth, wie ich blik = ke in die
Stil = le wird's mir
ob ein
Wei = te, wie ich blik = ke in die Wei = te, ob ein En = gel, ein
ob ein
En = gel, ein En = gel mir zur Sei = te be = tend durch die

Fel = der zieht, betend durch die Fel = der ziehst. Fei = er = li = cher
Glok = ken = klang, fei = er = li = cher Glocken = klang hal = let durch die stil = len
lei = se rau = schen fer = ne
Fel = der; lei = se rau = schen fer = ne Wäl = der, lei = se,
rau = schen fer = ne
lei = se rau = schen fer = ne Wäl = der ei = nen heh = ren Lob = ge =
cresc.
p
f

p
ſang, ei=nen heh=ren Lob=ge=ſang. Stil=le wird's mir
Stil=le wird's mir
cresc.
f
im Ge=müth, wie ich blik=ke in die Wei=te, wie ich
ob ein En=gel, ein
blik=ke in die Wei=te, ob ein En=gel, ein En=gel, ein
ob ein En=gel, ein
En=gel mir zur Sei=te be=tend durch die Fel=der

ziehʼ, be=tend durch die Fel=der zieht. Sü=ßes Grau=en,
più string.
sü=ßes Grau=en mich um=weht, füllt mein
più string.
füllt mein Aug',
Aug' mit An=dachts=thrä=nen; mei=ner See=le stil=les
cresc.
cresc.
Ge=bet
Seh=nen löst sich lei=se im Ge=bet, mei=ner See=le stil=les
Ge=bet

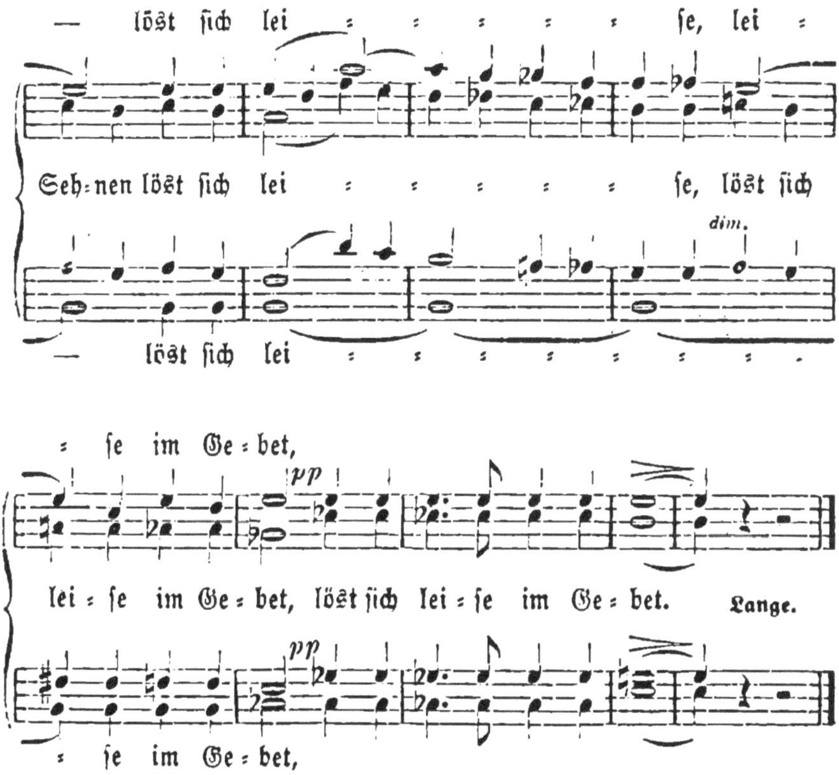
— löst sich lei : : : : : se, lei :
Seh:nen löst sich lei : : : : : se, löst sich
dim.
— löst sich lei : : : : : : : .
: se im Ge : bet,
pp
lei : se im Ge : bet, löst sich lei : se im Ge : bet.
Lange.
pp
: se im Ge : bet,

18. Gebet für's Vaterland.

Sehr langsam. Volksweise.

p
1. Herr, der du in dei : ner ew' : gen Gna : de
2. Du, den wir in Noth um Hül : fe ba : ten,
3. Laß, o Herr, das Va : ter : land er : blü : hen,
p

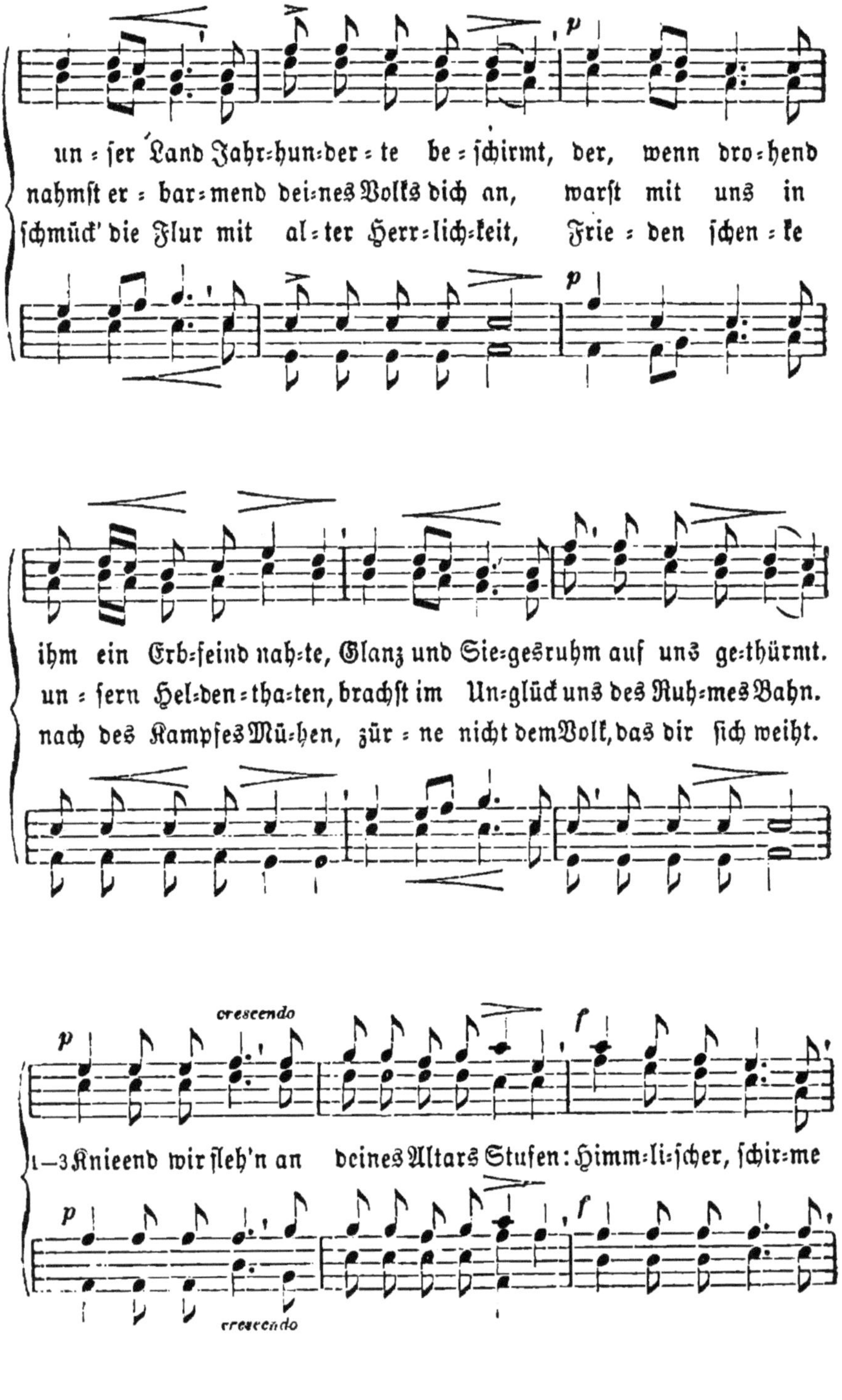

un = ser Land Jahr=hun=der = te be = schirmt, der, wenn dro=hend
nahmst er = bar=mend dei=nes Volks dich an, warst mit uns in
schmück' die Flur mit al = ter Herr=lich=keit, Frie = den schen = ke
p
ihm ein Erb=feind nah=te, Glanz und Sie=gesruhm auf uns ge=thürmt.
un = sern Hel=den = tha=ten, brachst im Un=glück uns des Ruh=mes Bahn.
nach des Kampfes Mü=hen, zür = ne nicht dem Volk, das dir sich weiht.
crescendo
p
f
1—3 Knieend wir fleh'n an deines Altars Stufen: Himm=li=scher, schir=me
crescendo

crescendo
un=sers Lan=des Glück, laß nicht um=sonst zu dir um Hül=fe
crescendo
ru=fen, gib uns die Frei=heit, das Va=ter=land zu=rück.

19. Gebet.

Sanft. Otto.

Soli.
dolce
Es weh't durch eu=ren Frie=den, ihr schö=nen Er=den=
dolce
gau'n, du Got=tes=welt hie=nie=den, ein se=li=ges Ver=

p Tutti.
trau'n, es weht, es weht durch euren Frie=den, ihr schö=nen Er=den=
p Tutti.
cresc.
gau'n, du Got=tes=welt hie=nie=den, du Got=tes=welt hie=
cresc.
cresc.
p
nie=den, ein se=li=ges Ver=trau'n —, ein se=li=ges Ver=
p
cresc.
f
decresc.
f
p
trau'n, wer wei=nend sucht auf Er=den des Glük=kes gold'ne
decresc.
f
f
p

cresc.
Ruh, der deckt sich still ver=trau=end, der deckt sich still ver=
cresc.
deckt, der deckt sich still ver=trau=end, still ver=
mit eurem Frieden zu, mit
p
trau=end mit eu=rem Frie = den, eu=rem Frie=den
mit eu=rem Frie=den,
p
trau=end, mit eu=rem
p
cresc.
zu, mit eurem Frie=den zu, mit eu=rem Frie=den zu, mit
p
cresc.
eu=rem Frie=den zu.

20. Neujahrslied.

Ernst und kräftig. Th. Beraguth.

1. In Ihm sei's be=gon=nen, in Ihm sei's be=gon=nen, in
2. Hin=auf nur ge=schau=et, hin=auf nur ge=schau=et, hin=
Ihm, in Ihm der Mon=de und Son=nen, an blau=en Ge=
auf, hin=auf, zum Va=ter von Al=len, auf Ihn nur ver=
zel=ten des Him=mels be=wegt, an blau=en Ge=
trau=et in Le=ben und Tod, auf ihn nur ver=
an
auf

zel - ten des Him - mels be - wegt, des Him - mels be-
trau - et in Le - ben und Tod, in Le - ben und
blau - en Ge - zel - ten des Him - - - mels be-
ihn nur ver - trau - et in Le- - - - ben und
an blau - en Ge - zel - ten des Him - mels be-
auf ihn nur ver - trau - et in Le - ben und
piano dolce legato
wegt.
Tod! 1–2. Du, Va - ter, Du ra - the, Du len - ke und wen - de!
Herr, Dir in die Hän - de, Herr, Dir in die Hän - de, sei
ff
diminuendo
mf
An - fang und En - de, sei Al - les ge - legt! Herr, Dir in die

pp ritardando
Hän = de sei Al = les ge = legt, sei Al = les

21. Hymne an die Nacht.

Langsam und ausdrucksvoll.

p
mf
1. Heil'=ge Nacht, o gie = ße du Hi
2. Har=fen = tö = ne lind und süß, we

pp
in dies Herz! Bring dem ar = men Pil = ger
Lüf = te her, aus des Him=mels Pa = ra

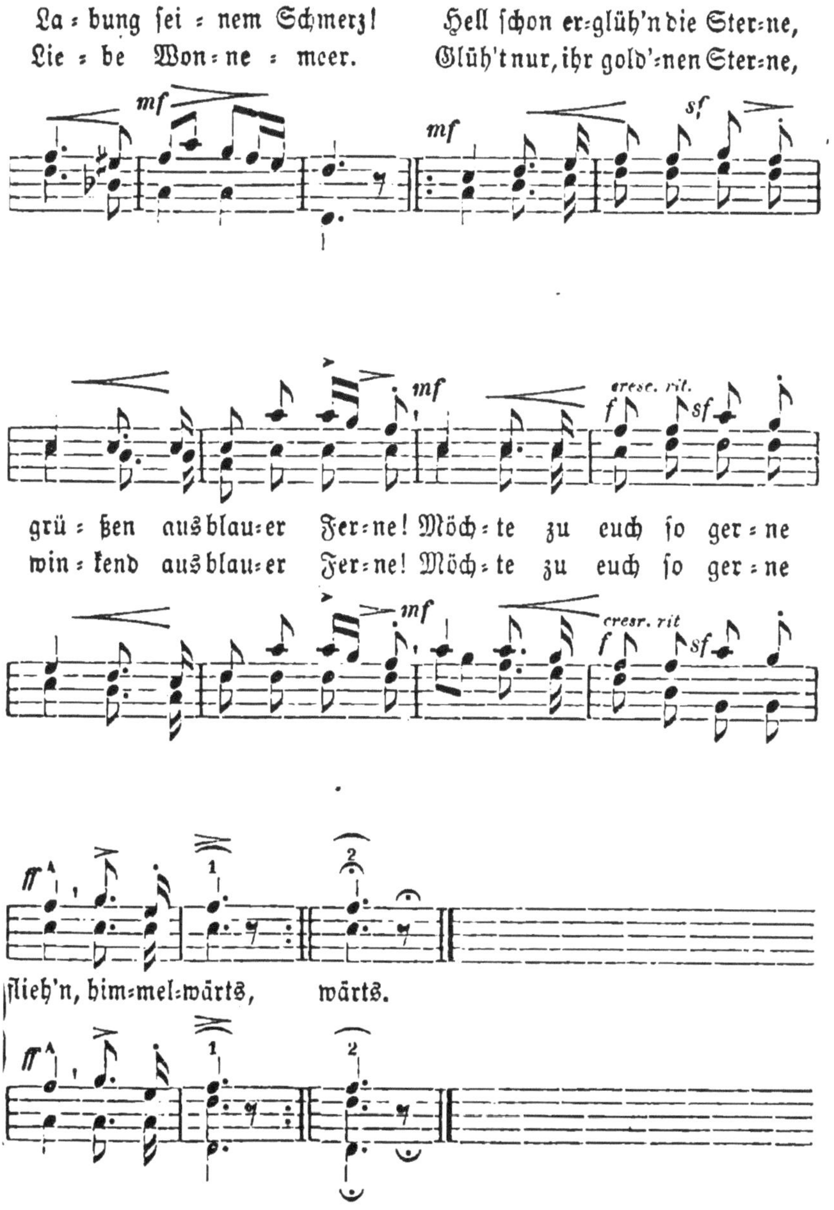
La = bung sei = nem Schmerz! Hell schon er=glüh'n die Ster=ne,
Lie = be Won = ne = meer. Glüh't nur, ihr gold'=nen Ster=ne,
mf
mf
sf
mf
cresc. rit.
f
sf
grü = ßen aus blau=er Fer=ne! Möch=te zu euch so ger=ne
win = kend aus blau=er Fer=ne! Möch=te zu euch so ger=ne
mf
cresc. rit
f
sf
ff
1
2
flieh'n, him=mel=wärts, wärts.
ff
1
2

22. Vertrauen auf Gott.

Getragen. Nach F. Malan.

1. Be=fiehl du dei=ne We=ge, und was die See=le
2. An wun=der=ba=ren We=gen fehlt dir's, All=wei=ser,
(più f) 3. Auf, auf, gib dei=nem Schmerze und Sor=gen gu=te
kränkt, der treu=en Va=ter=pfle=ge, deß, der den Welt=kreis
nicht, dein Thun ist Gnad' und Se=gen, dein Gang ist Recht und
Nacht. Laß fah=ren, was das Her=ze be= und trau=rig
lenkt! Der Wol=ken, Fluth und Win=den be=stimm=te Ziel und
Licht. Und wenn du dei=nen Kin=dern ein Glück hast aus=er=
macht. In Noth, in Kampf, in Stür=men, sei fest und un=ver=

Bahn, der wird auch We-ge fin-den, wo dein Fuß ge-hen
seh'n, wer kann dich da-ran hin-dern? Du willst, es muß ge-
zagt! Der Herr wird dich be-schir-men, ein schö-ner Mor-gen
kann! Dem Herrn mußt du ver-trau-en, wenn's dir soll wohl-er-
scheh'n! O laß ge-trost ihn wal-ten in al-ler Pein und
tagt! Laß Got-tes Huld und Gna-de dich stets em-pfoh-len
geh'n, auf sein Werk mußt du schau-en, willst du be-steh'n!
Noth, er wird dich auf-recht hal-ten, bis in den Tod!
sein, dann füh-ren dei-ne Pfa-de zum Him-mel ein.

23. Die Dorfkirch-Glocke.

Gemüthlich. A. Feska.

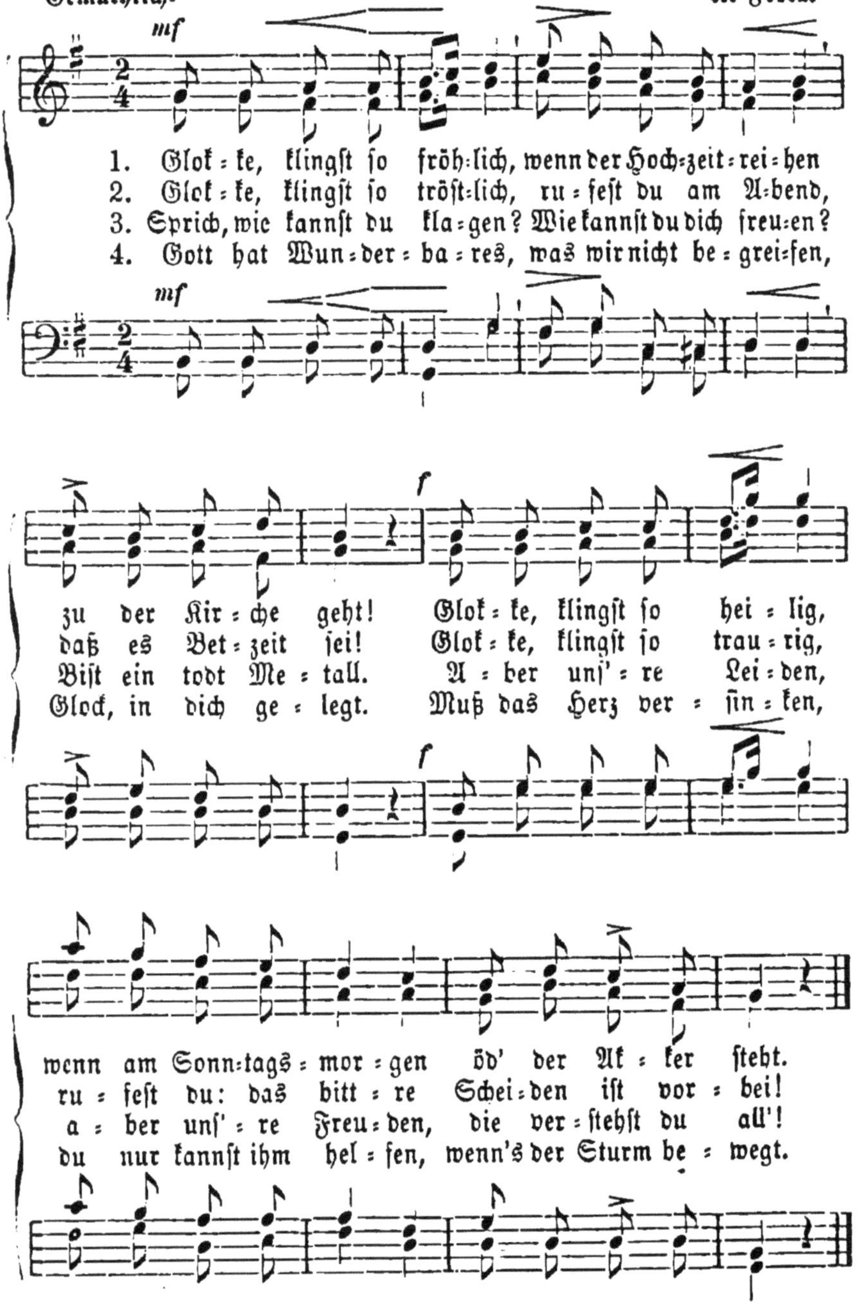
mf
1. Glok-ke, klingst so fröh-lich, wenn der Hoch-zeit-rei-hen
2. Glok-ke, klingst so tröst-lich, ru-fest du am A-bend,
3. Sprich, wie kannst du kla-gen? Wie kannst du dich freu-en?
4. Gott hat Wun-der-ba-res, was wir nicht be-grei-fen,
mf
f
zu der Kir-che geht! Glok-ke, klingst so hei-lig,
daß es Bet-zeit sei! Glok-ke, klingst so trau-rig,
Bist ein todt Me-tall. A-ber uns'-re Lei-den,
Glock, in dich ge-legt. Muß das Herz ver-sin-ken,
f
wenn am Sonn-tags-mor-gen öd' der Ak-ker steht.
ru-fest du: das bitt-re Schei-den ist vor-bei!
a-ber uns'-re Freu-den, die ver-stehst du all'!
du nur kannst ihm hel-fen, wenn's der Sturm be-wegt.

24. Morgengebet.

Langsam und getragen.

Mendelssohn-Bartholdy,
arr. für Männerstimmen von W. Baumgartner.

f
p
1. O wun-der-ba-res tie-fes Schwei-gen, wie ein-sam
2. Ich füh-le mich wie neu ge-schaf-fen; wo ist die
pp
cres - cen-
ist's noch auf der Welt! die Wäl-der nur sich
Sor-ge nun und Noth? Was ge-stern noch mich
- - - - do al sf
lei-se nei-gen, als ging der Herr durch's stil-le Feld —
wollt' er-schlaf-fen, des schäm' ich mich im Mor-gen-roth —
als
deß

—, als ging der Herr durch's
—, deß schäm' ich mich im
gebunden
als ging der Herr, als ging der Herr durch's
deß schäm' ich mich, deß schäm' ich mich im
ging der Herr, als ging der Herr, der Herr durch's
schäm' ich mich, deß schäm' ich mich im
poco rit.
stil = le Feld!
Mor=gen = roth.
3. Die Welt mit ih = rem Gram und Glük = ke,
poco rit.
will ich, ein Pil = ger, froh be = reit be = tre = ten
cres
cres

- - - - cen - - do al forte
nur als ei = ne Brük = ke zu dir, Herr, ü = ber'n
- - - - cen - - do al forte
zu dir, Herr,
sf
f
dim.
Strom der Zeit, zu dir, zu dir, zu dir, Herr,
dim.
f
zu dir, zu dir, zu dir, zu dir, Herr,
p
poco rit.
ü = ber'n Strom der Zeit!
Eichendorff.
p
poco rit.

25. Trauungsgesang.

Sanft. C. T. Brunner.

p
f
1. Reich ge = seg = net sei die Stun=de, die euch fei = er=
2. Trö = stend glänzt in ban = ge Näch = te treu = er Lie = be
lich be = grüßt! Glück und Heil dem schö=nen Bun=de, der sich heu = te
gold=ner Stern, und des Schicksals rau = he Mäch=te, blei = ben treu = en
fe = ster schließt!
See=len fern!
Euch um=schlin=ge,
Schau = e gnä = dig,
Euch um=schlin=ge sanf = ter Frie=den,
schau = e gnä = dig auf uns nie=der,

an der Lie = be, der Lie = be
Va = ter, Va = ter, aus des
an der Lie = be Zau = ber = band! Für ein heit'=res
Va = ter, aus des Him = mels Höh'n! Hö = re seg=nend
sei die
und ver=
Loos hie = nie=den sei die Lieb' Euch Un = ter = pfand,
uns'= re Lie=der, und ver=nimm der Freundschaft Fleh'n,
Lieb', sei die
nimm, und ver=
sei die Lieb' Euch Un = ter = pfand.
und ver=nimm der Freundschaft — Fleh'n!
f
ff
p
1
2

26. Abendruhe.

Langsam und innig. C. Santner.

p
Ue - ber den Hü - gel hin zie - hen die Wol - ken sacht,
sf
mf
um zu ver-schwim-men dort, sanft in des A - bends Pracht.
p
mf
O wie so schön, so schön, so ru - hig schön
O wie so

hin an des
mf
rit.
ff
zieh'n sie da = hin an des Him = mels Höh'n.
mf
ff
rit.
hin an des
a tempo
p
poco accellerando
Herz, mein Herz, flieg auf auch du, flieg auf auch du, ge = be
p
p
a tempo
f
Gott dir Ruh' und hei = te = ren, himm = li = schen
p
a tempo
f
Ge = be Gott dir
p
Frie = den da = zu.
p

27. Himmelslicht.

Mäßig. Hauptmann.

dolce
1. Sil = ber = um=säu = sel = tes Wol = ken = ge = bil = de
2. Und nur ein Lüft=chen, ist's dro = ben zer = ron = nen,
3. Ja, ist von e = wi = gem Tro = ste durch=leuch=tet,
dolce
f
sanft von dem zar = te = sten Schimmer um=strahlt; lei = se
rings=um das tie = fe = ste, präch=tig = ste Blau! Ganz hat die
za = gen=des Her=ze, was hier dich be=drückt. Ob auch die
p
mf
schwe=bend, so duf = tig, so mil=de, schön wie von lä=cheln=den
Hel = le den Sieg nun ge=won=nen, o wie er=glän=zen sie,
Weh=muth das Au = ge noch feuch=tet, schö=ner nur Al=les das

En = geln ge = malt, schön wie von lä = cheln = den
Him = mel und Au, o wie er = glän = zen sie,
Le = ben dir schmückt, schö = ner nur Al = les das

En = geln ge = malt!
Him = mel und Au!
Le = ben dir schmückt!

Fr. Oser.

28. Die Kapelle.

Ernst. C. Kreutzer.

Tutti. 1. Was schimmert dort auf dem Ber = ge so schön, wenn die
Soli. *pp* 2. Was tö = net in der Ka = pel = le zur Nacht so
Soli. *p* 3. Was hallt und klin = get so wun = der = bar vom

Stern = lein hoch am Him=mel auf=geh'n!
fei = er = lich ernst, in ru = hi = ger Pracht?
Ber = ge her = ab so tief und klar?
Was schim=mert dort auf dem
Tutti.
Was tö = net in der Ka=
Was hal=let und klin = get so
Tutti.
wenn die Stern = lein hoch am Himmel auf=
so fei = er = lich ernst, in ru = hi = ger
vom Ber = ge her = ab so tief und
Tutti.
Ber = ge so schön
pel = le zur Nacht
wun = der = bar
Soli.
pp
geh'n? Das ist die Ka = pel = le still und klein, sie la = det den
Pracht? Das ist der Brü=der ge = weih = ter Chor, die An = dacht
klar? Das ist das Glöck=lein, das in die Gruft am frü = hen
Soli.
mf

Tutti.
p
pp
Pil = ger zum Be = ten ein. Das ist die Ka = pel = le,
hebt sie zum Herrn em = por. Das ist der Brü = der ge=
Mor=gen den Pil = ger ruft. Das ist das Glöck=lein, das
Tutti.
p
pp
still und klein, sie la = det den Pil = ger zum Be = ten ein, sie
weih = ter Chor, die An = dacht hebt sie zum Herrn em=por, die
in die Gruft, am frü = hen Mor=gen den Pil = ger ruft, am
f
f
la=det den Pil = ger zum Be = ten ein.
An = dacht hebt sie zum Herrn em = por.
frü = hen Mor=gen den Pil = ger ruft.

29. Das Kreuz im Walde.

C. Kreutzer.

f p
Tutti. Im Wal=de steht ein al=tes Kreuz im goldnen A=bend=
p
Tutti. Im Wal=de steht ein al=tes Kreuz im gold'=nen A=bend=
p
schein, im gold'=nen A = = bend=
Solo. dolce cresc. f
schein, die An=dacht und die Lie=be weiht zu ih = rem
dolce cresc. f
Solo.
f pp Tutti. cresc. f
Tem=pel ein, die Andacht und die Lie=be schrieb ih=ren Na=men
f pp Tutti cresc. f

Solo.
Tutti.
oft, und man=che See=le schwer und trüb, ver=traut hier was sie
p Solo.
Tutti.
cresc.
hofft —, ver=traut hier was sie hofft!
cresc.
p Und
Und
man=cher Kranz von Ro=sen jung, weiht fromme Pil=gers Hand,
Solo.
man=cher Kranz von Ro=sen jung weiht from=me Pil=gers Hand, weil
Solo.
weiht from=me Pil=gers Hand, weil

weil Thrä-nen hier Er-in-ner-ung, Er-
Solo
cresc.
Thrä-nen hier Er - in-ner-ung, Er - ge-bung, Trost hier
cresc.
pp Tutti.
cresc.
fand! O Wand'-rer, grü - ßest du das Kreuz, so
pp
cresc.
fand! O Wand'rer, grü - ßest du das Kreuz, so
Solo.
denk', so denk' an mich; ver - blü - het wird mein Kranz be-reits, doch
Solo.
fp
Tutti.
cresc.
nie mein Glau-be sein! ver - blü - het wird mein Kranz be - reits,
fp
cresc.
Tutti.

p
cresc.
doch nie mein Glau = be sein, ver = blü = het wird mein
p
doch nie mein
mf
Kranz be=reits, doch nie mein Glau=be sein, ver = blü = het wird mein
mf
Glau = = = = = be
pp
Kranz be=reits, doch nie mein Glau=be sein, ver = blü = het wird mein
cresc.
pp
f
fz
p
Kranz be = reits, doch nie mein Glau = be
f
fz
p

cresc.
ff
pp
sein, doch nie, nie mein Glau = be sein, nie,
cresc.
ff
pp
nie mein Glau = be sein.
A. Schuhmacher.

30. Des Sonntags am Rhein.

Heiter und frisch.

W. H. Veit.

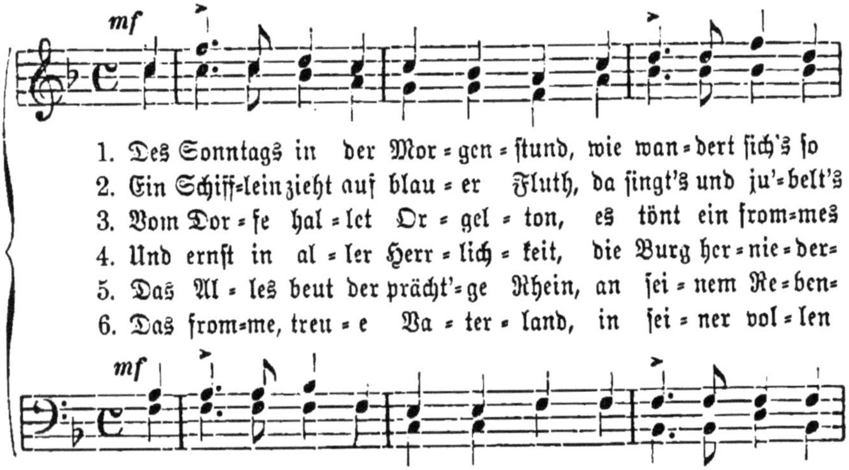
mf
1. Des Sonntags in der Mor = gen = stund, wie wan = dert sich's so
2. Ein Schiff=lein zieht auf blau = er Fluth, da singt's und ju'=belt's
3. Vom Dor = fe hal = let Or = gel = ton, es tönt ein from=mes
4. Und ernst in al = ler Herr = lich = keit, die Burg her = nie = der=
5. Das Al = les beut der prächt'=ge Rhein, an sei = nem Re = ben=
6. Das from=me, treu = e Va = ter = land, in sei = ner vol = len
mf

schön, am Rhein, wenn rings in wei = ter Rund die Mor = gen=glok = ken
drein; du Schiff = lein, gelt, das fährt sich gut in all' die Lust hi=
Lied, an = däch = tig die Pro = zes = si = on aus der Ka = pel = le
schaut, und spricht von al = ter gu = ter Zeit, die auf den Fels ge=
strand, und spie = gelt recht im hell = sten Schein das gan = ze Va = ter=
Pracht, mit Lust und Lie = dern al = ler=hand vom lie = ben Gott be=
p
cresc.
geh'n!
nein.
zieht.
baut.
land.
dacht.
Wie wan=dert sich's so schön, so schön, am Rhein, am grü=nen
Wie wan=dert sich's so schön, am Rhein, am grü=nen
p
cresc.
ff
Rhein, am Rhein, am grü = nen Rhein!
ff

31. Die Kapelle.

Feierlich. C. Kreutzer.

mf
p
dim.
Dro-ben ste-het die Ka-pel-le, schau-et still in's Thal hin-
dolce
ab; drun-ten singt bei Wies' und Quel-le froh und
drunten singt, bei Wies' und Quel-le
hell der Hir-ten-knab', drun-ten singt bei Wies' und
ff
froh und hell der Hir-ten-knab', drun-ten singt bei

crescendo
Quel = le froh und hell der Hir = ten = knab'.
Wies' und Quel=le hell und froh der Hir = ten = knab'.
pp
fp
Trau=rig tönt das Glöcklein nie = der, schau=er=lich der Lei=chen=
pp
chor! Stil=le sind die fro=hen Lie=der, und der Kna=be lauscht em=
f
dim.
p
por. Dro=ben bringt man sie zu Gra=be, die sich freu=ten in dem

crescendo
Thal; Hir=ten=kna=be, Hir=ten=kna=be, dir auch singt man dort ein=
f
cresscndo
pp
mal, dir auch singt man dort ein=mal, dir auch singt man dort ein=
pp
f
ff
mal, Hir=ten=kna=be, Hir=ten=kna=be, dir auch singt man dort ein=
f
ff
p
pp
perdendosi
mal, dort ein=mal, dort ein=mal.
Uhland.
p
pp
perdendosi

32. Muß Einer von dem Andern.

Ziemlich langsam. A. Billeter.

p
1. Muß Ei- ner von dem An- dern, ach Gott, ach Gott, wie
2. Bald ist ein Herz ge- bro- chen, das erst noch fröh- lich
p
p
bald! Wie Dir zu Fuß beim Wandern fällt Blatt um Blatt im
schlug, ob's noch so frisch mag po- chen, ist ei - tel Schein und
p
3
3
crescendo
Wald. D'ran denk' ich wohl ohn' Un - ter- laß, und d'rob wird mir mein
Trug! D'ran denk' ich wohl ohn' Un - ter- laß, und d'rob wird mir mein
crescendo

Solo. dolce
p
Au - ge naß: Muß Ei - ner von dem An - dern, ach Gott, ach Gott, wie
Au - ge naß: Bald ist ein Herz ge - bro - chen, das erst noch fröh - lich
Solo. dolce
p
Chor.
dim. rit.
bald! Muß Ei - ner von dem An - dern, ach Gott, ach Gott, wie bald!
schlug; bald ist ein Herz ge - bro - chen, das erst noch fröh - lich schlug!
Chor.
dim. rit.
mf
3. Doch Ei - ner zu dem An - dern kommt auch, wer weiß, wie bald! Und
mf

p
più f
bald nach kur = zem Wan=dern Dein Trau = er = lied ver=hallt. D'rauf
f
hoff' ich wohl ohn' Un = ter = laß, und nicht mehr bleibt mein Au = ge
Solo. dolce
Chor.
naß, kommt Ei=ner zu dem An=dern, wer weiß, wer weiß, wie bald, kommt
dolce
Ei = ner zu dem An=dern, wer weiß, wer weiß, wie bald!
J. Oser.

33. Abendgebet.

Sanft. C. Kreutzer.

pp
1. Schon die A = bend = glok = ken klan = gen, und die
2. Schlum=mert süß und je = den Mor = gen weck' euch
Flur im Schlum = mer liegt, wenn die Ster = ne
froh der Son = ne Strahl, schlum=mert süß und
auf = ge = gan=gen, Je = der gern im Traum sich
frei von Sor=gen, frei von Sün = den = Angst und
wiegt. Ja, ein ru = hi = ges Ge = wis = sen mög' euch
Qual.
sf
p
f
mf

stets den Schlaf ver=sü=ßen, bis der Mor=gen=ruf er=schallt, bis der
daß, wenn Got=tes Ruf er=schallt, daß, wenn
Mor=gen=ruf er=schallt, und das Horn vom Fel=sen hallt. Ja ein ꝛc.
Got=tes Ruf er=schallt, er nicht bang in's Herz euch hallt.
hallt, und das Horn vom Fel=sen hallt!
hallt, er nicht bang in's Herz euch hallt!

34. Am Grabe eines Sängers.

Ernst. Nach F. Ber

Soli. p mf
1. In des Fried=hofs stil=len Grün=den, in
2. Der dem Bun=de treu ge=blie=ben, mit
3. Wie=der muß sein Lied er=ste=hen in
Soli. p mf
mf p mf
Ab=ge=schied'=nen Haus, un=ter grü=nen Laub=
streb=sam ern=sten Sinn, mit der Freund=schaft heil'=
licht=er=füll=ten Raum; singt vom fro=hen Wie=
mf p mf
mf dim. Tutti. mf
win=den ruht der Sän=ger fried=lich aus. Sei
Lie=ben, in der Blü=the starb er hin. Nur
se=hen, nach des Le=bens kur=zem Traum. Trer
Tutti.
mf dim. mf

Lie - der, voll und rein, schlie-ßen al - le mit ihm
Hül - le legt er ab, denn sein Geist schwebt ü - ber'm
Sän - ger schlumm're du, se - lig dei - nem Him - mel
ein. Sei-ne Lie-der, voll und rein, schlie-ßen al - le
Grab! Nur die Hül - le legt er ab, denn sein Geist schwebt
zu! Treu-er Sän-ger schlumm're du, se - lig dei - nem
mit ihm ein!
ü - ber'm Grab!
Him - mel zu!

35. Der Friedhof.

Langsam. Neefe.

p
1. Wie sie so sanft ruh'n, al = le die Se = li = gen,
2. Und nicht mehr wei = nen hier, wo die Kla = ge schweigt,
p
f
zu de = ren Wohn = platz jetzt mei = ne See = le schleicht!
und nicht mehr füh = len hier, wo die Freu = de flieht,
f
pp
f
Wie sie so sanft ruh'n in den Grä = bern, tief zur Ver=
und von Cy = pres = sen sanft um = schat = tet, bis sie der
pp
f

we = sung hin = ab = ge = sen = ket!
En = gel her = vor = ruft, schlum = mern!

Stockmann.

36. Grabgesang.

Langsam und getragen. **Kuhlau.**

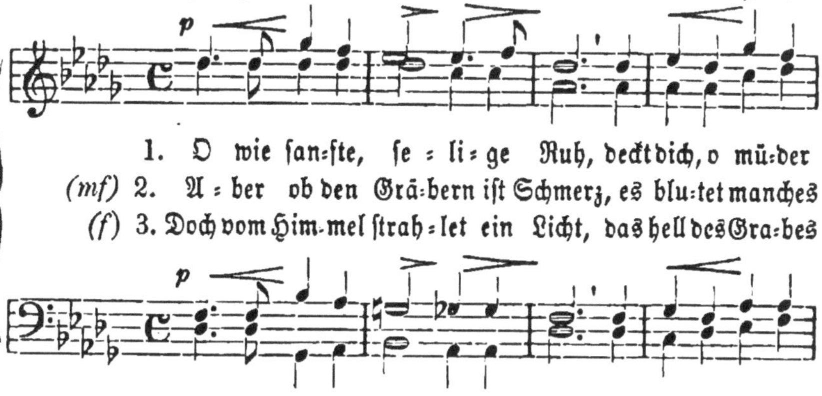
p
1. O wie san=fte, se = li = ge Ruh, deckt dich, o mü=der
(mf) 2. A = ber ob den Grä=bern ist Schmerz, es blu=tet manches
(f) 3. Doch vom Him=mel strah = let ein Licht, das hell des Gra=bes
p

sf
p
Pil = ger, zu, tief im Grab, die Schmer=zen schwei=gen, die
treu = e Herz, weint dir nach, vom Tren=nungs=schmer = ze zer=
Nacht durch=bricht, Wie=der = sehn, das Ziel, die Kro = ne der
sf
p

p
sf
p
Thrä=nen; schlummre sanft, schlumre sanft, all' dein Seh=nen stillt sich
ris=sen; schla=fe du, schla=fe du, wir ver=mis=sen dich mit
Frommen; (mf) har=re nur, har=re nur, al=le kom=men einst dir
mf
sf
p
da, schlummre sanft, schlummre sanft, all' dein Seh=nen stillt sich
Gram, schla=fe du, schla=fe du, wir ver=mis=sen dich mit
nach, har=re nur, har=re nur, al=le kom=men einst dir
pp
rit.
da, al=les stillt sich da.
Gram, mis=sen dich mit Gram.
nach, kom=men einst dir nach.
pp
rit.
p
al=les stillt sich da.
mis=sen dich mit Gram.
kom=men einst dir nach.

37. Schlaf wohl!

C. Ecker.

so tie=fer Schat=ten, du schläfst in gu=ter
mf
t grü=nen Mat=ten der lie=be Gott dich
mf
n Wei=den nei=gen sich auf dein Bett=lein her=
p
Schlaf wohl!
Schlaf
in den Zwei=gen, die sin=gen treu dich

ein, die Vöglein in den Zweigen, die singen treu dich
Chor. cresc.
mf
dim.
singen treu, singen treu dich
Halbchor.
p
ein und wie in gold'nen Träumen, geht linder Frühlings-
Halbchor.
p
p
ein. Schlaf wohl! Schlaf
Hier unter stillen
Chor.
p
p
wind. Hier unter stillen Bäumen schlaf wohl, mein
p Chor.
wohl! Hier unter stillen Bäumen schlaf wohl, mein

sü = ßes Kind, schlaf wohl! Hier un = ter stil = len Bäu=men schlaf
(treu = er Freund)
sü = ßes Kind, schlaf wohl, schlaf
(treu = er Freund)
wohl! Schlaf wohl! Schlaf wohl, mein sü = ßes Kind, schlaf
(treu = er Freund)
Schlaf wohl! Schlaf wohl!
wohl! Schlaf wohl!
sü = = = ßes Kind!
(treu = = = er Freund)
wohl, schlaf wohl, mein sü = ßes, lie = bes Kind!
(treu=er, lie = ber Freund)
sü = = = ßes Kind!
(treu = = = er Freund)

38. Am Grabe eines Jünglings.

Langsam. E. G. Elsäser.

pp
p
mf
1. Wei-net nicht, wei-net nicht! Nur des Lei-bes
2. Trau-ert nicht, trau-ert nicht! From-mer Glaub' ist
3. Be-tet an, be-tet an! Schau-et hin zur
p
f
Au-ge bricht, wenn der Staub zum Stau-be sin-ket, wenn der
Chri-sten-pflicht. Sen-ket nicht den Blick zur Er-de, sen-ket
Ster-nen-bahn, fallt vor Gott in De-muth nie-der, fallt vor
dolce
Staub zum Stau-be sin - - ket; doch dem e-deln Jüng-ling
nicht den Blick zur Er - - de, sucht nicht da den Früh-ver-
Gott in De-muth nie - - der! Was er gab, das nahm er

win = ket Le = ben dort im ew'=gen Licht. Wei=net nicht, wei=net
klär = ten, Gott er = füllt, was er ver=spricht. Trau=ert nicht, trau=ert
wie = der, was er thut, ist wohl=ge = than. Be = tet an, be = tet

nicht, wei = net nicht, weinet nicht, wei = net nicht, wei = net nicht!
nicht, trau=ert nicht, trauert nicht, trau = ert nicht, trau = ert nicht!
an, be = tet an, be=tet an, be = tet an, be = tet an!

39. Letzte Bitte.

Herrn J. N. Zoczeck in Wien freundlichst gewidmet von
Bernhard Vogler in St. Gallen.

Andante.

Wenn Ihr der=einst mich tragt hin=aus, der letz = ten Stät = te

p
zu, wenn Ihr mich bet = tet tief hin = ab zur ew'=gen, ew'=gen
p
più mosso
mf
Ruh', laßt mir er = klin = gen klar und hell zwei from=me Me = lo
mf
più mosso
f
ff
f
dey'n, da = mit ich, vom Ge = sang um=rauscht, be = se = ligt schlum=r
f
ff
f
p
pp
f
ein, be = se = ligt schlummre ein. Ich
p
pp
f
ein, be = se = ligt schlummre, se = lig ein — —. Ich

Allegro.
lieb=te ja das frei=e Lied, ich lieb=te ja das
frei=e Lied aus tief=stem Her=zens=drang, ich lieb=te ja das
frei=e Lied, ich lieb=te ja das frei=e Lied aus tief=stem Her=zens=
drang, aus tief=stem Her=zens=drang, das frei=e
das frei=e Lied,

f aus tief=stem, tief=stem
Tempo primo.
p
senkt mich nicht so still hin=ab, nicht oh=ne Sang und
p
Klang. D'rum senkt mich nicht so still hin=ab, nicht oh=ne Sang un
pp
Klang,
nicht oh=ne Sang und Klang.
pp
mf
d'rum senkt mich nicht so still hinab, nicht

40. Leiden und Freuden.

Mäßig. Lindpaintner.

Lei = den und Freu = den, Le = ben und Tod,
wech=seln wie Mor = gen= und A = bend = roth! Ue = ber den
Ster = nen woh = net al = lein un = ser
gänz = li = ches, e = wi = ges Sein! Kün = de mir,

glän=zen=des A=bend=roth, bist du ein Thor zu Gott?
Kün = = = de mir,
La=dest du, glü=hen=der Mor=gen=schein, mich zu den Himm=li=schen
la = = = dest du
ein? Fes=seln, fal=let zur Er=de hin=ab!
Fes=seln, fal = = let hin=ab! Kör=per
Kör=per le=ge dich in das Grab, fal=let zur
leg' dich in's Grab, ff Fes=seln,
ff
p
pp

pp
rall.
Er = de hin = ab, le = ge dich in das Grab. Mei=ne
pp
rall.
p
Kör = per,
sie will ja em = por! sie will ja em=
See = le will em = por! sie will em=
Mei=ne See=le will ja em = por, mei=ne See=le will ja em=
Mei=ne See=le will ja em = por, mei = ne See=le will ja em=
dolce.
cresc.
por! Sie will em = por, sie will ja em=
por! Sie will ja em = por, sie will em=
por! Sie will em = por, sie will ja em=

por,
ff
p
cresc.
ff
pp
por, will ver = klärt in's Gei = ster = chor! Mei = ne
por,
cresc.
mf
pp
See = le will ja em = por, will ver = klärt, will ver = klärt in's
Gei = ster = chor.

41. Frieden.

Sehr langsam. C. Kloß.

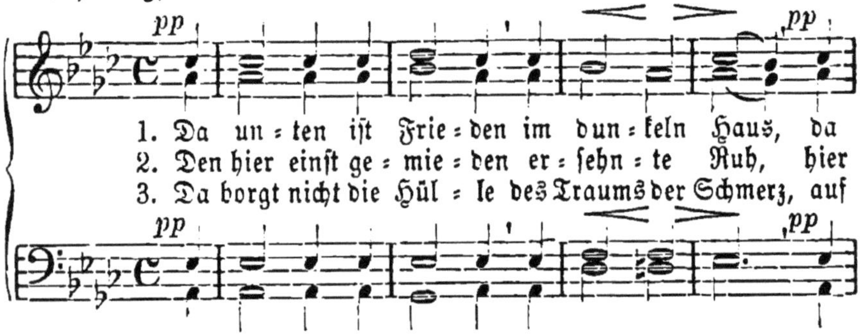
pp
1. Da un = ten ist Frie = den im dun = keln Haus, da
2. Den hier einst ge = mie = den er = sehn = te Ruh, hier
3. Da borgt nicht die Hül = le des Traums der Schmerz, auf
pp

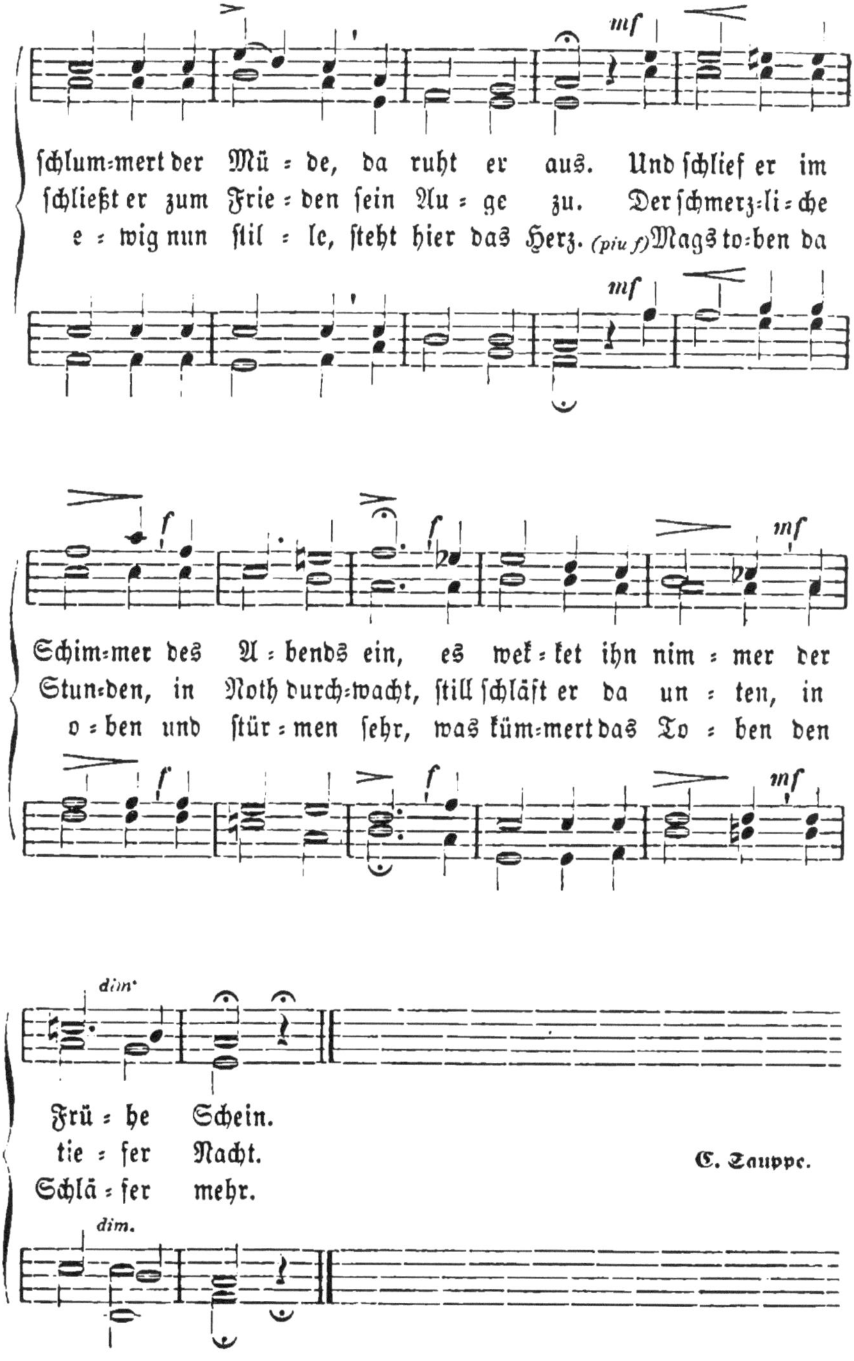
mf
schlum-mert der Mü - de, da ruht er aus. Und schlief er im
schließt er zum Frie - den sein Au - ge zu. Der schmerz-li - che
e - wig nun stil - le, steht hier das Herz. (piu f) Mags to-ben da
f
mf
Schim-mer des A - bends ein, es wek - ket ihn nim - mer der
Stun-den, in Noth durch-wacht, still schläft er da un - ten, in
o - ben und stür - men sehr, was küm-mert das To - ben den
dim.
Frü - he Schein.
tie - fer Nacht.
Schlä - fer mehr.
C. Tauppe.

42. Am Grabe.

Langsam. Lindpaintner.

p
Dem Menschenfreund, der treu und bie = der des
Le = bens Pflichten stets voll = bracht, er = tö = nen un = s're Kla = ge=
lie = der; denn ihn verschlang des To = des Nacht, denn ihn ver=
dolce
schlang des To = des Nacht. Nur we = nig Ta = ge sind ver=

sloſ=ſen, als er in un=ſerm Kreis noch ſtand: auf e=wig, auf
e=wig iſt ſein Aug' ge=ſchloſ=ſen, das, Lie=be bie=tend, Lie=be
cresc.
fand. Wir ſeh'n mit Thrä=nen in dem Blik=ke: den Leib ver=
cresc.
ſchließt des Gra=bes Thor, ver=ſchließt des Gra=bes Thor. Be=

frei = et ſchwebt zum ew' = gen Glük = ke der Geiſt, der Geiſt hin=
Be = frei = et ſchwebt der Geiſt hin=
auf zum En = gel = chor. Be = frei = = et ſchwebt der Geiſt hin=
auf zum En = gel = chor, be = frei = et ſchwebt der Geiſt, der Geiſt hin=
cresc.
f
auf, hin = auf zum En = gel = chor, be = frei = et ſchwebt der Geiſt hin=
cresc.
f
O ſchlum = re ſanft! — —
p
auf, hin = auf zum En = gel = chor. O ſchlummre
p

— O schlumm=re sanft — — —!
sanft! O schlumm=re sanft! O schlumm = re
sanft! O schlumm = re sanft! O schlumm=re sanft!

43. Geleit.

Mäßig. F. Abt.

Was freut ei = nen al = ten Sol = da = ten? Drei Sal = ven
ü = ber sein Grab. Die ge = ben die Ka = me = ra = den; die Mus=

ke=ten wer=den ge = la = den, senkt man den Sarg hin = ab — —, senkt
p
marc.
senkt man den Sarg hin=
pp
man den Sarg hin = ab. Du Bru=der=herz, den wir
ab,
p
tra = gen, du freu'st dich wohl zur Stund', daß ta = pfer du einst ge=
f
mf
schla=gen, die lau = ten Mus=ke = ten es sa = gen mit ih=rem Ei=sen=
mit

p
mund, mit ih=rem Ei = sen = mund. Du Bruderherz, den wir
p
ih=rem Ei=senmund, dem
p
pp
f
tra=gen, be=stell' mir nun Quar=tier; wir ha = ben zu = sam=men ge=
p
pp
f
schla = gen, bald wer = den sie mich auch tra = gen, Ka = me=
p
p
rad, bald folg' ich dir, Ka = me = rad, bald folg' ich dir.
procorit.
procorit.
p
Ka=me = rad, bald folg' ich dir,

44. Sängerspruch.

Mit Würde. J. Heim.

mf
Dem Wah=ren, Gu=ten, Schö=nen soll un=ser Lied er=
f
tö=nen; zu dem das Herz em=por, du deut=scher Män=ner=
ff
chor! Zu dem das Herz em=por, du deutscher Män=ner=chor!

45. Volkshymne.

Würdevoll. A. Lwoff.

ff
Herr, sei der Vä=ter Schutz; mäch=tig und wei=se
herr=sche zum Ruhm, zum Ruh=me uns. Furcht=bar den
Fein=den stets, gnä=dig im Frie=den. Gott
sei der Vä=ter Schutz.

46. Vaterland, dich schützt Gottes Hand!

Warm und bewegt. J. Heim.

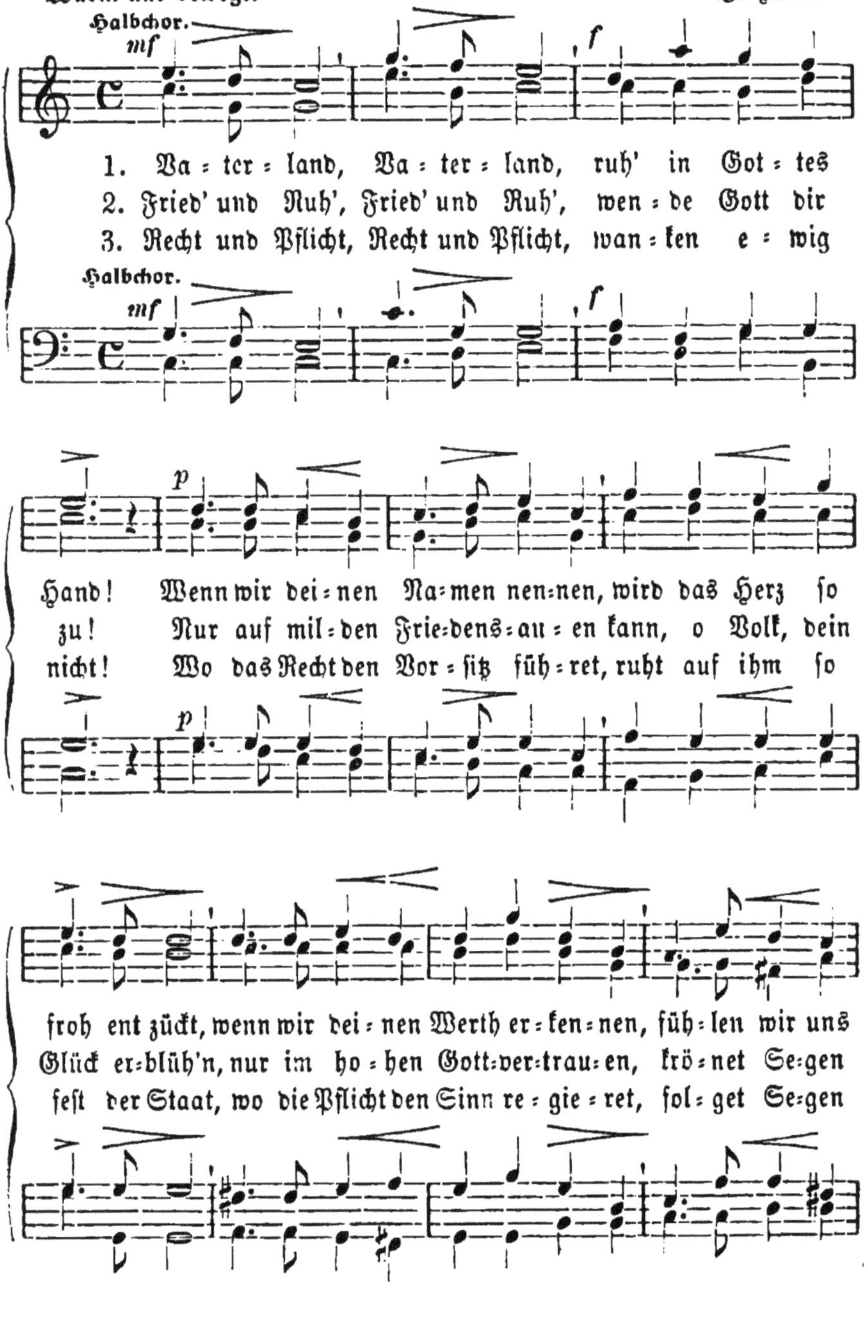
Halbchor.
mf
f
1. Va = ter = land, Va = ter = land, ruh' in Got = tes
2. Fried' und Ruh', Fried' und Ruh', wen = de Gott dir
3. Recht und Pflicht, Recht und Pflicht, wan = ken e = wig
Halbchor.
mf
f
p
Hand! Wenn wir dei = nen Na = men nen = nen, wird das Herz so
zu! Nur auf mil = den Frie = dens = au = en kann, o Volk, dein
nicht! Wo das Recht den Vor = sitz füh = ret, ruht auf ihm so
p
froh ent zückt, wenn wir dei = nen Werth er = ken = nen, füh = len wir uns
Glück er = blüh'n, nur im ho = hen Gott = ver = trau = en, krö = net Se = gen
fest der Staat, wo die Pflicht den Sinn re = gie = ret, fol = get Se = gen

hoch be=glückt! Schü=tze Gott dich vor Noth, ruh' in sei = ner Hand!
dein Bemüh'n. Gott ist gut, fas = se Muth, ruh' in sei = ner Hand!
je = der That. Fromm und frei, Gott ge = treu, ruh' in sei = ner Hand!
Soli.
mf
cresc.
f
(Etwas bewegter.)
Tutti.
Va = ter=land, Va = ter=land, dich schützt Got=tes Hand! Va = ter = land!
cresc.
ff
Va = ter=land! dich schützt Got = tes Hand!
K. Krüsi.

47. Vaterlandsgruß.

Mit Kraft. F. Huber.

1. Wir grü-ßen dich, du Land der Kraft und Treu-e,
2. Wir ha-ben's uns in tie-fer Brust ge-schwo-ren,
3. Das gro-ße Bild von al-tem Schwei-zer-ruh-me,
4. Es ringt die Welt im gro-ßen Rie-sen-strei-te,
mf
nimm un-sern Gruß, ge-lieb-tes Va-ter-land! Hell flammt dein
dir treu zu sein, im Le-ben, wie im Tod; es geht der
das einst ge-flammt in al-ler Völ-ker Nacht; es zieht uns
sie sucht das Gut, das Män-ner-kraft uns gab; der Gott, der
mf
Bild in uns'-rer Brust auf's Neu-e, das jüngst ver-hüllt von man-cher
Sieg, die Eh-re nicht ver-lo-ren, die ret-ten wir, wenn je uns
neu zu sei-nem Hei-lig-thu-me, und neu-e Lie-be ist in
uns zur star-ken Vor-hut weih-te, be-rei-tet rings der Zwingherr-
mf

f
Wol = ke stand. Doch was auch rings ver = wit = tert, dein
Schmach be = droht. Was ring's die Zeit ver = wit = tert, dein
uns er = wacht. Was ring's die Zeit zer = split = tert, dein
schaft ihr Grab. Wir blei = ben un = er = schüt = tert, was
f
mf Gott mit uns, so
Vers 1—3
Bund wird nicht er = schüt = tert: ist Gott mit uns, so mag die
4 rings die Zeit zer = split = tert: so mag
mf
mag die Höl = le nah'n,
f
Höl = le nah'n, wir wan = deln fest die al = te Hel = den =
f
ff
bahn, wir wan = deln fest die al = te Hel = = den = bahn.
ff

48. Schweizerheimweh.

Langsam. **J. R. Weber.**

mf
mf
dim.
1. Es lebt in je = der Schweizerbrust ein un=nenn=ba = res
2. Auf grü=ner Alp, am stei = len Hang, wenn Glocken, Rei = gen
3. Vom stil=len Thal, am kla = ren See, sieh' Fir=nen glü = hen,
(più f) 4. Wohl=an denn, seh=nen=des Ge=schlecht, weih' dei=nem Lan = de
cresc.
Seh = nen, es ist nicht Schmerz, es ist nicht Lust, im
klin = gen, da wird's dem Bu = sen wohl und bang, du
sprü = hen! Es wird der Sehn = sucht Lust und Weh' in
Treu = e! Doch auch nach Frei = heit, Licht und Recht streb'
p
mf
Au = ge per = len Thrä = nen. Sag' an, was das be=
möch = test wei = nen, sin = gen. Sag' an, was das be=
dei = ne See = le zie = hen. Sag' an, was das be=
mann = haft je = der Frei = e. Sag' an, was das be=
Au = ge per = len

p ritard.
mf
p
mf
a tempo
deu=ten soll, das Seh=nen, die Thrä = nen? Du fühlst es,
deu=ten soll, das Läu=ten, das Sin = gen? Du fühlst es,
deu=ten soll, das Glü=hen, das Sprü = hen? Du fühlst es,
deu=ten soll, das Frei = e, das Treu = e? Du fühlst es,
ritard.
a tempo
p ritard. e tim.
lie=ber Schweizer, wohl, dein Aug' ist naß, dein Herz ist voll.
p ritard. e tim.

49. Schweizergebet.

Würdevoll. A. Zwyssig.

f
ff
sf
1. Hör' uns, All=mäch = ti=ger! Hör' uns, hör' uns, All=
2. Hör' uns, All = gü = ti=ger! Hör' uns, hör' uns, All=
3. Hör' uns, All=wis = sen=der! Hör' uns, hör' uns, All=
4. Hör' uns, All=lie = ben=der! Hör' uns, hör' uns, All=
f
ff
sf

mäch - ti - ger! Vor dem des Him-mels Fe - sten
gü - ti - ger! Wenn dro - hend Stür - me sich er-
wis - sen - der! Du, der als Rich - ter al - ler
lie - ben - der! Der an dem heil' - gen Kreuz - al-
più moto e con fuoco
zit - tern, vor dem die Welt wie Staub zer-fliegt, du kannst der
he - ben, sich löst der Ein - tracht star - kes Band, wenn wir am
Wer - ke der Her - zen tie - fe Nacht zer-streut, gieb un - sern
ta - re die Mensch-heit lie - be - voll um-fängt, ver - scho - ne,
Fein - de Macht er-schüt-tern, daß sie sich dei - nem Wil - len
Rand des Abgrunds schweben, dann ret - te du das Va - ter-
Vä - tern Licht und Stär-ke, der Ah - nen Muth und Red - lich-
ret - te und be - wah - re dein Volk, das sich zum Frie - den

sf p fp
fügt. Hör' uns, hör' uns, All=mäch=ti=ger! Hör' uns, hör' uns, All=
land. Hör' uns, hör' uns, All=gü=ti=ger! Hör' uns, hör' uns, All=
keit. Hör' uns, hör' uns, All=wis=sen=der! Hör' uns, hör' uns, All=
drängt. Hör' uns, hör' uns, All=lie=ben=der! Hör' uns, hör' uns, All=
p sf fp
p sf
mäch=ti=ger! Hör' uns, hör' uns, hör' uns, hör' uns, All=
gü=ti=ger! Hör' uns, hör' uns, hör' uns, hör' uns, All=
wis=sen=der! Hör' uns, hör' uns, hör' uns, hör' uns, All=
lie=ben=der! Hör' uns, hör' uns, hör' uns, hör' uns, All=
sf
hör' uns, All=
ff
mäch=ti=ger! All=mäch=ti=ger!
gü=ti=ger! All=gü=ti=ger!
wis=sen=der! All=wis=sen=der!
lie=ben=der! All=lie=ben=der!
ff

50. Vaterlandsliebe.

Gemäßigt. L. Iten.

p
mf
1. Wie könnt' ich dein ver = ges = sen? Ich weiß, was du mir
2. Wie könnt' ich dein ver = ges = sen? Dein denk' ich al = le
3. Wie könnt' ich dein ver = ges = sen? Ich weiß, was du mir
bist, wenn auch die Welt ihr Lieb = stes und Be = stes bald ver=
Zeit, ich bin mit dir ver = bun = den, mit dir in Freud' und
bist, so lang' ein Hauch von Lie = be und Le = ben in mir
mf cresc.
f
ff
gißt; ich sing' es hell und ruf' es laut: Mein Va = ter=
Leid; ich will für dich im Kam = pfe steh'n, und, soll es
ist; ich su = che Nichts als dich al = lein, als dei = ner

p
land ist mei = ne Braut! Wie könnt' ich dein ver = ges = sen? Ich
sein, mit dir ver=geh'n! Wie könnt' ich dein ver = ges = sen? Dein
Lie = be werth zu sein! Wie könnt' ich dein ver=ges=sen? Ich
mf cresc.
f
ff
weiß, was du mir bist; ich sing' es hell und ruf' es laut: Mein
denk' ich al = le Zeit; ich will für dich im Kam=pfe steh'n, und
weiß, was du mir bist; ich su = che Nichts als dich al = lein, als
Va = ter = land ist mei = ne Braut!
soll es sein, mit dir ver=geh'n!
dei = ner Lie = be werth zu sein!

51. Sehnsucht nach der Heimat.

Mäßig. C. Kreutzer.

Ihr Rie - sen-glet-scher, lind und weich, vom A-bend-roth be-
säumt, o wüß-tet ihr, wie oft von euch das Herz voll Sehn-sucht
träumt.
O Al - pen-horn, o sü - ßer Klang, so
O Al-pen-horn, o sü - ßer Klang,
stark und doch so weich, für Schmerz zu süß,
so stark und doch so weich, für
cresc.
dim.

für Lust zu bang, ach, Schmerz und Lust zu=
Schmerz zu süß, für Lust zu bang, ach, Schmerz und Lust zu=
f
p
gleich! Tief blau=er See, treu hü=tet dich der Wälder grü=ner
f
p
dolce
Kranz, wann wiegst und kühlst du wie=der mich, du gold'=ner
dolce
So sing ich, wenn des Abends Licht in
f
p
p
Wel=len=glanz? So sing ich, wenn des Abends Licht
f
p

Ro - sen - thrä - nen glüht, ich wei - ne dann und
cresc.
in Ro - sen-thrä - nen glüht, ich wei - ne dann
tief um-flicht die Sehn-sucht mein Ge - müth,
f
und tief um-flicht die Sehn-sucht mein Ge - müth,
f
p ich wei - ne
pp
ich wei - ne dann, und tief um - flicht die
pp
f
dann, und tief um - flicht die Sehnsucht, mir die
Sehn - sucht mein Ge - müth.
J. C. Peppert.

52. Sehnsucht nach der Schweiz.

Gefühlvoll. P. v. Lindpaintner.

f Halbchor.
1. Ich kenn' ein wun=der=schö=nes Land, es ist nicht groß und ist nicht klein, sein Schutz und Schirm ist Got=tes Hand, und stets wird sie es be=ne=dei'n!
2. Ich kenn' ein wun=der=schö=nes Land, das ist von Lieb' und Lust durch=glüht; dort, wo an ho=her Fel=sen=wand die zar=te Al=pen=ro=se blüht,
3. Ich kenn' ein wun=der=schö=nes Land, das fes=selt selt=sam mei=nen Sinn; um=schlun=gen von der Lie=be Band, singt dor=ten Senn und Sen=ne=rin!
f Halbchor.
Dort drin=nen
Dort wo der
und Berg und

p
Dort drin = nen ist Jahr ein, Jahr
Dort wo der küh = ne Ad = ler
und Berg und Thal durch=schallt das
p
ist Jahr ein, Jahr aus — — — — —
küh = ne Ad = ler haust — — — — —
Thal durch=schallt das Lied — — — — —
f
aus die Frei = heit e=
haust, und don=nernd die
Lied, das klingt von Tell
f
— die Frei = heit e = wig jung zu Haus —,
—, und don = nernd die La = wi = ne braust —,
—, das klingt von Tell und Win = kel = ried —,
pp
wig jung zu Haus! O dort al = lein, ja
La = wi = ne braust! O dort al = lein, ja
und Win = kel = ried! O dort al = lein, ja
pp
o dort al=

cresc.
f
dort al=lein möcht' ich mit euch, ihr
dort al=lein möcht' ich mit dir, Ge=
dort al=lein möcht' ich im Tod be=
cresc.
f
lein, ja dort al=lein möcht' ich mit euch, ihr
p
p Tutti.
cresc.
Freun=de, sein! O dort al=lein, ja dort al=lein
lieb=te, sein! O dort al=lein, ja dort al=lein
gra=ben sein! O dort al=lein, ja dort al=lein
p
p Tutti.
cresc.
O dort al=lein, ja dort al=
cresc.
f
mf
möcht' ich mit euch, ihr Freun=de, sein!
möcht' ich mit dir, Ge=lieb=te, sein!
möcht' ich im Tod be=gra=ben sein!
f
mf
cresc.
lein möcht' ich mit

53. Mein Heimatland, mein Vaterland.

Freudige Bewegung. Nach J. Stern.

mf Halbchor.
mf
1. Zwi-schen Frankreich und dem Böh-mer-wald, da
2. Fern in frem-den Lan-den war ich auch, bald
3. Ist ein Land, es heißt I-ta-li-a, blüh'n O-
4. Als ich sah' die Al-pen wie-der glüh'n, hell
mf Halbchor.
mf
wach-sen uns're Re-ben; grüß' mein Lieb', mein Lieb' am
bin ich heim-ge-gan-gen, hei-ße Luft und Durst, viel
ran-gen und Zit-ro-nen; sin-ge, sin-ge, sprach die
in der Mor-gen-son-ne; grüß' mein Lieb-chen, gold'-ner
Soli (zögernd).
f
mf
grü-nen Rhein, grüß' mir mei-nen küh-len Wein! Nur im
Durst da-bei, Qual und Sor-gen man-cher-lei; nach dem
Rö-me-rin, und ich sang zum Nor-den hin: Nur im
gold'-ner Schein, grüß' mir mei-nen grü-nen Rhein! Nur im
f
mf
Soli (zögernd).

Hei-mat-land, nur im Va-ter-land, da will ich e-wig
Hei-mat-land, nach dem Va-ter-land, thät stets mein Herz ver-
Hei-mat-land, nur im Va-ter-land, da muß mein Schätz-lein
Hei-mat-land, nur im Va-ter-land, da woh-net Freud' und
Chor.
a tempo
le-ben! Nur im Hei-mat-land, nur im Va-ter-land, da
lan-gen! Nach dem Hei-mat-land, nach dem Va-ter-land, thät
woh-nen! Nur im Hei-mat-land, nur im Va-ter-land, da
Won-ne! Nur im Hei-mat-land, nur im Va-ter-land, da
Chor.
a tempo
sf
rit.
will ich e-wig le-ben!
stets mein Herz ver-lang-gen!
muß mein Schätz-lein woh-nen!
woh-net Freud' und Won-ne!
H. v. Fallersleben.
sf
rit.

54. An die Heimat!

Ruhig. J. G. Müller.

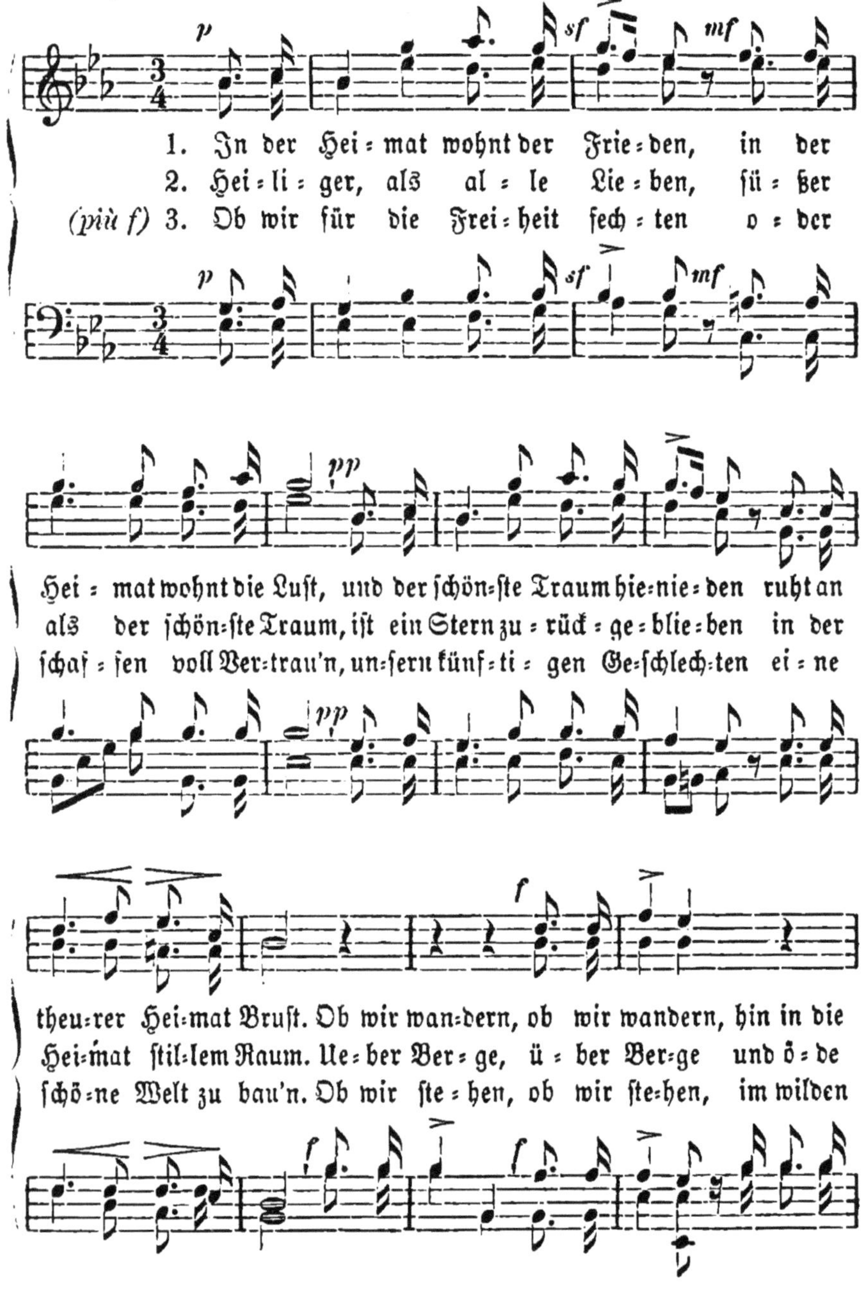
1. In der Hei-mat wohnt der Frie-den, in der
2. Hei-li-ger, als al-le Lie-ben, sü-ßer
(più f) 3. Ob wir für die Frei-heit fech-ten o-der
Hei-mat wohnt die Lust, und der schön-ste Traum hie-nie-den ruht an
als der schön-ste Traum, ist ein Stern zu-rück-ge-blie-ben in der
schaf-fen voll Ver-trau'n, un-sern künf-ti-gen Ge-schlech-ten ei-ne
theu-rer Hei-mat Brust. Ob wir wan-dern, ob wir wandern, hin in die
Hei-mat stil-lem Raum. Ue-ber Ber-ge, ü-ber Ber-ge und ö-de
schö-ne Welt zu bau'n. Ob wir ste-hen, ob wir ste-hen, im wilden

p
Wei = te, hin in die Wei = te ü = ber Berg und Meer und
Hai = de, und ö = de Hai = de zieht der hel = le Stern vor=
Strei= te, im wil = den Strei = te, ob uns die Ge = fahr be=
p
dolce
p
Thal, Hei = mat gibt uns das Ge = lei = te, bleibt uns
an, Hei = mat gibt uns das Ge = lei = te, durch die
droht, Hei = mat gibt ihr das Ge = lei = te, wan = dert
dolce
p
p
Hei= mat gibt uns das Ge = lei = te,
f
e = wig J = de = al, bleibt uns e = wig J = de = al.
rau = he Er = den = bahn, durch die rau = he Er = den = bahn.
mit uns in den Tod, wan = dert mit uns in den Tod.
f

55. Nichts gleicht der lieben Heimat.

Innig. Volksweise.

1. Wenn weit in den Lan=den wir zo = gen um=
2. Um = rau=schen auch Freu=den und Glanz un=sern
3. Der Hei = mat be = rau=bet, lacht nim = mer uns
her, wie die Hei=mat, so fan = den kein Plätz=chen wir mehr. Hast
Sinn, doch im = mer zieht Sehnsucht zur Hei = mat uns hin. Die
Glück: O gebt mir mein Dörf=chen, mein Hütt=chen zu = rück. Wie
drau=ßen auch er = klom=men der Won=ne Gi = pfel du, es wird dir
Rei = ze, die die Hüt = te der Hei=mat uns ent = hält, sie bie = tet
lieb = lich dort das Lied=chen der Vö = gel mir er=klang! Ach, hör=te

nim=mer wer=den der Hei=mat hol=de Ruh'. Hei=mat, o
so ent=zük=kend kein Ort wohl auf der Welt. Hei=mat, o
ich doch wie=der den lie=ben, hol=den Sang. Hei=mat, o
mf
p Soli.
mf
f
Va=ter=land! Nichts gleicht der lie=ben Hei=mat, dem theu=ren Va=ter=
mf
f
Chor.
f
f
rit.
land! Nichts gleicht der lie=ben Hei=mat, dem theu=ren Va=ter=land!

56. Wohlauf, du Eidgenossenschaft!

Mit Kraft und Feuer.

f
1. Wohl-auf, du Eid-ge-nos-sen-schaft, du
2. Wohl-auf, Sanct Ja-kob mahnt uns hehr, und
3. Wohl-auf, das al-te Gran-son mahnt, und
4. Wohl-auf, du Schwei-zer-volk, wohl-auf, für
Land! Du Volk mit e-wig jun-ger Kraft, geh'
Schlacht! Mor-gar-tens Stern sinkt nim-mer-mehr in
Krieg, der einst gar kühn den Weg ge-bahnt zu
Licht! Und kommt der al-te Feind zu Hauf, so
p
Hand! Ernst ist die Zeit, voll Kampf und Streit, ernst
Nacht! Ob Tell auch schied und Win-kel-ried, ob
Sieg! Du Hel-den-thum voll Ehr' und Ruhm, du
nicht! Die Ban-ner schwingt und schwört und singt, die

Zeit, voll Kampf und Streit; d'rum wach und sei auf dei = ner Hut,
schied und Win = kel = ried, so lebt doch noch ihr Geist und Wort
thum voll Ehr' und Ruhm, hast En = kel noch, frei wie der Rhein,
schwingt und schwört und singt: Wir blei = ben treu in Freud' und Noth,
hab' wie die Vä = ter fro = hen Muth, d'rum wach und sei auf
in un = sern Her = zen fort und fort; so lebt doch noch ihr
dir wür = dig einst im Kampf zu sein; hast En = kel noch, frei
und geh'n für Frei = heit in den Tod; wir blei = ben treu in
dei = ner Hut, hab' wie die Vä = ter fro = hen Muth!
Geist und Wort in un = sern Her = zen fort und fort!
wie der Rhein, dir wür = dig einst im Kampf zu sein!
Freud' und Noth, und geh'n für Frei = heit in den Tod!

57. Heimweh.

Innig. J. Heim.

mf
1. p Wenn der Schnee von den Al = pen nie = derthaut, aus dem
2. mf Wo das Alp = horn von Firn zu Fir = ne klingt und der
3. f Wo der Staub = bach sich stür = zet in die Kluft, Don = ners
4. pp Wenn die Nacht sinkt und rings die Ster = ne glüh'n, wenn der
See blau der Him = mel wie = der = schaut, wenn die Glok = ken läu = ten
Gems = bock von Klipp' zu Klip = pe springt, wo der Ad = ler krei = set
Zorn = hall von Fels zu Fel = sen ruft, fern er = tost der Schlag = la =
Tag winkt und Al = pen = ro = sen blüh'n, o mein Herz, mein Herz, was
von den Al = pen her,
ü = ber'm Wol = ken = meer,
wi = nen wil = des Heer,
pochst du doch so schwer,
schau' ich dort die lie = be Hei = mat

Etwas zurückhaltend.
Soli.
p
mf
nim=mer=mehr? Lie=be Hei=mat, theu=re Hei=mat, schau' ich
Soli.
Etwas zurückhaltend.
rit.
Tutti.
a tempo
f
dich wohl nim=mer=mehr? Lie=be Hei=mat, theu=re Hei=mat, schau' ich
Tutti.
a tempo
ff
rit.
dich wohl nim=mer=mehr?

A. Schnezler.

58. Was ist des Schweizers Vaterland?

Mit Feuer. G. Reichardt.

f
1. Was ist des Schweizers Va=ter=land? Am Ju=ra=hang, am
2. Was ist des Schweizers Va=ter=land? Am See=ge=stad, am
3. Was ist des Schweizers Va=ter=land? Wo Tell's und Ar=nold's
f
Soli.
Rho=ne=strand? Ist's da, wo Gems' und Ad=ler haust? Ist's
Glet=scher=rand? Da, wo des Sen=nen Her=de schweift? Dort
Wie=ge stand? Wo Geß=ner und wo Hal=ler sang, wo
Soli.
Tutti.
ff f
wo der Rhein=fall don=nernd braust? O nein, nein,
wo das Blut der Trau=ben reift? O nein, nein,
Kunst und Han=del auf sich schwang? O nein, nein,
ff f
Tutti.

nein, sein Va=ter=land muß grö=ßer sein, sein Va=ter=
f Tutti. lebhafter
land muß grö=ßer sein! 4. Was ist des Schweizers Va=ter=
f Tutti. lebhafter
Soli.
dolce
land? O nen=ne mir das theu=re Land! Wo Schwei=zer=
dolce
Soli.
cresc.
sinn und Schwei=zer=kraft, der Ah=nen wür=dig, wirkt und
cresc.

Tutti.
schafft, das ist das Land, das frei - e Land,
das ist das Land, das frei - e
Tutti.
an Se - gen reich aus Got - tes Hand,
cresc.
an Se - gen reich aus Got - tes Hand, an Se - gen reich aus
Land,
cresc.
cresc.
Land, an Se - gen reich aus Got - tes Hand,
Tutti.
Got - tes Hand. 5. Ich grü - ße dich, mein Va - ter - land, vom
Tutti.
Soli.
cresc.
Bo - dan bis zum Le - man - strand. Ja, was ich ha - be
Soli.
cresc.

Tutti.
was ich bin, für dich geb' ich es freu-dig hin! O theures
Land, bleib' im-mer treu, durch Ein-tracht
cresc.
O theu-res Land, bleib' im-mer treu — —
Tutti.
O theu-res Land, bleib' im-mer treu, durch Ein-tracht
frei,
cresc.
stark und groß und frei, durch Ein-tracht stark und groß und
— — — — —,
stark und groß und
frei, mein theu-res Va-ter-land sei frei!
frei — — — — — — — !
frei, mein theu-res Va-ter-land sei frei!

59. An die Heimat.

Allegro moderato. Herrn J. N. Zoczeck in Wien freundlichst gewidmet von B. Vogler.

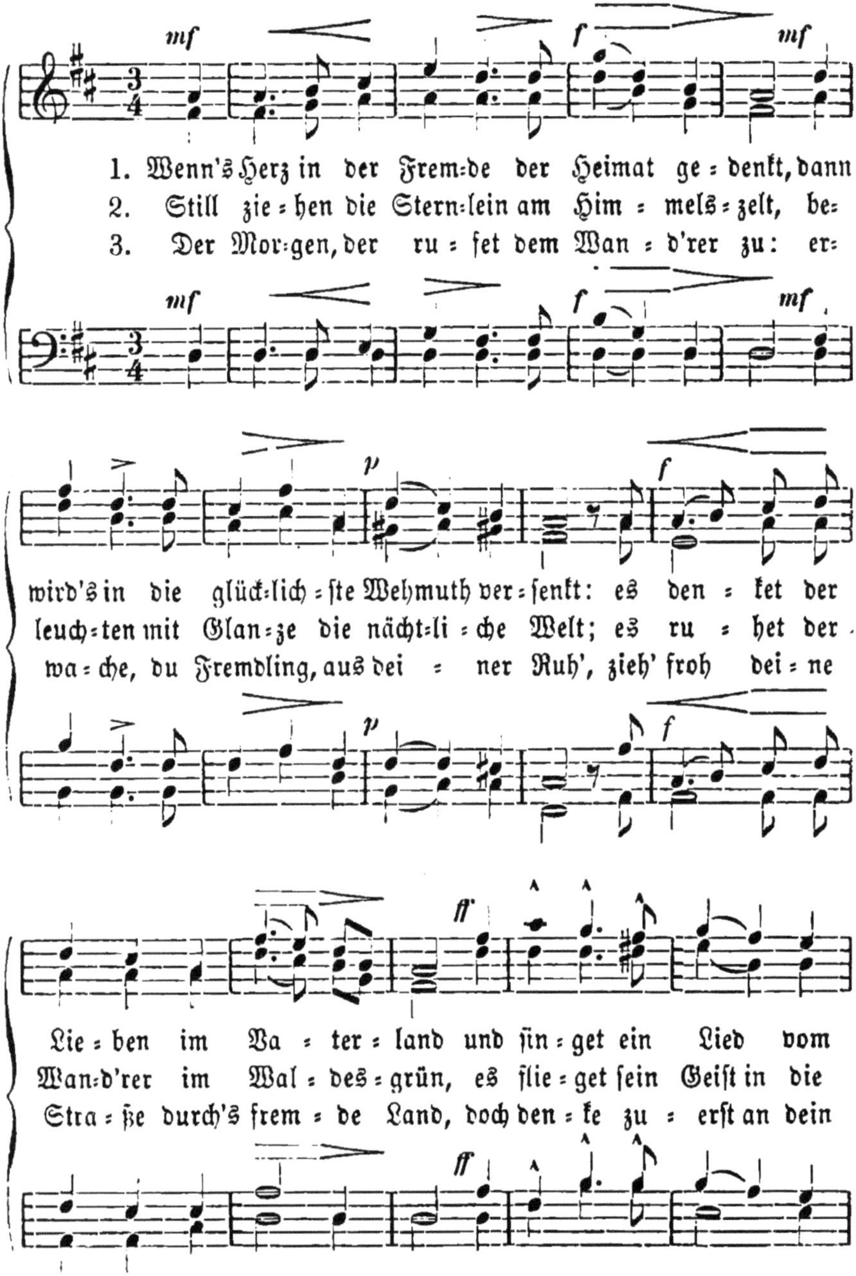
mf
f
p
ff
1. Wenn's Herz in der Frem-de der Heimat ge-denkt, dann
2. Still zie-hen die Stern-lein am Him-mels-zelt, be-
3. Der Mor-gen, der ru-fet dem Wan-d'rer zu: er-
wird's in die glück-lich-ste Wehmuth ver-senkt: es den-ket der
leuch-ten mit Glan-ze die nächt-li-che Welt; es ru-het der
wa-che, du Fremdling, aus dei-ner Ruh', zieh' froh dei-ne
Lie-ben im Va-ter-land und sin-get ein Lied vom
Wan-d'rer im Wal-des-grün, es flie-get sein Geist in die
Stra-ße durch's frem-de Land, doch den-ke zu-erst an dein

Hei - mat-strand. Die Thrä-ne, sie per - let vom Au-ge her-
Hei - mat hin. Das Au - ge blickt stil - le in Nacht hi-
Va - ter - land und schick' ein Ge - bet zum Va - ter

p

pp
f

ab, die Hand hält zit - ternd den Wan-der-stab, wenn's Herz der
nein und schläft mit se - li - gen Wor-ten ein, wenn's Herz der
dort, daß glück-lich grü - ßest den Hei-mats-ort, wenn's Herz der

I. Baß sehr markiren.

f
pp
f

ff
f
p
ritard.

Hei-mat ge - den - ket, wenn's Herz der Hei-mat ge-denkt.

60. Was ist des Deutschen Vaterland?

Mit Feuer. G. Reichardt.

f Tutti.
1. Was ist des Deut-schen Va-ter-land? Ist's Preußen-land? Ist's
2. Was ist des Deut-schen Va-ter-land? Ist's Bai-er-land? Ist's
3. Was ist des Deut-schen Va-ter-land? Ist's Pommer-land? West-
4. Was ist des Deut-schen Va-ter-land? So nen-ne mir das
f Tutti.
Soli.
Schwa-ben-land? Ist's wo am Rhein die Re-be blüht? Ist's wo am
Stei-er-land? Ge-wiß es ist das Oe-ster-reich, an Sie-gen
pha-len-land? Ist's wo der Sand der Dü-nen weht? Ist's wo die
gro-ße Land? Ist's Land der Schweizer, ist's Ti-rol? Das Land und
Soli.
Tutti.
ff
Belt die Mö-ve zieht? O nein! nein! nein! sein Va-ter-
und an Eh-ren reich! O nein! nein! nein! sein Va-ter-
Do-nau brau-send geht? O nein! nein! nein! sein Va-ter-
Volk ge-fiel mir wohl! Doch nein! nein! nein! sein Va-ter-
ff
Tutti.

land muß grö = ßer sein, sein Va = ter = land muß grö = ßer sein!
f Tutti.
5. Was ist des Deut=schen Va = ter = land! So nen = ne end = lich
f Tutti.
Soli.
dolce
mir das Land! „So weit die deut=sche Zun = ge klingt und
Soli.
dolce
Tutti.
f
Gott im Him = mel Lie = der singt.“ Das soll es

sein! Das soll es sein! Das soll es sein! Das soll es sein! Das, wack=rer
sein — — —
Tutti.
dein — — — — —, das nen=ne dein!
cresc.
Deut=scher, nen=ne dein, das, wack=rer Deut=scher, nen=ne dein!
— — — — —!
cresc.
Tutti.
6. Das gan=ze Deutsch=land soll es sein, o Gott vom Him=mel
Tutti.
Soli.
dolce
sieh' da=rein! Und gieb uns äch=ten deutschen Muth, daß wir es
Soli.
dolce

Tutti.
lie = ben treu und gut. Das soll es sein! das soll es sein! das soll es
Tutti.
sein
sein! das soll es sein! das soll es sein! das gan=ze Deutschland soll es sein, das gan=ze
cresc.
sein — — — — — — — !
cresc.
— —, das soll es sein, das gan=ze Deutschland soll es sein!
Deutsch=land soll es sein — — — — — — — !
Deutsch=land soll es sein, das gan=ze Deutschland soll es sein!
Deutsch=land soll es sein — — — — — — — !

61. Mein Vaterland.

Mit Kraft und Feuer. W. Baumgartner.

dolce e legato
1. Treu = e Lie = be bis zum Gra = be schwör' ich
2. Nicht in Wor = ten nur und Lie = dern ist mein
3. In der Freu = de wie im Lei = de ruf' ich's
dir mit Herz und Hand, was ich bin und was ich
Herz zum Dank be = reit, mit der That will ich's er=
Freund' und Fein = den zu: E = wig sind ver = eint wir
ha = be, dank' ich dir, mein Va = ter=land,
wie = dern dir in Noth, in Kampf und Streit;
bei = de, und mein Trost, mein Glück bist du;
was ich bin und was ich
mit der That will ich's er=
e = wig sind ver=eint wir

f
was ich bin und was ich ha = be, dank' ich dir, mein Va = ter=
mit der That will ich's er = wie=dern, dir in Noth, in Kampf und
e = wig sind ver=eint wir bei = de, und mein Trost, mein Glück bist
ha = = be,
wie = dern,
bei = = de,
land, dank' ich dir, mein Va = ter=
Streit, dir in Noth, in Kampf und
du, und mein Trost, mein Glück bist
dank' ich dir — —, mein Va = ter = land — —
dir in Noth — —, in Kampf und Streit — —
und mein Trost — —, mein Glück bist du — —
ff
land, mein Va = ter = land, mein Va = ter = land!
Streit, in Kampf und Streit, in Kampf und Streit!
du, mein Glück bist du, mein Glück bist du!

62. An mein Vaterland.

Gemäßigt. W. Baumgartner.

f
1. O mein Hei - mat - land, o mein Va - ter - land, wie so
2. Als ich arm, doch froh, frem - des Land durch - strich, Kö - nigs -
3. O mein Schweizer - land, all' mein Gut und Hab', wenn der -
in - nig, feu - rig lieb' ich dich! Schön - ste Ros', ob je - de
glanz mit dei - nen Ber - gen maß, Thro - nen - flit - ter bald ob
einst mein ban - ges Stünd - lein kommt, ob ich Schwa - cher dir auch
mir ver - blich, duf - test noch an mei - nem ö - den Strand! O mein
dir ver - gaß; wie war da der Bett - ler stolz auf dich! Als ich
nichts ge - frommt, nicht ver - sa - ge mir ein stil - les Grab! Werf' ich
p
mf

dolce
mf
Hei-mat-land, o mein Va-ter-land, wie so in-nig, feu-rig
fern dir war, o Hel-ve-ti-a, faß-te manch-mal mich ein
ab von mir dies mein Staub-ge-wand, be-ten will ich dann zu
dolce
mf
p
dolce
lieb' ich dich! Schön-ste Ros', ob je-de mir ver-blich, duf-test
tie-fes Leid; doch wie kehr-te schnell es sich in Freud', wenn ich
Gott dem Herrn: Las-se strah-len dei-nen schön-sten Stern nie-der
p
dolce
mf
noch an mei-nem ö-den Strand, mein Hei-mat-land, mein
Ei-nen dei-ner Söh-ne sah! Hel-ve-ti-a, mein
auf mein ir-disch Va-ter-land, auf's Schwei-zer-land, auf's
mf

Schwei-zer-land, mein Va-ter-land!
Hei-mat-land, mein Va-ter-land!
Hei-mat-land, auf's Va-ter-land!

63. Gruß an das Vaterland.

Kräftig, in mäßiger Bewegung. **E. Reiter.**

1. Va-ter-land, Va-ter-land! Dir weihn wir die-se Klän-ge,
2. Va-ter-land, Va-ter-land! Du al-ler Län-der Kro-ne
3. Va-ter-land, Va-ter-land! Ja, fach' in uns die Flam-me,
1. dir zu Ruhm, der Frei-heit heil'-gem Hort! Hö-re sie, die
2. auf der Er-de län-der-rei-chem Rund von der Fir-nen
3. hell er-leuch-te sie des Le-bens Nacht. Spross' sind wir aus

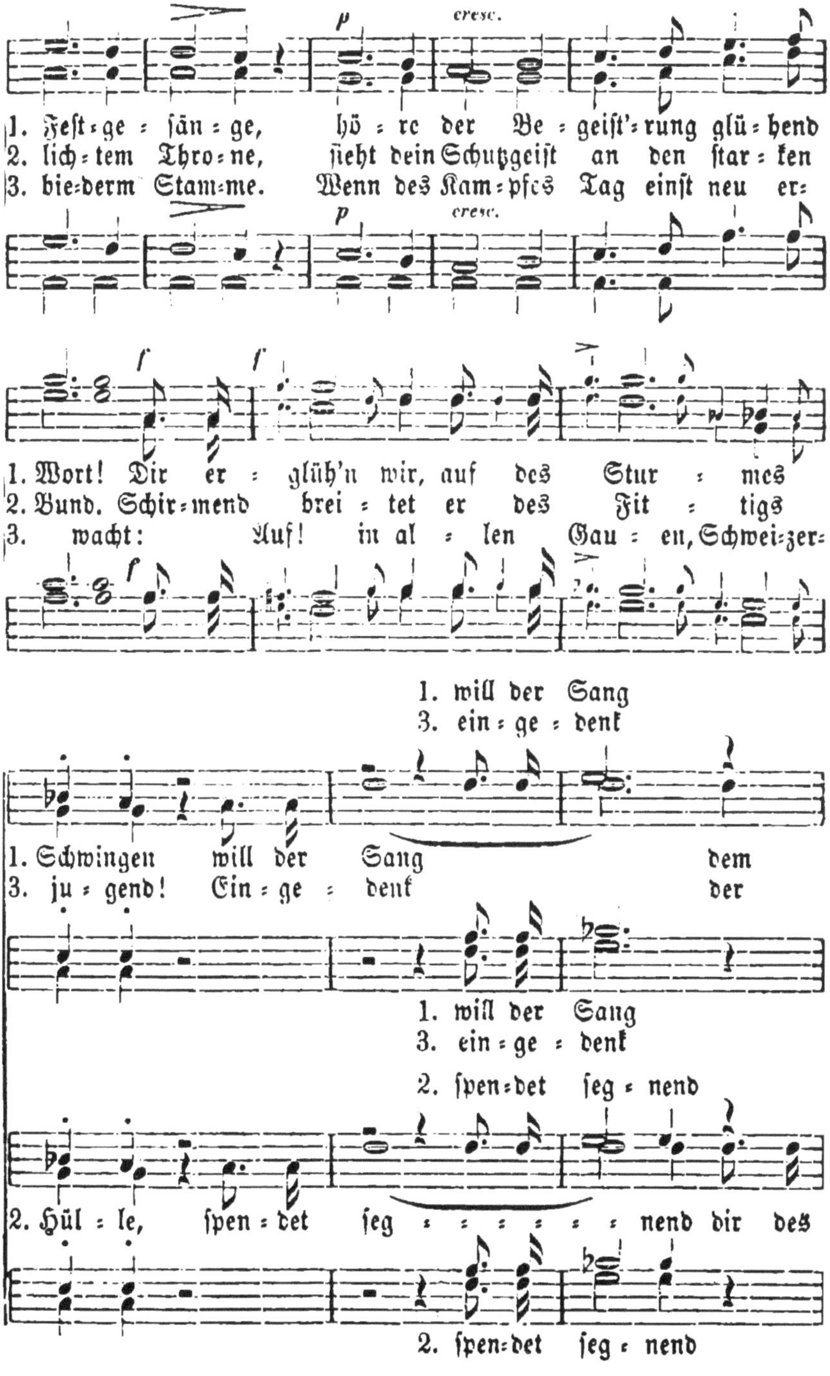
p
cresc.
1. Fest-ge-sän-ge, hö-re der Be-geist'-rung glü-hend
2. lich-tem Thro-ne, sieht dein Schutzgeist an den star-ken
3. bie-derm Stam-me. Wenn des Kam-pfes Tag einst neu er-
p
cresc.
f
f
1. Wort! Dir er-glüh'n wir, auf des Stur-mes
2. Bund. Schir-mend brei-tet er des Fit-tigs
3. wacht: Auf! in al-len Gau-en, Schwei-zer-
f
1. will der Sang
3. ein-ge-denk
1. Schwingen will der Sang dem
3. ju-gend! Ein-ge-denk der
1. will der Sang
3. ein-ge-denk
2. spen-det seg-nend
2. Hül-le, spen-det seg-nend dir des
2. spen-det seg-nend

1. dem Her = zen sich ent=
3. der Vä = ter Hel = den=
sempre più forte
1. Her = zen sich ent = rin = = = = =
3. Vä = ter Hel = den = tu = = = = =
sempre più forte
1. dem Her = zen sich ent=
3. der Vä = ter Hel = den=
2. dir des Gu = ten, des Gu = ten
sempre più forte
2. Gu = ten, des Gu = ten Fül = = = = =
sempre più forte
2. dir des Gu = ten, des Gu = ten
1. rin = gen.
2. Fül = le
3. Tu = gend
ff
1. = = gen. Wie des Don = ners, des Don = ners
2. = = le, nährt am Bu = sen, am Bu = sen
3. = = gend strei = ten wir, strei = ten wir! Es
ff
1. rin = gen. Wie des Don = ners tau = send = fa = cher
2. Fül = le, nährt am Bu = sen dich so sanft und
3. Tu = gend strei = ten wir, es schweigt der Fein = de

mf
1. tau=send=fa=cher Chor steige
2. dich so sanft und warm, schirmt vor
3. schweigt der Fein=de Spott und wir
1. Chor, wie des Don=ners tau=send=fa=cher Chor,
2. warm, nährt am Bu=sen dich so sanft und warm,
3. Spott, strei=ten wir es schweigt der Fein=de Spott
mf
cresc.
1. hoch das Lied zu dir em=
2. Fein=den dich mit mächt'=gem
3. sin=gen: un=sre Burg ist
mf
cresc.
1. steige hoch das Lied zu dir em=
2. schirmt vor Fein=den dich mit mächt'=gem
3. und wir sin=gen: un=sre Burg ist
1. wie des Don=ners
2. nährt am Bu=sen
3. strei=ten wir, es
f
p
cresc.
1. vor, wie des Don=ners tau=send=fa=cher
2. Arm, nährt am Bu=sen dich so sanft und
3. Gott, strei=ten wir, es schweigt der Fein=de
f
p
1. vor
cresc.

1. das Lied zu
2. mit mächt' = gem,
3. un = s're
1. Chor stei = ge hoch — — — das Lied zu
2. warm, schirmt vor Fein = = den dich, vor Fein = den
3. Spott und wir sin = = = = gen un = s're
1. hoch das Lied, das Lied zu
2. Fein=den dich mit mächt' = gem,
3. sin = gen, wir sin = gen un = s're
1. stei = ge hoch — — — das Lied zu
2. schirmt vor Fein = = = den dich mit mächt' = gem,
3. und wir sin = = = = gen un = s're
1. dir — — — em = por!
2. mächt' = = = = = gem Arm.
3. Burg ist Gott!
ritenuto
1. dir, zu dir em = = por!
2. dich mit mächt' = gem Arm.
3. Burg, un=sre Burg ist Gott!
1. dir — — em = por!
2. mächt' = = = gem Arm.
3. Burg ist Gott!
ritenuto
1. dir em = = por!
2. mächt' = = gem Arm.
3. Burg ist Gott!

64. Erneuerung des Rütlibundes.

Mäßig langsam. J. Greith.

mf

1. Schwei-zer-söh-ne in die Schran-ken, wo der
2. Hört es, die zum Him-mel ra-gen, ew'-ge
3. Seit die Ster-ne frei um-krei-sen eu-er
4. D'rum so lang' die Gem-sen klet-tern auf den
5. Wenn uns hei-misch frem-de Scher-gen un-ser

mf

Al-pen Firn noch glüht! Schwört den hei-li-gen Ge-dan-ken,
Säu-len der Na-tur! Zu den Ster-nen sollt ihr tra-gen,
him-mel-ra-gend Haupt, hat der Fein-de blut'-ges Ei-sen
frei-en Ber-ges-höh'n, und die Al-pen-hör-ner schmet-tern,
Hei-lig-thum be-droh'n, steh'n wir kämpfend auf den Ber-gen,

pp
mf

eh' die Son-ne matt ent-flieht, eh' die A-bend-son-ne matt ent-
zu den Ster-nen un-sern Schwur, zu den Ster-nen tra-gen un-sern
nie das Di-a-dem ge-raubt, nie dies heh-re Di-a-dem ge-
wo die Heer-den wei-dend geh'n, wo die mun-tern Her-den wei-dend
bis die letz-te Macht ent-floh'n, bis des Fein-des letz-te Macht ent-

pp
mf

flieht, schwört: In Sturm und Un - ge - wit - tern vor dem
Schwur. Un - sern Streichen muß sie fal - len, Fein-des-
raubt. Weil der Her - zen frei - es Schla - gen treu den
geh'n. Laßt uns fest und treu ver - bür - gen, je - den
floh'n. Daß sie stär - ker, frei - er wer - de, un - s're

schwört: In Sturm und Un - ge-
Un - sern Strei - chen muß sie
Weil der Her - zen frei - es
Laßt uns fest und treu ver-
Daß sie stär - ker, frei - er

flieht, schwört: In Sturm und Un - ge - wit - tern vor dem

Schwer-te nicht zu zit - tern! Schwört im Krei - se Hand in
Macht in un - sern Hal - len; hört uns schwören Hand in
Schwur zum Kampf ge - tra - gen, von des Rüt-li's Wel-len-
Geß - ler zu er - wür - gen, für das heil'-ge Un - ter-
schö - ne Va - ter - er - de, tönt vom Rhein zum Rho-ne-

Schwört im Krei - se Hand in
hört uns schwö - ren Hand in
von des Rüt - li's Wel - len-
für das heil' - ge Un - ter-
tönt vom Rhein zum Rho - ne-

Hand: Ret - tung un - serm Va - ter - land! Ret-tung! Ret-tung!
Hand: " " " " " "
rand: " " " " " "
pfand: " " " " " "
strand: " " " " " "
ff
Ret-tung un-serm Va - ter-land! Schwört im Krei - se Hand in Hand:
" " " " Hört uns schwören Hand in Hand:
" " " " Von des Rüt - li's Wel - len-rand:
" " " " Für das heil' - ge Un - ter-pfand:
" " " " Tönt vom Rhein zum Rho-ne-strand:
ff
ff
Ret-tung! Ret-tung! Ret-tung un - serm Va - ter - land!

65. Schweizerisches Kriegslied.

Marschmäßig. F. Abt.

1. Zieh'n wir aus in's Feld, wer von Muth be - seelt, tritt nicht
2. Un - ser Al - pen - herd ist des Kam - pfes werth, glüht wie
3. Heil dir, Va - ter - land, an des Frie - dens Hand blüh' in
freu - dig in die Reih'n? Ja dem Va - ter - land reicht der
blut' - ges Mor - gen - roth. Greift an's blan - ke Schwert, schwört zu
al - len dei - nen Gau'n, laß der Wahr - heit Licht hell in's
Sohn die Hand, will sich ihm zum O - pfer weih'n. Lähmt die
Gott, der's hört: „dir o Schweiz, bis in den Tod! Wer im
An - ge - sicht al - len Schwei - zer - brü - dern schau'n. Daß die

Zwietracht nicht sein Mark, ist der Schwei=zer kühn und
hei=ßen Kam=pfe fällt, wird ge=rächt und stirbt als
heil'=ge Saat ge=deih', wer=det Eins und blei=bet
Lähmt die Zwie=tracht nicht sein Mark, ist der
Wer im hei=ßen Kam=pfe fällt, wird ge=
Daß die heil'=ge Saat ge=deih', wer=det
stark, lähmt die Zwie=tracht nicht sein Mark, ist der
Held, wer im hei=ßen Kam=pfe fällt, wird ge=
frei! Daß die heil'=ge Saat ge=deih', wer=det
Schwei=zer kühn und stark, sein Mark,
rächt und stirbt als Held, wer fällt,
Eins und blei=bet frei! ge=deih',
Schwei=zer kühn und stark.
rächt und stirbt als Held.
Eins und blei=bet frei!
L. Widmer.

66. Ein Mann — Ein Wort.

Kräftig und entschlossen. H. Marschner.

f
1. Wir wol = len frei, wir wol = len frei und ei = nig
2. Wir wei = hen gern, wir wei = hen gern dem theu=ren
3. Wir wol = len Recht, wir wol = len Recht und Wahrheit
4. Ein Mann, Ein Wort, Ein Mann, Ein Wort, o Don = ner=
sf
sein, ein ei = nig Volk von Brü = dern! Ihr habt's ge=
Gut, des Va = ter = lan = des Eh = re, mit Freu = den
dir, o Va = ter = land, be = wah = ren; wir ste = hen
wort, durch=wett' = re du die See = len, daß zu dem
lobt, ihr habt's ge = lobt so laut und rein, in al = len
auch, mit Freu = den auch des Her = zens Blut, steh'n je = dem
dir, wir ste = hen dir, wir fal = len dir in Noth und
Kampf, daß zu dem Kampf für un = sern Hort sich al = le

sf
f

eu = ern Lie = dern! Wohl = an, wohl = an, jetzt werd' es
Feind zur Weh = re. Wohl = an, wohl = an, wohl = an, es
in Ge = fah = ren. Und Schmach, ja Schmach, wer sei = nen
Hän = de stäh = len, daß feu = rig, feu = rig al = le

sf
f

f

mehr als Klang, wohl = an, jetzt werd' es mehr als Klang, wohl=
wer = de wahr! Wohl = an, wohl = an, es wer = de wahr! Wohl=
Eidschwur bricht, ja Schmach, wer sei = nen Eidschwur bricht, ja
Her = zen glüh'n, daß feu = rig al = le Her = zen glüh'n, daß

f

più forte

an, jetzt werd' es mehr als Klang, zur Män = ner = that flamm'
an, wohl = an, es wer = de wahr! Denn wißt, der Spruch gilt
Schmach, wer sei = nen Eidschwur bricht, nicht folgt, wo = hin ihn
feu = rig al = le Her = zen glüh'n, und Heil und Se = gen

più forte

ff
auf der Sang! Ein Mann, Ein Wort, Ein Mann, Ein
im = mer = dar! Ein Mann, Ein Wort, Ein Mann, Ein
ruft die Pflicht! Ein Mann, Ein Wort, Ein Mann, Ein
mög' er=blüh'n! Das wal = te Gott, das wal = te
ff
mf
f
Wort! Wohl = an, jetzt werd' es mehr als Klang, zur Män=ner=
Wort! Wohl = an, wohl = an, es wer = de wahr, denn wißt, der
Wort! Ja Schmach, wer sei = nen Eidschwur bricht, nicht folgt, wo=
Gott! Daß feu = rig al = le Her = zen glüh'n, und Heil und
mf
f
Die Bässe hervortretend.
ff
that flam̄' auf der Sang! Ein Mann, Ein Wort, Ein Mann, Ein
Spruch gilt im = mer = dar: Ein Mann, Ein Wort, Ein Mann, Ein
hin ihn ruft die Pflicht! Ein Mann, Ein Wort, Ein Mann, Ein
Se = gen mög' er=blüh'n! Das wal = te Gott, das wal = te
ff

Wort!
te Gott, das wal - te Gott, das wal - te Gott!
p ritard.
f
Gott, das wal - te Gott!

67. Lied der Schweizer.

Freudig und stark. C. Kreutzer.

f
1. Frei - e Män-ner sind wir! Frei - e Män-ner sind
2. Frei - e Schweizer sind wir! Frei - e Schweizer sind
3. Schweiz, o Va - ter-land, du! Schweiz, o Va - ter - land,
4. Frei - e Män-ner sind wir! Frei - e Män-ner sind
wir! Wir sin - gen in fröh - li - chen Chö - - -
wir! Nicht Für - sten, noch Her - ren wir froh - - -
du! Von fel - si - gen Al - pen um - schlos - - -
wir! Die Lie - der der Frei - heit er - schal - - -
wir! Wir sin - gen in fröh - li - chen
wir! Nicht Für - sten, noch Her - ren wir
du! Von fel - si - gen Al - pen um-
wir! Die Lie - der der Frei - heit er-

ren, dem Herr=scher der Wel=ten zu Eh = = =
nen, Ge=se=tze sind un=se=re Kro = = =
sen, von schü=tzen=den Strö=men um=flos = = =
len ab Ber=gen, aus hei=li=gen Hal = = =
Chö=ren, dem Herr=scher der Wel=ten zu
froh=nen, Ge=se=tze sind un=se=re
schlos=sen, von schü=tzen=den Strö=men um=
schal=len ab Ber=gen, aus hei=li=gen
cresc.
ren, Lie=der voll Dank und voll Lust, strö=mend aus
nen, Rech=te sind Al=len uns gleich, nur der Zu=
sen, ziehst du im seg=nen=den Schooß glück=li=che
len. Le=be hoch, ed=ler Ver=ein! Treu laßt im
cresc.
Eh=ren,
Kro=nen,
flos=sen,
Hal=len.
mf
männ=li=cher Brust, Lie=der voll Dank
fried'=ne ist reich, Rech=te sind Al = =
Bür=ger dir groß, zieh'st du im seg = =
Bun=de uns sein, le=be hoch, ed = =
mf

mf
und voll Lust, strö=mend aus männ=li=cher
len uns gleich, nur der Zu=fried'=ne ist
nen=den Schooß glück=li=che Bür=ger dir
ler Ver=ein! Treu laßt im Bun=de uns
mf
f
ff
Brust. Frei=e Män=ner sind wir! Frei=e
reich. Frei=e Schwei=zer sind wir! Frei=e
groß. Land des Frie=dens, der Ruh'! Land des
sein. Treu=e Brü=der sind wir! Treu=e
f
ff
Män=ner sind wir!
Schwei=zer sind wir!
Frie=dens, der Ruh'!
Brü=der sind wir!
J. J. Hegner.

68. Die Heimat.

Gemäßigt. A. Zöllner.

1. In der Hei = mat ist es schön, auf der Ber = ge lich = ten
2. In der Hei = mat ist es schön, wo die Lüf = te sanf = ter
3. In der Hei = mat ist es schön, wo ich sie zu = erst ge=
Höh'n, auf den schrof = fen Fel = sen = pfa = den, auf der Flu = ren
weh'n, wo des Ba = ches Sil = ber = quel = le mur = melnd eilt von
seh'n, wo mein Herz sie hat ge = fun = den, e = wig sich mit
grü = nen Saa = ten, wo die Heer = den wei = dend geh'n. In der
Stell' zu Stel = le, wo der El = tern Häu = ser steh'n. In der
ihr ver = bun = den: dort werd' ich sie wie = der seh'n. In der

rit.
Hei=mat ist es schön, in der Hei=mat ist es schön.
rit.

69. An das Vaterland.

Mäßig. C. Kreutzer.

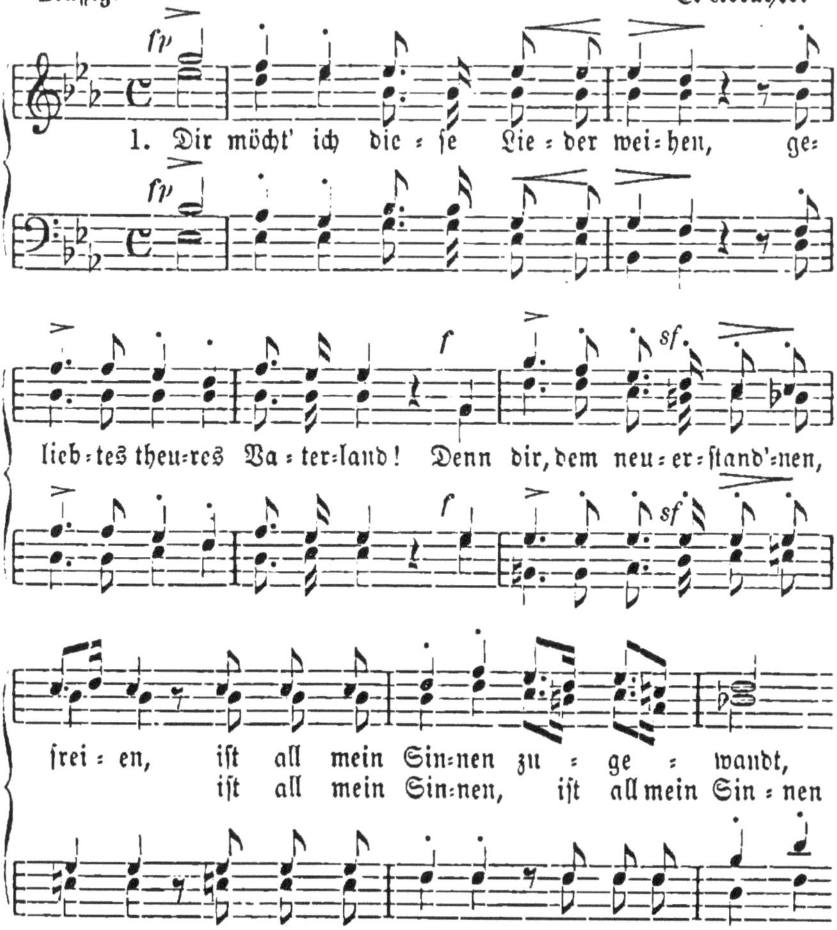
fp
1. Dir möcht' ich die=se Lie=der wei=hen, ge=
fp
lieb=tes theu=res Va=ter=land! Denn dir, dem neu=er=stand'=nen,
f
sf
f
sf
frei=en, ist all mein Sin=nen zu=ge=wandt,
ist all mein Sin=nen, ist all mein Sin=nen

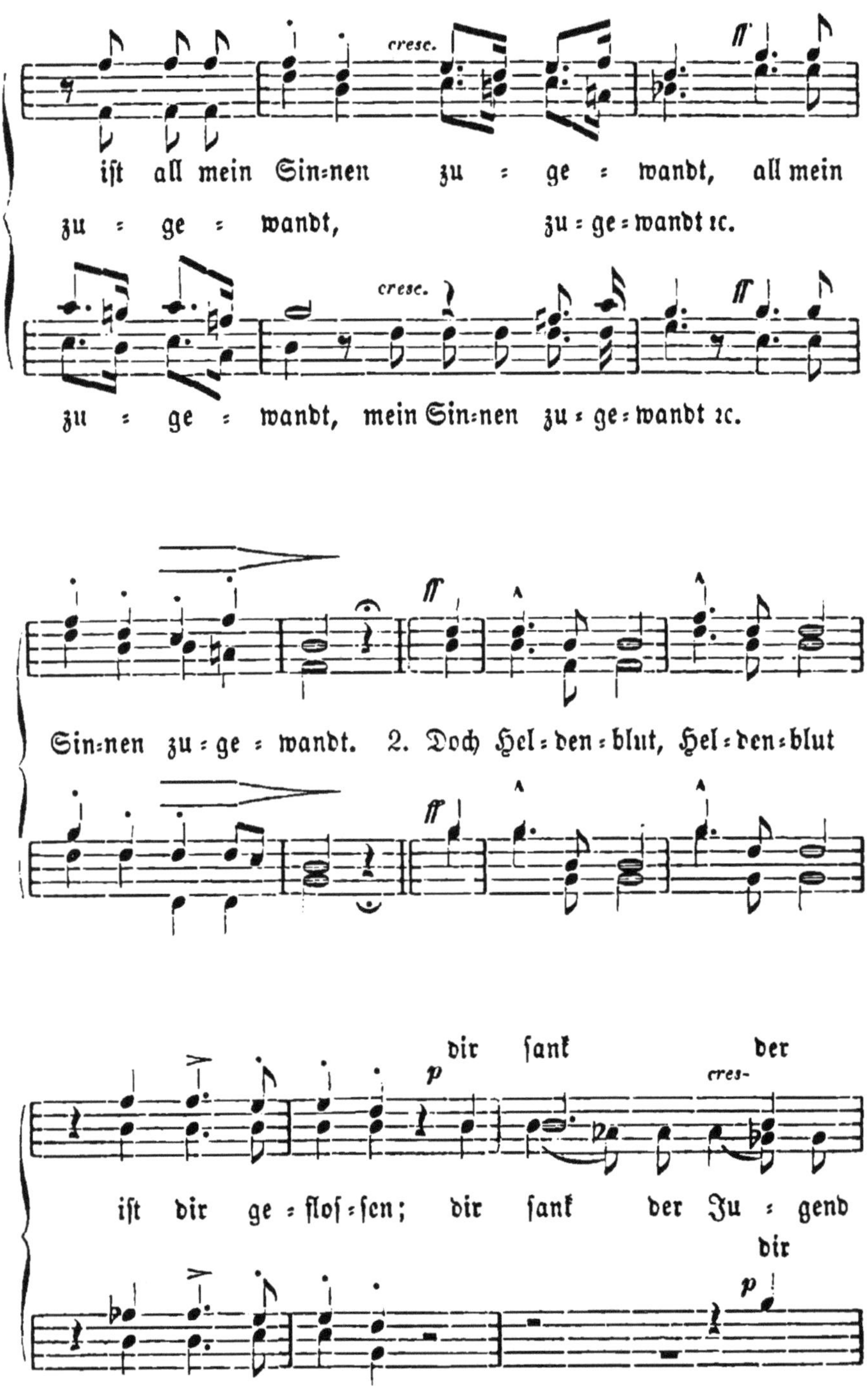
cresc.
ff
ist all mein Sin=nen zu = ge = wandt, all mein
zu = ge = wandt, zu = ge = wandt ꝛc.
cresc.
ff
zu = ge = wandt, mein Sin=nen zu = ge = wandt ꝛc.
ff
Sin=nen zu = ge = wandt. 2. Doch Hel = den = blut, Hel = den = blut
ff
dir sank der
p
cres-
ist dir ge = flos = sen; dir sank der Ju = gend
dir
p

Ju = = gend schön = ste, schön = ste
cen do
schön = ste Zier, schön = ste Zier, schön = ste
sank der Ju = gend schön = ste Zier 2c.
cres - cen - do
dir sank der Ju = gend schön = ste
cresc.
Zier! Nach sol = chen O = pfern, hei = lig gro = ßen, was
gäl = ten die = se Lie = der dir? Nach sol = chen O = pfern, hei = lig
gro = ßen, was gäl = ten die = se Lie = der dir! Was

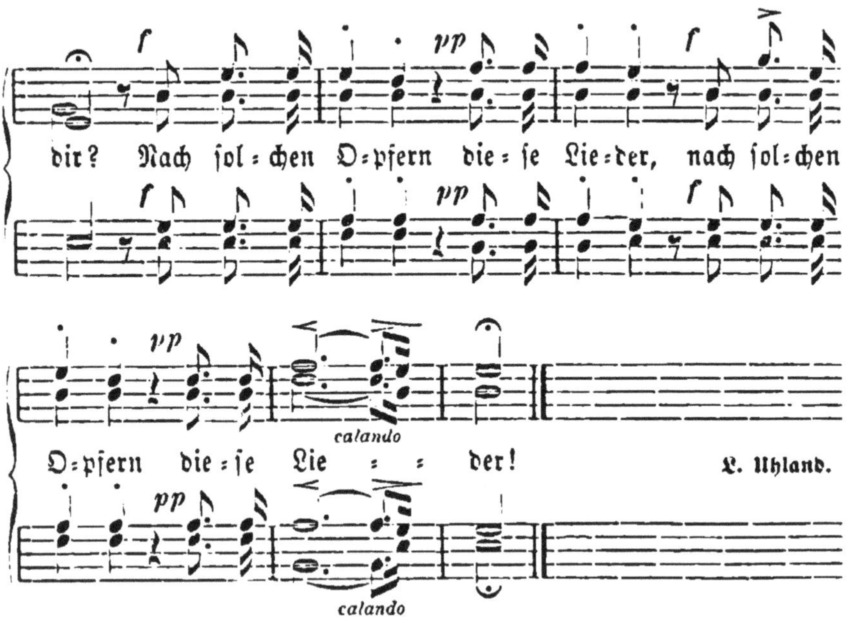
f pp f
dir? Nach sol-chen O-pfern die-se Lie-der, nach sol-chen
pp
O-pfern die-se Lie - - der!
calando
L. Uhland.

70. Das ganze Herz dem Vaterland!

Kräftig bewegt. F. Saner.

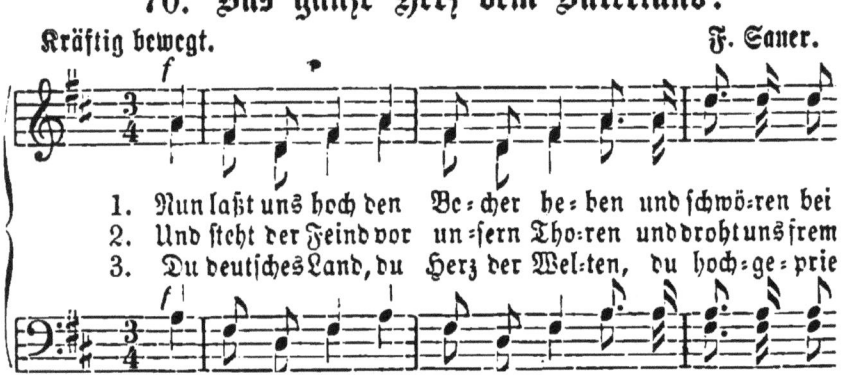

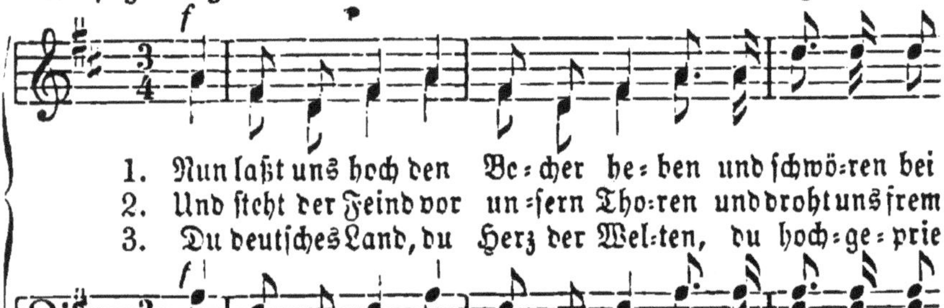
f
1. Nun laßt uns hoch den Be-cher he-ben und schwö-ren bei
2. Und steht der Feind vor un-sern Tho-ren und droht uns frem
3. Du deutsches Land, du Herz der Wel-ten, du hoch-ge-prie

p
etwas ruhiger und langsamer
3

dem goldnen Wein! Dem Va - ter-land das gan - ze Le - ben und
der Dränger Schaar! Was wir beim Re - ben-blut ge-schwo - ren, wir
sen, hei-lig Land! Dir soll das Lied der Sän-ger gel - ten, dir

p
etwas ruhiger und langsamer

a tempo
f

nicht ein Le - be - hoch al - lein, nicht Le - be - hoch al-
hal - ten's mit dem Herz-blut wahr, ja, mit dem Herz - blut
sei ein deut - scher Gruß ge - sandt, ein deut - scher Gruß ge-

a tempo
f

zögernd
ff
a tempo

lein, nicht Le - be - hoch al - lein! Dem stol - zen Land, dem Land der
wahr, ja mit dem Herzblut wahr! Wie den Po - kal in die - sen
sandt, ein deut-scher Gruß ge - sandt! Wir schwö-ren's bei dem Saft der

zögernd
ff
a tempo

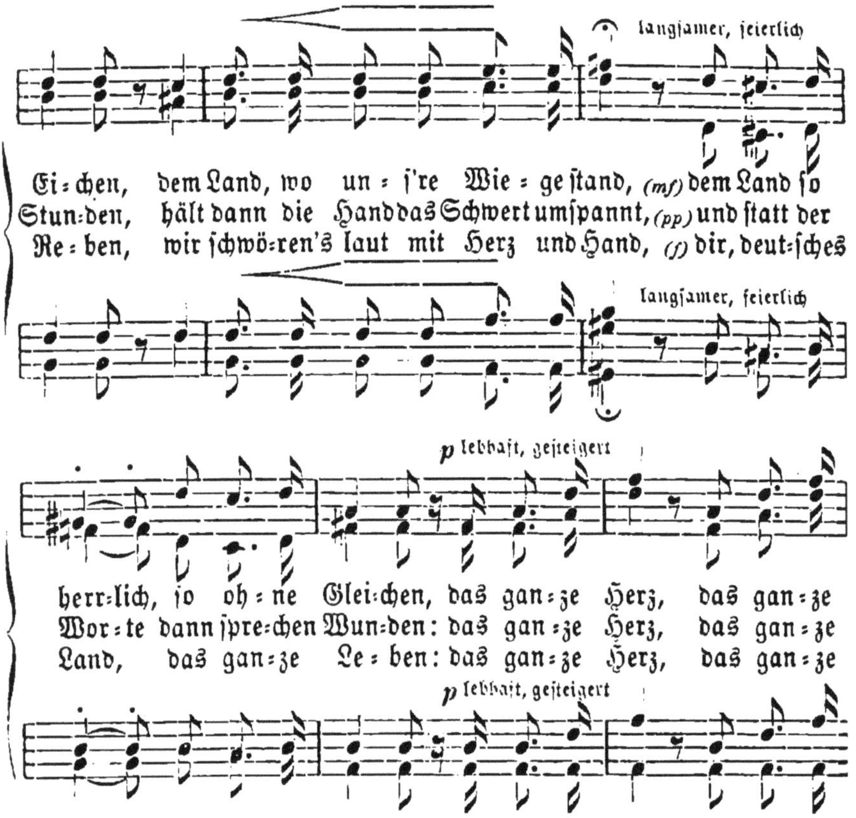
langsamer, feierlich
Ei=chen, dem Land, wo un=s're Wie=ge stand, (mf) dem Land so
Stun=den, hält dann die Hand das Schwert umspannt, (pp) und statt der
Re=ben, wir schwö=ren's laut mit Herz und Hand, (f) dir, deut=sches
langsamer, feierlich
p lebhaft, gesteigert
herr=lich, so oh=ne Glei=chen, das gan=ze Herz, das gan=ze
Wor=te dann spre=chen Wun=den: das gan=ze Herz, das gan=ze
Land, das gan=ze Le=ben: das gan=ze Herz, das gan=ze
p lebhaft, gesteigert

71. Ueber den Sternen.

Langsam. Abt, arrang. v. Ehrenzeller.

pp

1. Ue - ber den Ster - nen, da wird es einst ta - gen,
2. Ue - ber den Ster - nen, da schwin - det die Täu - schung,
3. Ue - ber den Ster - nen, da fin - den sich wie - der
4. Ue - ber den Ster - nen, da we - hen die Pal - men

pp

p
pp
poco a poco cresc.

da wird dein Hof - fen, dein Seh - nen ge - stillt. Was du ge-
da siehst du Al - les ent - räth - selt ent - hüllt. Was du er-
We - sen, die feind - lich das Schick - sal ge - trennt. Dort sinkt die
himm - li - sche La - bung, o Dul - der, dir zu. En - gel be-

p
pp
poco a poco cresc.

f

lit - ten und was du ge - tra - gen, dort ein all - mäch - ti - ger
war - tet des Him - mels Ver - hei - ßung, dort wird es herr - lich und
hem - men - de Schei - de - wand nie - der, See - le und See - le sich
glei - ten mit hei - li - gen Psal - men tod - mü - de Her - zen zur

p
p
pp

Va = ter ver = gilt, dort ein all = mäch = ti = ger Va = ter ver = gilt.
e = wig er = füllt, dort wird es herr = lich und e = wig er = füllt.
freu = dig er = kennt, See = le und See = le sich freu = dig er = kennt.
e = wi = gen Ruh', tod = mü = de Her = zen zur e = wi = gen Ruh'.

p
p
pp

72. Der letzte Krieg.

Kräftig, Marschbewegung. Volksweise.

mf
f

1. Wer sei = ne Hän = de fal = ten kann, bet' um ein gu = tes
2. Her = bei, her = bei ihr Völ = ker all', um un = ser Schlachtpa
3. Ja vorwärts, bis der Mor = gen blinkt, ja vor = wärts, frisch und
4. O wal = le hin, du O = pfer = brand, hin, ü = ber Land und

mf
f

f

Schwert, um ei = nen Hel = den, ei = nen Mann, den Got = tes Zorn be =
nier! Die Frei = heit ist jetzt Feld = mar = schall und Vor = wärts hei = ßen
froh! Stets vorwärts, bis hin = un = ter sinkt die Brut des Pha = ra =
Meer, und schling' ein e = wig Feu = er = band um al = le Völ = ker

f

p Soli.
wehrt! Ein Kampf muß uns noch wer = den, und drinn' der schön=ste
wir! Der Zei = ger weist die Stun = de, o flieg' mein Volk, o
o! Er wird auch für uns spre = chen, der Herr, der für uns
her; so wird er uns be = schie = den der größ = te, schön=ste
Soli.
Tutti
Sieg, der letz = te Kampf auf Er = den, der letz = te heil'=ge Krieg, der
flieg' mit je = dem Stern im Bun = de, vor = an zum heil'=gen Krieg, mit
schwieg, und al = le Ket = ten bre = chen im letz = ten heil'=gen Krieg, und
Sieg, der ew'=ge Völ = ker=frie = den, frisch auf, zum heil'=gen Krieg, der
Tutti.
letz = te Kampf auf Er = den, der letz = te heil' = ge Krieg.
je = dem Stern im Bun = de, vor = an zum heil' = gen Krieg.
al = le Ket = ten bre = chen im letz = ten heil' = gen Krieg.
ew' = ge Völ = ker = frie = den, frisch auf zum heil' = gen Krieg.

Letzter Vers kräftiger und bewegter, ohne Soli.

73. Gebet während der Schlacht.

Langsam feierlich. Himmel.

p
etwas lebhafter
1. Va = ter, ich ru = fe Dich! Brül = lend um=
2. Va = ter, Du füh = re mich! Führ' mich zum
3. Gott, Dir er = geb' ich mich! Wenn mich die
f
wölkt mich der Dampf der Ge = schü = tze, sprü=hend um=zuk=ken mich
Sie = ge, führ' mich zum To = de, Herr, ich er = ken = ne
Don=ner des To = des be = grü = ßen, wenn mei = ne A = dern ge=
langsamer
ras=seln=de Bli=tze: Len=ker der Schlachten, ich ru = fe Dich!
Dei = ne Ge = bo = te, Herr, wie Du willst, so füh = re mich!
öff = net flie=ßen, Dir, o mein Gott, Dir er = geb' ich mich!
angsamer

expressivo

Va = ter, Du füh = re mich!
Gott, Dir er = geb' ich mich!
Va = ter, ich ru = fe Dich!

expressivo

74. Lied der Schweizer in der Fremde.

Lebhaft. **F. Mendelssohn-Bartholdy.**

1. Was uns eint als treu = e Brü = der, selbst am fer = nen
2. Wie im kla = ren Lie = der=schal = le wir des Ein=klangs
3. Schei=den wir dann einst als Brü = der, und es winkt der

Mee = res=strand, das sind un = s'rer Hei = mat Lie = der und die
Wun = der seh'n, laßt uns Ei = ner steh'n für Al = le, und uns
Hei = mat Glück, brin = gen wir die heim'=schen Lie = der und das

più f
sf
Lust am Va=ter=land. Laßt sie rau=schen, laßt sie
All' für Ei=nen steh'n. Schwört's mit je=dem Lied auf's
treu=e Herz zu=rück. Jauch=zet dann in vol=len
sf
più f
sf
Laßt sie rau = = schen, laßt sie
Schwört's mit je = = dem Lied auf's
Jauch=zet dann in vol=len
schwe=ben, wie's ihr kühn=ster Flug ver=mag,
Neu=e, daß es Volk und Herr=scher sieht,
Chö=ren, wenn der Al=pen Firn euch grüßt,
f
schweben, wie's ihr kühn = = ster Flug ver=mag, daß die
Neu=e, daß es Volk und Herr=scher sieht, wie der
Chö=ren, wenn der Al = = pen Firn euch grüßt, un=serm
f
schwe=ben, wie's ihr kühn=ster Flug ver=mag,
Neu=e, daß es Volk und Herr=scher sieht,
Chö=ren, wenn der Al=pen Firn euch grüßt,
ff
Lüf=te rings=um be=ben von des San=ges Flü=gel=schlag, daß die
Schwei=zer ehrt die Treu=e und für sei=ne Ber=ge glüht, wie der
schö=nen Land zu Eh=ren, das kein Schweizer je ver=gißt, un=serm
ff

San - - ges Flü-gel-
sei - - ne Ber-ge
Schwei - - zer je ver-
Lüf-te rings-um be-ben von des San-ges Flü-gel-
Schwei-zer ehrt die Treu-e und für sei-ne Ber-ge
schö-nen Land zu Eh-ren, das kein Schwei-zer je ver-
San-ges Flü-gel-
sei-ne Ber-ge
Schwei-zer je ver-
dim.
pp
sf
p
schlag.
glüht.
gißt.
Laß mich dei-ne Hand er-grei-fen, Bru-der-herz,
dim.
pp
sf
p
sf
f
p
auf Du und Du! Mit den-sel-ben Lie-dern schwei-fen wir der-
sf
f
p

mit den=sel=ben Lie=dern schwei=fen
p
cresc.
f
dim.
wir der=sel=ben Hei=mat, der=sel=ben Hei=mat zu, wir der
mf
rit.
Hei=mat zu, wir der Hei=mat zu.
Hei=mat, Hei=mat zu.

75. Manneskraft.

Etwas lebhaft. H. G. Nägeli

Halbchor.
f
1. Furcht=los schrei=tet der kräf=ti=ge Mann durch des
2. Un=schuld schü=tzend, ein star=ker Hort, Recht und
3. Wer sie füh=let, die männ=li=che Kraft, wie sie
Halbchor.

Le-bens ge-fahr-vol-le Bahn; fröh-li-cher Muth aus dem
Wahrheit in Tha-ten und Wort, ed-le Ge-füh-le im
Gro-ßes und Herr-li-ches schafft, wie sie das Wah-re, das
An-tlitz glänzt, for-schen-der Ernst ihm das Haupt be-kränzt.
Bu-sen warm, Ret-tung und Hül-fe im star-ken Arm.
Schö-ne hält, ju-ble mit uns in die frei-e Welt.
f Chor.
f
Schrei-tet, ihr Brü-der, kräf-tig hi-nan, schrei-tet, ihr Brü-der,
schrei-tet, ihr Brü-der, hi-
f Chor.
schrei-tet, ihr Brü-der, hi-

schrei = tet hi = nan, schrei=tet, ihr Brü = der, schrei=tet hi = nan,
nan, schrei=tet, ihr Brü = der, hi = nan,
nan, schrei=tet, ihr Brü = der, hi = nan,
schrei = tet kräf = tig, ihr Brü = der, hi = nan; stark
schrei = tet hi = nan, kräf = tig hi = nan; stark
schrei = tet hi = nan, kräf = tig hi = nan; stark ist der
ist der frei = e, rü = sti = ge Mann, stark, Brü=der,
ist der frei = e, rü = sti = ge Mann, stark ist der frei = e, der
frei = e, der frei = e, rü = sti = ge Mann, stark, Brü=der,

stark ist der Mann,
ff
rü - sti - ge Mann, stark ist der frei - e,
ff
stark ist der Mann, stark ist der frei - e, der frei - e,
rü - sti - ge Mann.

76. Schwertlied.

Kräftig, mit Begeisterung. **C. M. v. Weber.**

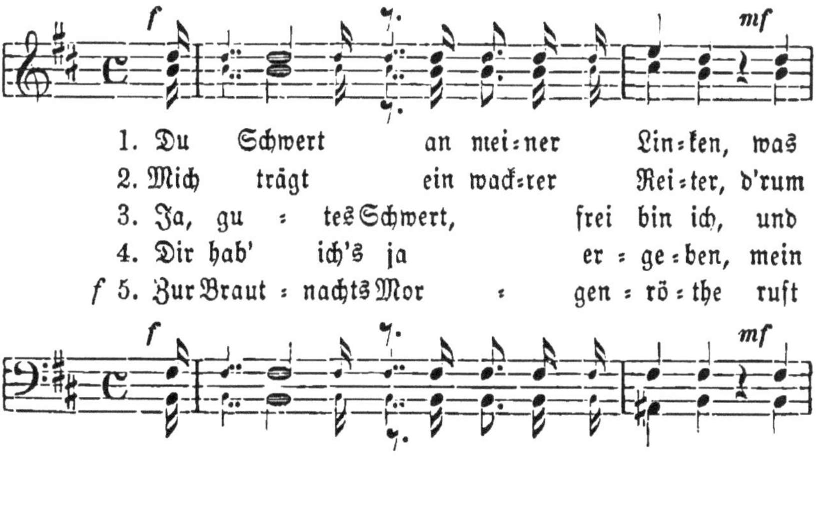
f
mf
1. Du Schwert an mei-ner Lin-ken, was
2. Mich trägt ein wack-rer Rei-ter, d'rum
3. Ja, gu - tes Schwert, frei bin ich, und
4. Dir hab' ich's ja er - ge-ben, mein
f 5. Zur Braut - nachts Mor - gen - rö - the ruft
f
mf

soll dein heit=res Blin=ken? Schaust mich so freund=lich an,
blick' ich auch so hei=ter, bin frei=en Man=nes Wehr,
lie=be dich herz=in=nig, als wärst du mir ge=traut,
lich=tes Ei=sen=le=ben. Ach wä=ren wir ge=traut!
fest=lich die Trom=pe=te. Wenn die Ka=no=nen schrei'n,
hab' mei=ne Freu=de d'ran, hur=rah! hur=rah! hur=rah!
das freut dem Schwerte sehr, " " "
als ei=ne lie=be Braut. " " "
Wann holst du dei=ne Braut? " " "
hol' ich mein Liebchen ein! " " "

77. Das Lied.

Kräftig und bewegt. **Spohr.**

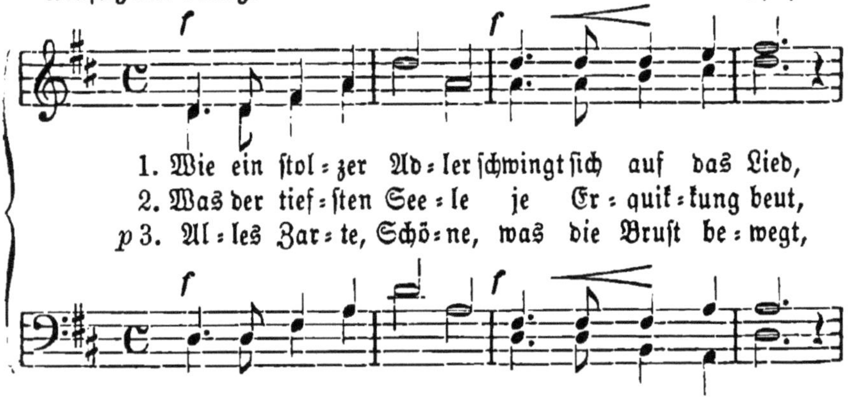
1. Wie ein stol=zer Ad=ler schwingt sich auf das Lied,
2. Was der tief=sten See=le je Er=quik=kung beut,
p 3. Al=les Zar=te, Schö=ne, was die Brust be=wegt,

daß es froh die See = le auf zum Him = mel zieht.
Al = les Gro = ße, Ed = le, Treu' und Ei = nig = keit,
Al = les gött = lich Ho = he, das zum Him = mel trägt:
mf
mf
Weckt in un=s'rer Brust ho = he, heil' = ge Lust,
Lieb' und Tha=ten = drang wek = ket der Ge = sang.
Al = les das er = blüht freu=dig aus dem Lied,
mf
Weckt in un=s'rer Brust ho=he, heil'ge
Lieb' und Tha=ten = drang wecket der Ge=
Al = les das er = blüht freudig aus dem
f
ff
weckt in un=s'rer Brust ho = he, heil' = ge Lust.
Lieb' und Tha = ten=drang wek = ket der Ge = sang.
das, ja das er = blüht freu = dig aus dem Lied.
f
ff
Lust, in un=s'rer
sang, ja Tha=ten=
Lied, ja das er=

78. Laßt marschiren.

Kräftig und markirt. **Fr. Kücken.**

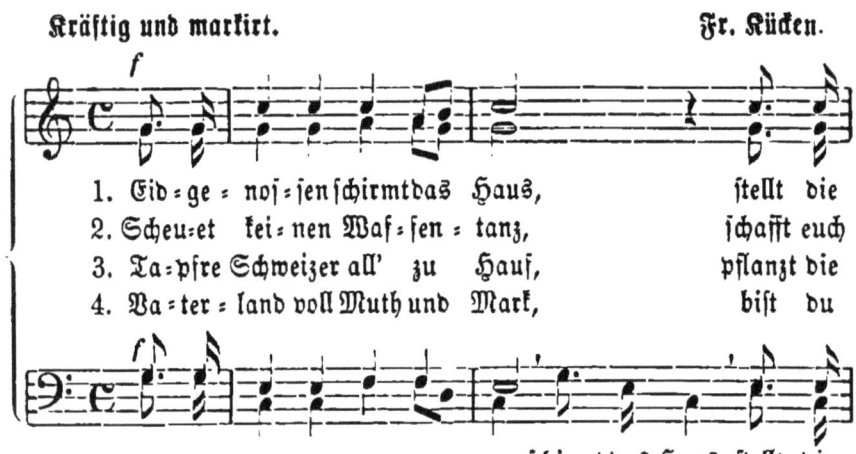

1. Eid-ge-nos-sen schirmt das Haus, stellt die
2. Scheu-et kei-nen Waf-fen-tanz, schafft euch
3. Ta-pfre Schweizer all' zu Hauf, pflanzt die
4. Va-ter-land voll Muth und Mark, bist du

schirmt das Haus, stellt die
Waf-fen-tanz, schafft euch
all' zu Hauf, pflanzt die
Muth und Mark, bist du

Wa-chen sorg-sam aus! Kei-ne Zeit ist zu ver-
neu-en Sie-ges-glanz! Laßt hell-auf die Trom-meln
Ba-yo-net-te auf! Mit den al-ten Schlacht-pa-
ei-nig, bist du stark! Recht und Frei-heit wird dich

Kei-ne Zeit ist zu ver-
Laßt hell-auf die Trom-meln
Mit den al - - - - ten Schlacht-pa-
Recht und Frei - - - - heit wird dich

Kei-ne Zeit ist zu ver-

lie = = = ren, schlägt der Erb = feind an das
rüh = = = ren und Trom = pe = ten schmet = tern
nie = = = ren im = mer vor = wärts! Frisch vor=
füh = = = ren, muß es sein, schlag' ta = pfer
Al = le Män=ner laßt mar = schi = ren,
Halbchor.
mf
mf
f
schwert.
drein.
an!
drein!
Al = le Män = = = ner laßt mar = schi = ren,
Al = le Män=ner laßt mar = schi = ren,
daß die
von der
was die
dann ist
Halbchor.
mf
f
f
cresc.
Gren = ze sei be = wehrt,
Rho = ne bis zum Rhein,
Waf = fen tra = gen kann,
Sieg und Eh = re dein,
al = le Män=ner laßt mar=

schi = ren,
daß die Gren = ze sei be = wehrt.
von der Rho = ne bis zum Rhein.
was die Waf = fen tra = gen kann.
dann ist Sieg und Eh = re dein.
Ja al = le
Chor
ff
mf Chor.
Män=ner, al = le Män=ner laßt mar = schi = ren,
daß die Gren=ze sei be = wehrt.
von der Rho=ne bis zum Rhein.
was die Waf=fen tra=gen kann.
dann ist Sieg und Eh = re dein.

79. Das deutsche Lied.

Mit Kraft und Feuer. — **J. W. Kalliwoda.**

1. Wenn sich der Geist auf An=dachts=schwin=gen zum Him=mel
2. Er=blei=chen all' die klei=nen Ster=ne der Kindheits=
3. Und lo=dern auf des Kam=pfes Flam=men in hei=ßem
4. Das deut=sche Lied aus deut=schem Her=zen quillt stark und
hebt, durch Er=den=nacht zum Licht zu drin=gen, die See=le
nacht, und kün=det Mor=gen=roth von fer=ne der Son=ne
Brand, wir schaa=ren mu=thig uns zu=sam=men für's Va=ter=
frei, beschwingt die Freuden, heilt die Schmerzen, schafft Ju=gend
dann fühlt die Brust ein
strebt; dann fühlt die Brust ein hei=lig Drän=gen, dann
Pracht; dann fühlt die Brust ein se=lig Drän=gen, dann
land. Dann fühlt die Brust ein mäch=tig Drän=gen, dann
neu. Was nur die deut=sche Brust mag drän=gen, was
Dann fühlt die Brust ein hei=lig

hei = = = lig Drän = gen,
cresc.
mf
fühlt die Brust ein hei = lig Drän = gen, das aufwärts zieht, da
fühlt die Brust ein se = lig Drän = gen, das Lied er=blüht, da
fühlt die Brust ein mäch=tig Drän = gen, die Freiheit glüht, di
nur die deut=sche Brust mag drän = gen, es wird zum Lied, es
cresc.
mf
Drän = gen, dann fühlt die Brust ein hei = lig Drän = gen, da
f
p
mf
f
auf = wärts zieht und es er = tönt, und es er = tönt, und es er
Lied er = blüht, und es er = tönt, und es er = tönt, und es er
Frei = heit glüht, und es er = tönt, und es er = tönt, und es er
wird zum Lied: drum tö = ne fort, drum tö = ne fort, drum tö = n
f
f
auf = wärts zieht;
und es er
ff
tönt in ern=sten Klän=gen das deut=sche Lied, das deut = sch
tönt in inn'=gen Klän=gen das deut=sche Lied, das deut = sch
tönt in Feu=er=klän=gen das deut=sche Lied, das deut = sch
fort mit ew'=gen Klän=gen, du deut=sches Lied, du deut = sch
f
ff

f
ff

Lied, und es er=tönt, und es er=tönt, und es er=tönt in ern=sten
Lied, und es er=tönt, und es er=tönt, und es er=tönt in inn'=gen
Lied, und es er=tönt, und es er=tönt, und es er=tönt in Feu=er=
Lied, drum tö=ne fort, drum tö=ne fort, drum tö=ne fort mit ew'=gen

mf
f
f
ff

Klän=gen das deut=sche Lied, das deut=sche Lied.
Klän=gen das deut=sche Lied, das deut=sche Lied.
klän=gen das deut=sche Lied, das deut=sche Lied.
Klän=gen du deut=sches Lied, du deut=sches Lied.

80. Ausmarsch.

In freier Bewegung. **Volksweise.**

(f) 1. Va=ter=land, ich muß mar=schi=ren, Va=ter=
(p) 2. Nun a=de! Fahr' wohl fein's Lieb=chen! Wei=ne
(p) 3. Nun a=de! Herz=lie=ber Va=ter! Mut=ter,
(f) 4. Es ist noch ein Ruf er=klun=gen mäch=tig
(f) 5. O wie schön Trom=pe=ten schal=len und die

land, du machst mir Muth! *f* Mei - nen Sä - bel will ich schwin-gen,
nicht die Aeug-lein roth, *mf* tra - ge die-ses Leid ge - dul - dig,
nimm' den Ab-schieds-kuß! *f* Für das Va-ter-land zu strei - ten,
mir durch Herz und Sinn: *ff* Recht und Frei-heit heißt das Drit - te
Trom-meln wir-beln d'rein. Fah - nen we - hen frisch im Win - de,

mei - ne Ku - gel, die soll klin - gen, *ff* gel - ten soll's der Fein - de
Leib und Le - ben bin ich schul - dig, *ff* es ge - hört zum Er - sten
mahnt es mich nächst Gott zum Zwei - ten, daß ich von Euch schei - den
und es treibt aus Eu - rer Mit - te mich in Tod und Schlach-ten
Männer schaa - ren sich ge-schwin-de, jetzt muß es ge - schie - den

Blut, gel - ten soll's der Fein-de Blut!
Gott, es ge - hört zum Er - sten Gott!
muß, daß ich von Euch schei-den muß.
hin, mich in Tod und Schlachten hin.
sein, jetzt muß es ge - schie-den sein.

(Als Schluß Vers 1.)

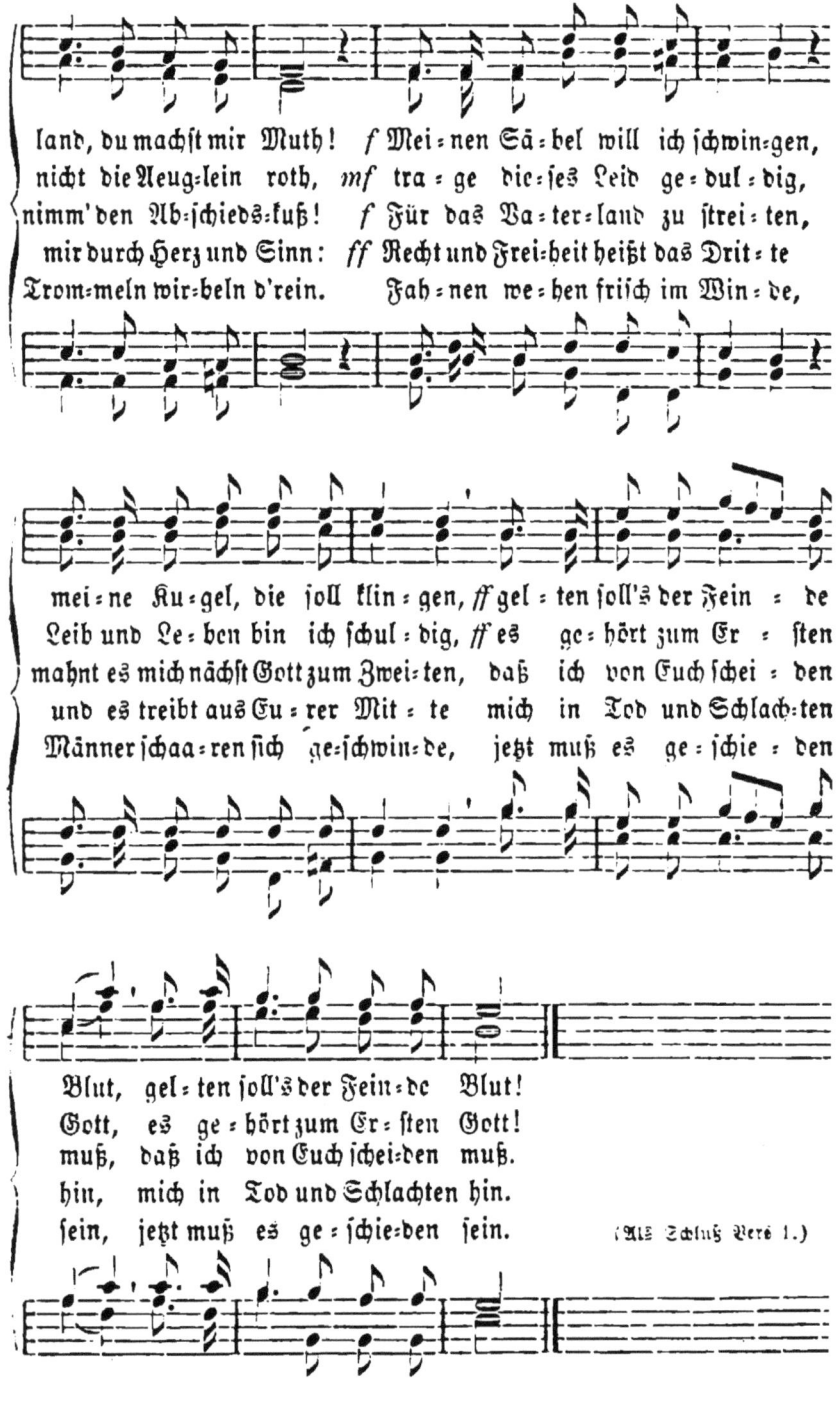

81. Hör' uns, Gott, Herr der Welt!

Mit Ernst und Würde. E. Mehul.

pp f pp f p
1. Hör' uns! Gott, Herr der Welt, dem sich Al-les beu-
2. Herr, un-ser Gott, steh' uns bei in Gna-
3. Herr, un-ser Hort, dem wir fest ver-trau-
get, gieb un-serm Bun-de dein Ge-deih'n! Seg-ne das Land,
den, wenn un-sern Herd ein Feind be-droht. Bist du mit uns,
en, Frie-den und Ein-tracht laß ge-deih'n! Seg-ne dein Volk
das uns er-zeu-get! Auf dei-nen Schutz bau'n wir al-lein!
wer kann uns scha-den? Stärk' un-sern Muth bis in den Tod!
in al-len Gau-en. Auf dei-nen Schutz bau'n wir al-lein!

82. Das deutsche Lied.

Kräftig bewegt. **Wilhelm Speidel.**

1. Was ist es, was den frei=en Mann mit Muth und Kraft er=
2. Was ist es, was den Sieg verschönt, wenn küh=ne That den
3. Was ist es, was er=hebt die Brust, mit Lie=be, Won=ne,
4. Was ist es, was vom Do=nau=strom froh grü=ßet bis zum
fül=len kann? Was ist es, das ein Herz durch=glüht, wenn
Hel=den krönt? Was ist es, sag' und sing' es laut, was
Him=mels=lust? Was ist es, was die Freu=de bringt, wenn
Köl=ner=dom? Was ist es, was vom Belt er=schallt und
Ei=sen Krie=ges=fun=ken sprüht? Was ist es, was der lie=be
mit der Frei=heit uns ver=traut? Was ist es, was um's Va=ter
uns ein Fest mit Glanz umschlingt? Was ist es, was stets Jung un
an den Al=pen wie=der=hallt? Was ist es, was noch ü=ber'

Gott uns gab dem Feind zum Trutz und Spott?
land mit Ju = bel zieht ein Frie=dens=band?
Alt ver=eint mit Him=mels All=ge=walt?
Meer so ruhm=voll klingt wie Preis und Ehr? Das ist
ein ho=her, fro=her
ein fro=her
dolce
Halbchor.
Klang, ein Lied, ein ed=ler, deut=scher Sang;
das ist ein ed=ler, Sang; drum kling er al=le
Klang, ein Lied, ein ed=ler Sang; drum kling er al=le
Chor.
d'rum kling' er al=le Welt ent=lang der deut=sche
Welt ent=lang
Chor.
Welt ent=lang

ff f ff
Sang, der mächt'ge, der deut-sche Sang!
ff f ff
der deut - - sche Sang!

83. Schweizerdegen.

In frischer Stimmung. Volkslied.

mf
1. Heißt ein Haus zum Schwei-zer-de-gen,
2. Ist kein Volk fast al-ler-we-gen,
3. Zwei-und-zwan-zig Schil-de bli-tzen,
(f) 4. All', die Wehr und Waf-fen pfle-gen,
5. Wo in Län-dern, frei ge-le-gen,
mf
f mf
lu-stig muß die Her-berg sein; denn die Trom-mel
das da nicht schon ein-ge-kehrt, und der Wirth zum
von dem Gie-bel weit zu Thal; Zeug- und Ban-ner-
ste-hen auf von Thal zu Thal; hört, es klingt der
und in alt-ge-thürm-ter Stadt Schwei-zer-herz und
f mf

spricht den Se - gen, und der Wirth schenkt Ro - then ein!
Schwei - zer - de - gen hat den Ein - gang nie ver - wehrt,
her - ren si - tzen har - rend in dem ho - hen Saal,
Schwei - zer - de - gen, hört, es singt der al - te Stahl!
Schwei - zer - de - gen die ge - mei - ne Herr - schaft hat:

f

mf
cres - - - cen - - - do
f

Kom - men die Gä - ste, schön Wir - thin, sie lacht, sie hat schon
hat dann die blu - ti - ge Ze - che ge - macht, daß die Frau
lau - schend, bis jauch - zend die Mut - ter sie ruft, und von den
(*f*) Thut ihm ge - nug und er - probt ihn ver - eint, bes - ser, das
(*p*) Da ist die Mut - ter, so hold und so fein, (*f*) lacht sie? so

mf
cres - - - cen - - - do
f

man - chen zur Ru - he - ge - bracht!
Wir - thin vor Freu - den ge - lacht!
Schil - den er - klin - get die Luft!
Müt - ter - chen lacht, als es weint.
wird's Frau Hel - ve - ti - a sein!

Das zweite Mal mit voller Kraft.

84. Der Freiheit Schlachtruf.

Feurig und stark. Methfessel.

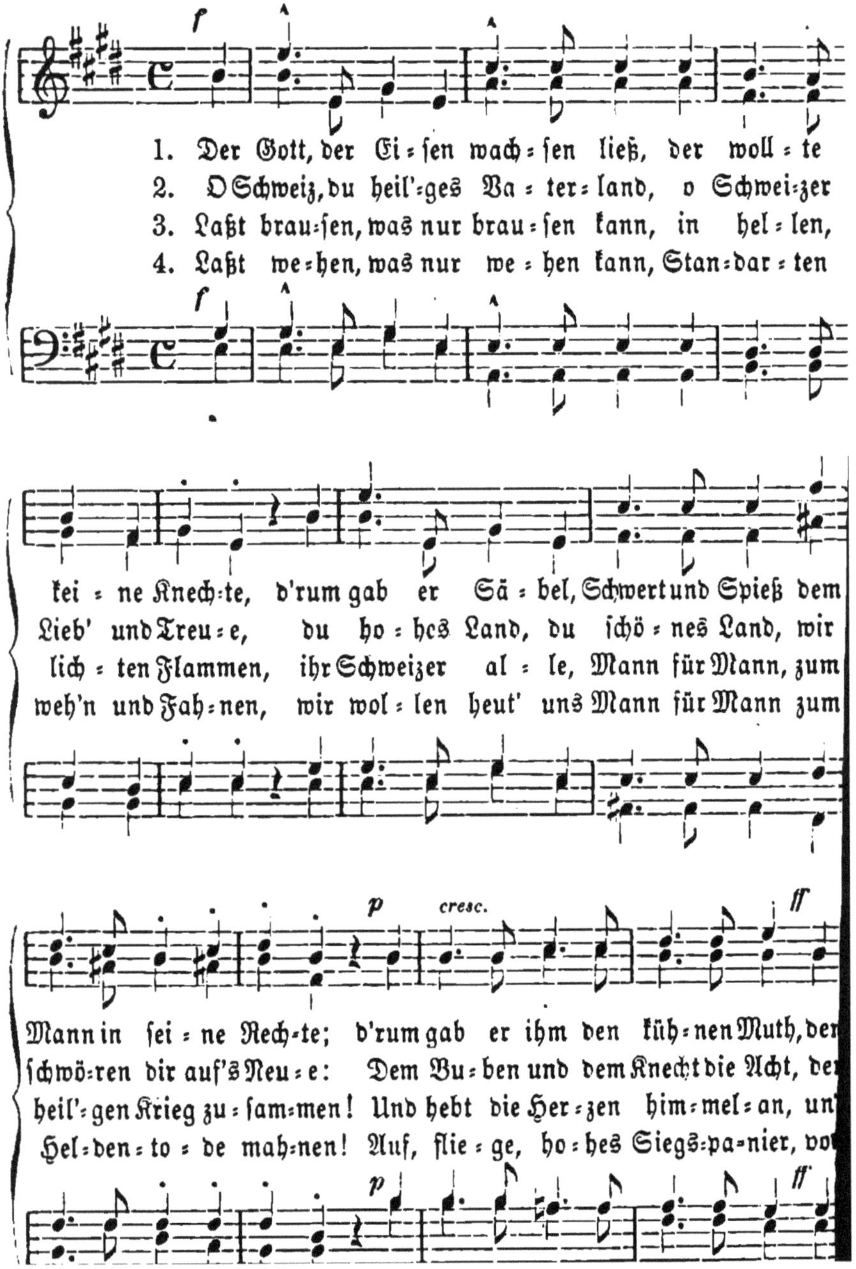
f
1. Der Gott, der Ei=sen wach=sen ließ, der woll=te
2. O Schweiz, du heil'=ges Va=ter=land, o Schwei=zer
3. Laßt brau=sen, was nur brau=sen kann, in hel=len,
4. Laßt we=hen, was nur we=hen kann, Stan=dar=ten
kei=ne Knech=te, d'rum gab er Sä=bel, Schwert und Spieß dem
Lieb' und Treu=e, du ho=hes Land, du schö=nes Land, wir
lich=ten Flammen, ihr Schweizer al=le, Mann für Mann, zum
weh'n und Fah=nen, wir wol=len heut' uns Mann für Mann zum
p
cresc.
ff
Mann in sei=ne Rech=te; d'rum gab er ihm den küh=nen Muth, der
schwö=ren dir auf's Neu=e: Dem Bu=ben und dem Knecht die Acht, der
heil'=gen Krieg zu=sam=men! Und hebt die Her=zen him=mel=an, un
Hel=den=to=de mah=nen! Auf, flie=ge, ho=hes Siegs=pa=nier, vo

langsamer
mf
Zorn der frei - en Re - de, daß er be - stän - de bis auf's
näh - re Kräh'n und Ra - ben! So zieh'n wir aus zur Frei - heits -
him - mel - an die Hän - de, und ru - fet Al - le Mann für
an den küh - nen Rei - hen! Wir sie - gen o - der ster - ben
mf
langsamer
ff
Blut, bis in den Tod die Feh - de, daß er be - stän - de
schlacht, und wol - len Ra - che ha - ben, so zieh'n wir aus zur
Mann: Die Knecht - schaft hat ein En - de, und ru - fet Al - le
hier den sü - ßen Tod der Frei - en, wir sie - gen o - der
ff
bis auf's Blut, bis in den Tod die Feh - de.
Frei - heits - schlacht und wol - len Ra - che ha - ben!
Mann für Mann: Die Knechtschaft hat ein En - de!
ster - ben hier den sü - ßen Tod der Frei - en!

85. 's Schwyzerhüsli.

Ziemlich schnell. **Volksweise.**

Soli.
1. 's ist im e Dorf vor Zi = te, schier z'mitz, e Hüs = li
2. 's händ d'Lüt a = fan = ge zan = ke fast im e jed = re
Soli.
g'si, ver=streut uf al = le Si = te viel Hüs = li groß und
Hus, wer nu hat mö = ge g'lan=ge, het g'jagt den An = dre
chli. Es stoht am Hüs = li g'mo=let und g'schriebe mit e=
us; nur i dem chli = ne Hüs = li lost All's no uf e=

Anmerkung. Die Melodie des Solisatzes kann auch von einem Tenoristen vorgetragen werden.

express.
nand: „Das Hus ge=nannt zum Schwy=zer=land, das
express.
Tutti.
1
2
stoht in Got=tes Hand!" Das Hand!"
1
2

3.

's nimmt Mänge jetz unb'sunne
Im Zorn e fürig Schit;
Wie bald wär's Dorf verbrunne,
Doch er denkt nit so wit.
Verfolgt wird do si Nochber
Und schücht nit Mord und Brand.
Das Hus genannt u. s. w.

4.

Het's da und dört e Glusse
Uf's Hüsli ane treit;
's het Mängem wölle gruße,
Me het em 's Biß ag'leit;
Het's au e bißli g'facklet,
's war doch nit che zum Brand.
Das Hus genannt u. s. w.

5.

Das Hüsli z'mitzed inne
Het nit e mal no g'schwärzt;
Me meint, es könn' nit brünne,
Wenn's Dorf au z'semme stürzt.
Me weißts schier gar nit z'fasse,
Woran das eine mahnt.
Das Hus genannt u. s. w.

6.

Ihr wüßet, was das Mährli
Ung'fähr z'bidüte het;
Es fasset's Mänge währli
Erst, wenn er's brünne g'seht,
Wenn's z'spot ist scho zum Lösche
Und 's Für nimmt überhand.
Das Hus genannt u. s. w.

7.

D'rum sollt halt Niemand zanke,
Wer i dem Hüsli wohnt,
Und Gott vo Herze danke,
Daß er üs eister schont.
Wer ohne Gott will huse,
Chunt sicher z'letzt uf d' Gant.
Das Hus genannt u. s. w.

8.

Mit Gott sönd a ge huse,
Und lönd e nand in Fried;
's chunnt Alles besser use,
Und anders git's es nit;
Und Gott i Ruh' und Friede
Erhaltet 's Vaterland.
Das Hus genannt u. s. w.

86. Auf der Kirchweih zu Schwyz.

Kräftig und markirt, aber nicht zu rasch. — Ph. Tietz.

1. Wack're Burschen, Schwyzer Bur-schen, kommt her - bei, und
2. Herr Jost Re-ding, un - ser Hauptmann, soll uns füh - ren
3. Un - s're Vä - ter wa - ren Hel - den, stark im Feld, zu

marcato
f

laßt den Tanz! Der Feld - haupt-mann hat ge - ru - fen, laßt
in die Schlacht wi - der un - s'rer mächt'-gen Fein - de tau-
Hau - se schlicht. Hei, der Feind, der soll's be - kom-men, schlech-

f

die Dir - nen steh'n im Kranz! Fer - ne Bo - ten sind ge-
send - fa - che Krie - ges-macht. Seht das Ban - ner rauscht im
ter sind die Söh - ne nicht! Un - s're Thä - ler, un - s're

kom-men, an der Gren-ze steht der Feind, wack're Burschen, Schwyzer
Win-de, mächt'ger noch als Gei-gen-klang, " " "
Ber-ge, laßt uns schü-tzen treu ge-sellt, " " "
Bur-schen, greift zum Schwert und kommt ver-eint, und kommt ver-eint!
Bur-schen, stim-met an den Schlachtge-sang, den Schlachtge-sang!
Bur-schen, greift zum Schwert und kommt in's Feld, und kommt in's Feld!
Wack'-re Bur-schen, Schwy-zer Bur-schen, greift zum Schwert,
Wack'-re Bur-schen, Schwy-zer Bur-schen, stim-met an,
Wack'-re Bur-schen, Schwy-zer Bur-schen, greift zum Schwert,

mit vollster Kraft
greift zum Schwert und kommt ver = eint, greift zum Schwert un
stim = met an den Schlacht = ge = sang, stim = met, stim = me
greift zum Schwert und kommt in's Feld, greift zum Schwert un
mit vollster Kraft

kommt ver = eint, ver = eint!
an den Schlacht = ge = sang!
kommt in's Feld, in's Feld!

O. Roquett

87. Auf einem Schlachtfelde.

Warm und kräftig. Ferd. Lau

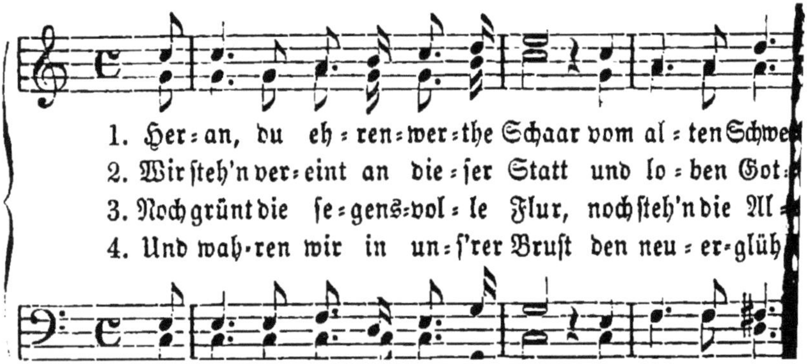
1. Her = an, du eh = ren = wer = the Schaar vom al = ten Schwe
2. Wir steh'n ver = eint an die = ser Statt und lo = ben Got =
3. Noch grünt die se = gens = vol = le Flur, noch steh'n die Al =
4. Und wah = ren wir in un = s'rer Brust den neu = er = glüh

stamm! Es wogt und rauscht das Hoch = ge = fühl im Bu = sen
Geist, der in des Le = bens Tie = fen schaut, und, lä = gen
fest, noch ging die Frei = heit nicht zu Thal, noch wärmt ihr
Strahl, vom al = ten Stam = me jung und frisch, zieh'n wir mit

wie der Bran=dung Spiel am star = ken Fel = sen=damm, am
wir von Nacht um=graut, hin=auf zu Ster = nen weist, hin=
mil = der Son = nen=strahl den Sohn, der sie nicht läßt, den
Win = kel = ried zu Tisch im gro = ßen Hel = den = saal, im

star = ken Fel = sen = damm.
auf zu Ster = nen weist.
Sohn, der sie nicht läßt.
gro = ßen Hel = den = saal.

H. Goll.

88. Vaterlandslied.

Feurig. J. G. D. Gackstatter, sen.

rf
fp
1. Herz voll Muth! Blick voll Gluth! Arm im Strei-te brav und gut
2. Horch, es schallt durch den Wald, durch die Ei-chen grau und alt.
3. Ster-nen-schein bricht her-ein; laßt uns Al-le Brü-der sein
rf
fp

f
marc.
Kühn ent-flammt Al-le-sammt, wer von Her-mann stammt!
Stark noch glüht un-ser Lied, weil uns Ju-gend blüht.
Va-ter-land, sü-ßes Band, führ' uns Hand in Hand!
f
marc.

Lebhafter.
ff
fp
1. 2. 3. So in lau-ter Saus und Braus, Brüder, schwärmen wir nach Hau
ff
fp

89. Die Wacht am Rhein.

Lebhaft und energisch. Carl Wilhelm.

f
cresc.
ff
1. Es braust ein Ruf wie Don=ner=hall, wie Schwert=ge= klirr und Wo=gen=prall: zum Rhein, zum Rhein, zum frei=en
2. Durch Hun=dert=tau=send zuckt es schnell, und Al=ler Au=gen bli=tzen hell; der Schwei=zer bie=der, fromm und
3. Er blickt hin=auf in Him=mels=au'n, da Hel=den= vä=ter nie=der=schau'n, und schwört mit stol=zer Kam=pfes=
4. So lang ein Tro=pfen Blut noch glüht, noch ei=ne Faust den De=gen zieht, und noch ein Arm die Büch=se
5. Der Schwur er=schallt, die Wo=ge rinnt, die Fah=nen flat=tern hoch im Wind: am Rhein, am Rhein, am frei=en

Halbchor.
p dolce
Rhein! wer will des Stro=mes Hü=ter sein! Lieb' Va=ter=
stark, be=schützt die heil'=ge Lan=des=mark! Lieb' Va=ter=
lust: Du Schweiz bleibst frei wie mei=ne Brust! Lieb' Va=ter=
spannt, be=tritt kein Feind hier dei=nen Strand! Lieb' Va=ter=
Rhein, wir Al=le wol=len Hü=ter sein! Lieb' Va=ter=
Halbchor.
p dolce
mf
land, magst ru=hig sein, lieb' Va=ter=land magst ru=hig sein:
mf
Chor. cres - cen - do
f
ff
fest steht und treu die Wacht, die Wacht am Rhein, fest steht und
Chor. cres - cen - do
f
ff
die Wacht, die Wacht am Rhein!
treu die Wacht am Rhein!

90. Schweizergesang.

Mit Kraft und Schwung. W. Baumgartner.

1. Im Schweizer=lan=de rauscht ein Quell in Wal=des=nacht ver=

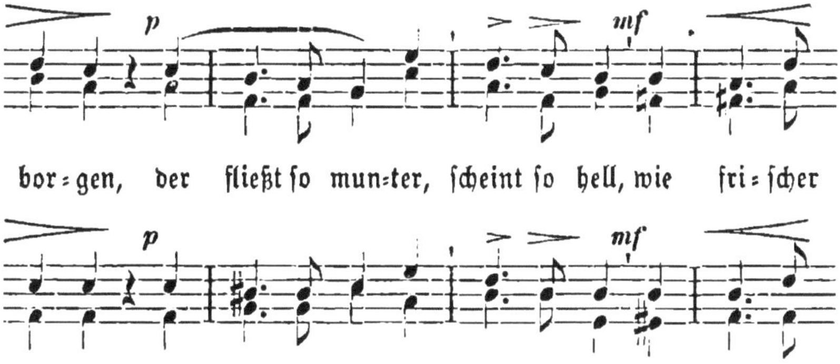
bor=gen, der fließt so mun=ter, scheint so hell, wie fri=scher

Thau am Mor=gen. Da hemmt ein Fels den ra=schen Gang: o

poco ritardando
weich gebunden
p
freu = di = ges Er = gie = ßen! Wie da mit lau = tem
poco ritardando
weich gebunden
p
mf
Ju = bel=sang die Wel = len nie = der = schie = ßen!
mf
f
wie
wie da die
f
f
mit Ju = bel = sang die Wel = len nie = der=
mit lau = tem
f
da mit lau = tem

schie : : : ßen! 2. Es don=nert rings die dun=kle
3. So mag es in der Hei=mat
4. Dem Ei=nen schö=nen Va=ter=
gebunden
Kluft vom mächt'gen Sturz der Wo=gen; doch drü=ber in be=
wild auch wo=gen hin und wie=der, da=rü=ber schwebt ver=
land er=schal=len un=s're Lie=der; uns zieht vom fern=sten
weg=ter Luft schwankt leis ein Re=gen=bo=gen; in
söh=nungs=mild der hei=tre Kranz der Lie=der. So
Hü=gel=rand der Ruf zum Fe=ste nie=der. Seid

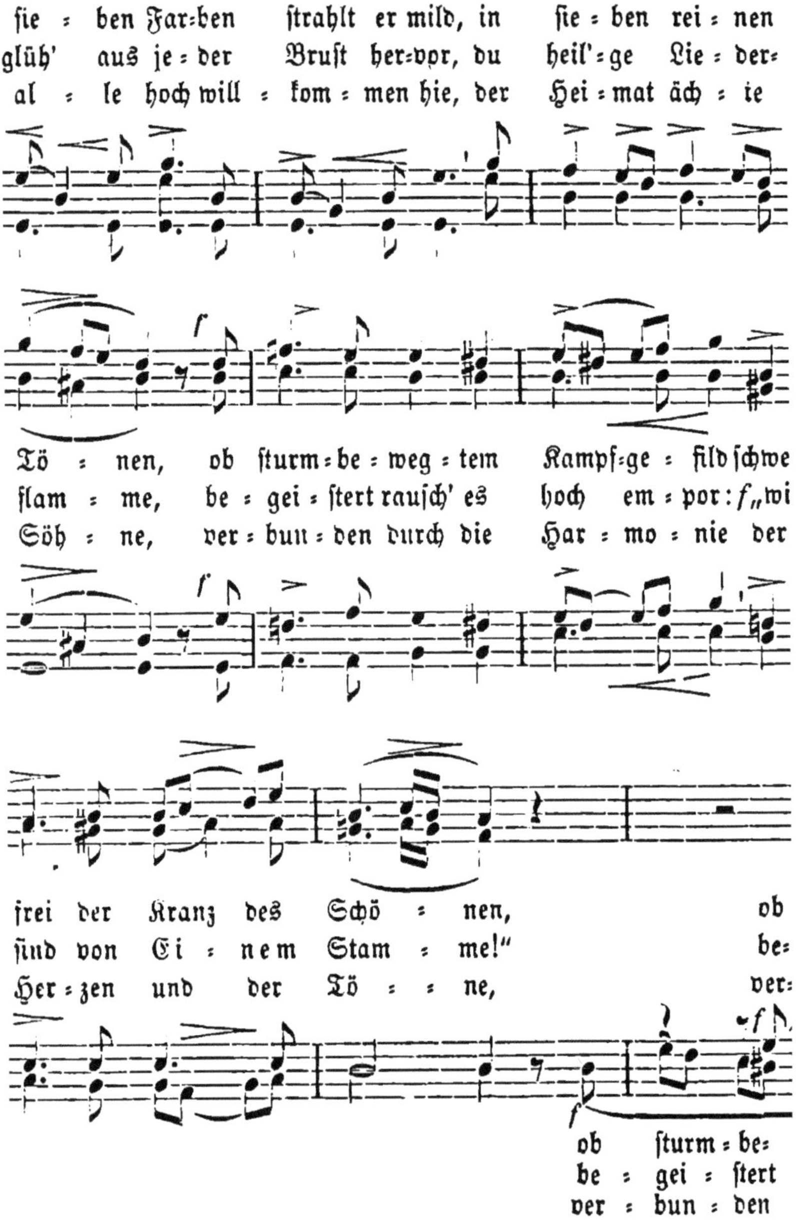
sie = ben Far=ben strahlt er mild, in sie = ben rei = nen
glüh' aus je = der Brust her=vor, du heil'=ge Lie = der=
al = le hoch will = kom = men hie, der Hei = mat äch = te
Tö = nen, ob sturm=be=weg=tem Kampf=ge = fild schwe
flam = me, be = gei = stert rausch' es hoch em = por: f „wi
Söh = ne, ver = bun = den durch die Har = mo = nie der
frei der Kranz des Schö = nen, ob
sind von Ei = nem Stam = me!" be=
Her = zen und der Tö = = ne, ver=
ob sturm = be=
be = gei = stert
ver = bun = den

schwebt frei, schwebt
es rausch': „wir
im Bund der
fp
schwebt frei der Kranz, schwebt frei der Kranz des
be = gei = stert rausch' es: „wir sind von Ei = nem
durch Har = mo = nie der Her = zen und der
sturm = be = weg = tem Kampf schwebt
gei = stert rausch' em = por: „wir
bun = den durch Har = mo = nie der
weg = tem Kampf = ge = fild schwebt
rausch' es hoch em = por: „wir
durch die Har = mo = nie der
poco rit.
Schö = = = = nen.
Stam = = = = me!“

Carl Morell.

91. Mein Heimatthal.

Mäßig. Ludwig Liebe.

1. Hoch vom Him=mel dro=ben fällt ein gold'=ner Schein auf die
2. Wenn das Klo=ster=glöcklein schlägt um Mit=ter=nacht, hab' ich
3. Wenn der Hol=der blüh=te und die Am=sel sang, wenn am
4. Trau=lich sa=ßen wir noch spät am grü=nen Rain, wenn der
Er=de hin mir in's Herz hi=nein. Am Ge=bir=ge drü=ben
tau=send=mal an mein Lieb ge=dacht, an den Rei=gen=tanz und
A=bend hell dann die Glok=ke klang, wallt' ich glück=lich mit ihr
Ku=kuk rief aus dem na=hen Hain. Aus dem Fen=ster sah des
strahlt es hell und licht, a=ber mei=ne Thrä=nen trock=nen
an die Lie=der all', die da trug zu mir der Wie=der=
Hand in Hand um=her, ach, mein Herz, mein Herz wird mir so
Va=ters wei=ßes Haupt: Al=les, Al=les ist mir nun ge=
p
pp
rall

a tempo
stringendo
pp
f
nicht.
hall.
schwer.
raubt.
Soli.
O du schö-nes Thal, du mein Hei-mat-thal, säh' ich
Soli.
a tempo
stringendo
rall.
Chor.
dich nur noch ein ein-zig's Mal! O du schö-nes Thal, du mein
rall.
Chor.
rall
Hei-mat-thal, säh' ich dich nur noch ein ein-zig's Mal.
rall

92. Schwur freier Männer.

Kräftig und bewegt. Nach Mendelssohn-Bartholt

f
1. 2. 3. 4. Es heult der Sturm, es braust das Meer,
her = an ih
wir schwö = re
mag rings de
es zit = ter
sf
Sor = gen schwer; her = an bei Wet = ter und Re = gen!
hoch und hehr, das Va = ter = land treu zu ret = ten;
Fei = gen Heer sich scheu'n vor Gram und vor Sor = gen!
um uns her, d'rum frisch, ihr Män=ner, ge = trun = ken!
A = dern jauchzt die
ff
In un = sern A = dern jauchzt die Lust, jauchzt die Lust;
ob = gleich der Wüth=rich dräut und schnaubt, dräut und schnaubt
Uns freut Ge = fahr und Stur = mes = drang, Stur = mes=drang,
Dann mor = gen auf, das Schwert zur Hand, Schwert zur Hand,

wir frei = en Män=ner, wir wer=fen die Brust euch keck und kühn ent=
ob Al = len er auch das Herz geraubt, wir, wir sprengen sei = ne
wir woll'n beim fröh = li = chen Be = cherklang treu aus=har = ren bis zum
bis wir be = freit un = ser Va = ter=land, und der Feind zur Höll' ge=
ge=gen.
Ket=ten.
Morgen.
sun=ken.
Es gilt, es gilt! Die Hand an das Schwert ge=legt, wenn
uns das Herz im Bu=sen schlägt, das Va=ter=land zu ret = ten, es
cresc.

gilt, das Va = ter = land zu ret = ten, es gilt, das
Va = ter = land zu ret = ten!

93. Schwyzer Heimweh.

Langsam. Volksweise.

1. p Herz, mys Herz, wa = rum so tru=rig? und was soll das
2. pp Was mer fehlt, es fehlt mer Al = les! Bi so gar ver=
3. f Ach, i d'Hei = met möcht' i wie=der, a = ber bald, du
4. p Kei = ne het is lieb hie us = se, Kei = ne git mer
5. mf Herz, mys Herz, i Got = tes Na=me! 's ist es Ly = de

Ach und Weh? 's ist so schön i frem = de Lan = de, Herz, mys
lo = re hie! Sig es schön i frem = de Lan = de, doch es
Lie = be, bald! Möcht' zum Aet = ti, möcht' zum Müet = ti, möcht' zu
fründ = li d'Hand, und kei's Chind = li will mer la = che, wie da=
gib di dry! Will der Herr, so chan er hel = fe, daß mer

cresc.
mf

dim.
f

Herz, was fehlt der meh? 's ist so schön i frem = de Lan = de,
Hei = met wird es nie! Sig es schön i frem = de Lan = de,
Berg und Fels und Wald! Möcht' zum Aet = ti, möcht' zum Müet = ti,
heim im Schwy = zer = land, und kei's Chind = li will mer la = che,
bald im Hei = met sy! Will der Herr, so kann er hel = fe,

dim.
f

f
dim. e rit.

Herz, mys Herz, was fehlt der meh?
doch es Hei = met wird es nie!
möcht' zu Berg und Fels und Wald!
wie da = heim im Schwy = zer = land.
daß mer bald im Hei = met sy.

f
dim. e rit.

94. Das Heimatland.

Con moto. F. Abt, arrang. C. Schnyder.

f
1. Und so lang ich noch jauchz', mei = ne Freud' auf der
2. Und so lang ich noch lieb' in der Freud' und im
langsamer 3. p Und so lang ich noch bet' aus der See = le mein
4. Und so lang ich noch leb', mei = ne Hab' und mein
f
p
Welt, muß auf dich, ja auf dich und dein Glück sein ge = stellt, o du
Leid', in der Fern' und da = heim bleib' ich treu dir all' Zeit, o du
Fleh'n, steigt für dich zu dem Herrn und er wird mich ver=steh'n, o du
Gut, f mei = ne Kraft weih' ich dir, mei=nen Muth und mein Blut, o du
herr = li = ches Land, du mein hei = mi=sches Land, o du Schweiz, wie i
theu = er = stes Land, du mein hei = mi=sches Land, o du Schweiz, kei =
glück = li = ches Land, du mein hei = mi=sches Land, o du Schweiz, hü =
frei = e = stes Land, du mein hei = mi=sches Land, o du Schweiz, wie i

keins un=ter'm Him=mel mehr fand, o du Schweiz, wie ich
Macht kann zer=rei=ßen das Band, o du Schweiz, kei=ne
Gott dich mit lie=ben=der Hand, o du Schweiz, hü=te
keins un=ter'm Him=mel mehr fand, o du Schweiz, wie ich

keins un=ter'm Him=mel mehr fand!
Macht kann zer=rei=ßen das Band.
Gott dich mit lie=ben=der Hand.
keins un=ter'm Him=mel mehr fand.

F. Oser.

95. Mein Herz ist im Hochland.

Sehr lebhaft und bestimmt. Volksweise.

1. Mein Herz ist im Hochland, mein Herz ist nicht hier, mein
2. Fahr' wohl du mein Hochland, fahr' wohl du mein Nord, du
mf 3. Lebt wohl ihr Ge=bir=ge, hell glän=zen=der Schnee, lebt
p 4. Mein Herz ist im Hochland, mein Herz ist nicht hier, mein

f
cresc.
ff
Herz ist im Hochland, mein Hochland bei dir! Da jag' ich das
Hei-mat des Mu-thes, der Ta-pfer-keit Hort. mf Doch wo ich auch
wohl, grü-ne Thä-ler, du tief-blau-er See. p Lebt wohl schö-ne
Herz ist im Hoch-land, im wald'-gen Re-vier. f Da jag' ich das
Roth-wild, da folg' ich dem Reh: mein Herz ist im
wand'-re und wo ich auch bin, nach den Ber-gen des
Wäl-der, leb' wohl, wil-de Hut, f ihr stür-zen-den
Roth-wild, da folg' ich dem Reh: mein Herz ist im
Hoch-land, wo-hin ich auch geh'.
Hoch-lands steht all-zeit mein Sinn.
Bä-che, du brau-sen-de Fluth.
Hoch-land, wo-hin ich auch geh'!

Freiligrath, nach Robert Burns.

96. Lieb Heimatland, ade!

Etwas bewegt. Volksweise.

mf p
1. Nun a = de, du theu = res Hei = mat = land! Lieb
2. Wie du lachst mit dei = nes Him = mels Blau! Lieb
3. Du be = glei = test mich, du kla = rer Fluß, lieb
dim. pp mf
Hei=mat=land, a = de! Es geht jetzt fort zum fer = nen
Hei=mat=land, a = de! Wie du grü = ßest mich mit Feld und
Hei=mat=land, a = de! Bist du trau = rig, daß ich wan=dern
Soli. Wiederholung Chor.
p dim. pp mf cresc.
Strand, lieb Hei=mat=land, a = de! Und so sing' ich dann mit
Au'! lieb Hei=mat=land, a = de! Gott weiß, zu dir steht
muß? lieb Hei=mat=land, a = de! Von dem moos'gen Stein am

f
p

fro = hem Muth, wie man sin = get, wenn man wan = dern thut, lieb
stets mein Sinn, a = ber jetzt zur Fer = ne zieht's mich hin, lieb
wald'=gen Thal, ach, da grüß' ich dich zum letz = ten Mal, lieb

f
p

dim.
pp

Hei=mat=land, a = de!

August Desselhof.

dim.
pp

97. Heimat, ade!

Gehalten. Volksweise.

p
p
dim.
pp

1. Heut' muß ge = schie = den sein, Hei=mat, a = de!
2. Dein auch im fer = nen Land, Hei=mat, a = de!
3. Die mir so Vie = les gab, Hei=mat, a = de!

a. Treu und herz = in = nig = lich, o sü = ßes Lieb'!
b. Dort an dem Klip = pen=hang, o sü = ßes Lieb'!
c. Man = che wohl warb um mich, o sü = ßes Lieb'!

p
p
dim.
pp

p
dim.
pp
mf
Tau-send-mal denk' ich dein, Hei-mat, a-de! dei-ner in
bleib' ich mit Herz und Hand, Hei-mat, a-de! hö-her als
Reicht mir den Wan-der-stab, Hei-mat, a-de! Trennt uns auch
Tau-send-mal grüß' ich dich, o sü-ßes Lieb! Hab' ich doch
rief ich oft still und bang, o sü-ßes Lieb! Fort von dem
treu a-ber liebt' ich dich, o sü-ßes Lieb! Mö-gen sie
f
Lust und Schmerz, dei-ner in Ernst und Scherz, denkt stets mein
Gut und Geld preis' ich in al-ler Welt hei-mat-lich
Land und Meer, ist mir das Herz so schwer, denk' ich der
man-che Nacht schlum-mer-los zu-ge-bracht, im-mer an
wil-den Meer, falsch ist es, lie-be-leer, macht uns das
And're frei'n, will ja nur dir al-lein Le-ben und
pp
langsamer
treu-es Herz, Hei-mat, a-de!
Haus und Feld, Hei-mat, a-de!
Wie-der-kehr, Hei-mat, a-de!
dich ge-dacht, o sü-ßes Lieb!
Herz so schwer, o sü-ßes Lieb!
Lie-be weih'n, o sü-ßes Lieb!

Vers 1—3 deutsches Volkslied.
Vers a—c irisches Volkslied.
Robin Adair.

98. Vaterlandslied.

Nicht zu geschwind. V. Vogler.

p
mf

1. Frisch auf, frisch auf, du schwei-zer Mann, so lang dein Arm sich
2. Frisch auf, frisch auf, du schwei-zer Herz, das Au-ge blik-ket
3. Frisch auf, frisch auf, du schwei-zer Blut, durch-drun-gen von der
4. Frisch auf, frisch auf, du schwei-zer Sang, im hel-len, ho-hen

p
mf

f
cresc.

rüh-ren kann! Mit Muth und Kraft dich auf-ge-rafft! Mit
him-mel-wärts! Du bist da-bei so warm und frei und
Lie-be Glut! Ent-flam-me dich, durch-sprü-he mich, daß
Fei-er-klang! Kling' nah und fern, dring' auf zum Herrn, daß

f
cresc.

mf

Muth und Kraft dich auf-ge-rafft! Die al-te Treu-e
schlägst so frisch und wirst so weit. Du fühlst den Drang der
ich mit Muth dem Feind so-dann im Kam-pfe wi-der-
es durch al-le Him-mel schallt und all-ge-wal-tig

mf

lebt und webt, daß frei em = por die See = le strebt! Dem
gro = ßen Zeit! Dem Va = ter = lan = de Herz und Hand! Dem
ste = hen kann. Dem Va = ter = lan = de Herz und Hand! Dem
wie = der = hallt! Dem Va = ter = lan = de Herz und Hand! Dem

I. II. III.

1–3. Va = ter = lan = de Herz und Hand! Dem Va = ter = land!

I. II. III.

IV.

4. gan = zen Va = ter = land!

IV.

99. Was brausest du, mein junges Blut?

Fest und lebendig. Nach Methfessel, arrang. von J. Heim.

f
1. Was brau=sest du, mein jun=ges Blut, was flie=ßen
2. Mein bist du, mein, und ich bin dein, will nim=mer
3. Ich hal=te, theu=re Frei=heit, dich mit glüh'n=dem
f
mei=ne Thrä=nen? Was glüht in dir so ra=scher Muth, so
von dir las=sen! Will e=wig frei und treu dir sein, will
Arm umschlungen! Mein bist du, mein, es ha=ben dich die
p
cresc.
wal=lend hei=ßes Seh=nen? Es ist ein hei=lig Him=melsbild, das
al=le Knechtschaft has=sen! Und wenn sie dich ver=drän=gen hier, dein
Vä=ter mir er=run=gen. Ver=ach=te nicht den schwachen Arm, das
p
cresc.

Halbchor.
feierlich
mäch = tig in mir le = bet: Die Frei=heit mei = ne See = le
Häuf = lein un = ter = lie = get: Dann Hel = den = tod will = kom = men
tha = ten = lo = se Le = ben: O sieh' mein Herz, mein Herz so
Halbchor.
feierlich
Chor.
füllt, mich wun = der = sam durch = be = bet, die Frei = heit mei = ne
mir, dein Sohn, o Frei = heit, sie = get, dann Hel = den = tod will=
warm, es ist dir ganz er = ge = ben, o sieh' mein Herz, mein
Chor.
See = le füllt, mich wun = der = sam durch = be = = bet!
kom = men wir, dein Sohn, o Frei = heit sie = = get!
Herz so warm, es ist dir ganz er = ge = = ben!

100. Die ewige Burg.

Kräftig bewegt. R. Schumann.

mf
mf

1. Seht ihr die al - te Ve - ste, hoch in der Län - der
2. *p* Da rief der al - te Mei - ster den Bau - vers ü - ber'
3. *f* Nur noch die Ei - ne ra - get zum Him - mel mäch - tig

mf
mf

mf
dim.

Kreis? Rings strömen her die Gä - ste zu ih - rer Schön - hei
Haus, daß der Ge - wit - ter Gei - ster ver - stum - ten vol - ler
auf, roth, wenn die Son - ne ta - get, roth, wenn sie schließt der

mf
dim.

p
p

Preis. Der Mei - ster, der sie bau - te, stand auf dem höch - ster
Graus. *Soli* Von Vesten und Bur - gen al - len bist du zu höchst ge-
Lauf. Fels - wän - de sind die Däm - me, die Gräben, Ström un

Thurm vom Blitz um=flammt und schau = te her = nie = der
stellt, du sollst nicht bre = chen, nicht fal = len vor'm Un = ter=
See'n, die Zin = nen Ber = ges = käm = me, die Er = ker

mf
p

f
f

in den Sturm. Der Blitz zer=brach die Kral = len sich an der
gang der Welt. Viel Bur = gen sind er = bau = et seit = dem zu
blum' = ge Höh'n. Und Män=ner sind die Hü = ter, ihr Zei = chen

f
f

f
sf

Fel = sen = zinn', um = sonst an Säul' und Hal = len warf
Schutz und Streit, doch al = le=sammt er = schau = et in
ist das Kreuz, die Freiheit ihr Gut der Gü = ter, ihr

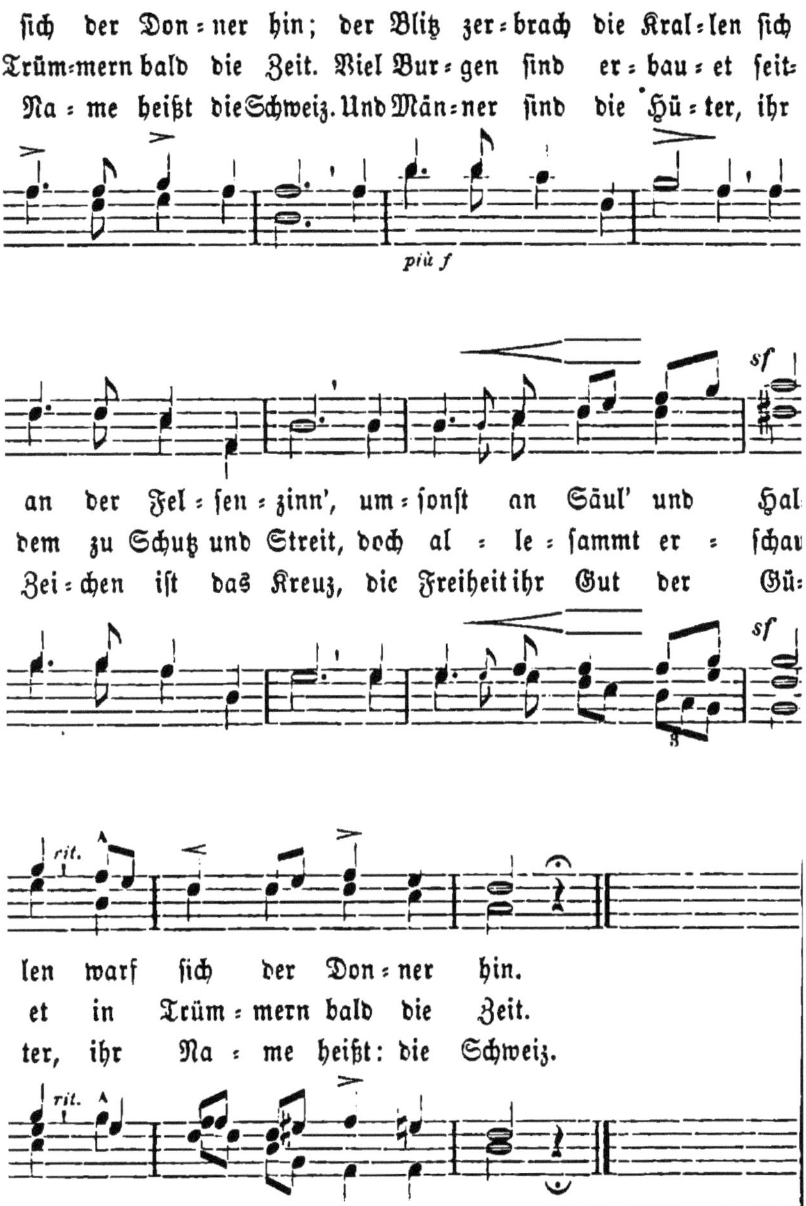
sich der Don = ner hin; der Blitz zer = brach die Kral = len sich
Trüm=mern bald die Zeit. Viel Bur = gen sind er = bau = et seit=
Na = me heißt die Schweiz. Und Män = ner sind die Hü = ter, ihr
più f
an der Fel = sen = zinn', um = sonst an Säul' und Hal
dem zu Schutz und Streit, doch al = le = sammt er = schau
Zei = chen ist das Kreuz, die Freiheit ihr Gut der Gü=
sf
sf
rit.
len warf sich der Don = ner hin.
et in Trüm = mern bald die Zeit.
ter, ihr Na = me heißt: die Schweiz.
rit.

J. G. Müller von Wyl

101. Heimatlied.

Frisch. Ludwig Liebe.

f
1. Und so lang' ich noch jauchz', mei = ne Freud' auf der
2. Und so lang' ich noch lieb', in der Freud' und im
langsamer 3. Und so lang' ich noch bet', aus der See = le mein
4. Und so lang' ich noch leb', mei = ne Hab' und mein
Welt, muß auf dich, ja auf dich und dein Glück sein ge=
Leid, in der Fern' und da = heim bleib' ich treu dir all=
Fleh'n, steigt für dich zu dem Herrn, und er wird mich ver=
Gut, mei = ne Kraft weih' ich dir, mei = nen Muth und mein
p dolce
stellt, o du herr = li = ches Land, du mein hei = mi = sches Land, o du
zeit, o du theu = er = stes Land, du mein hei = mi = sches Land, o du
steh'n, o du glück = li = ches Land, du mein hei = mi = sches Land, o du
Blut, o du frei = e = stes Land, du mein hei = mi = sches Land, o du
dolce

Schweiz, wie ich kein's un=ter'm Him=mel noch fand, o du
Schweiz, kei=ne Macht kann zer=rei=ßen das Band, o du
Schweiz, hü=te Gott dich mit lie=ben=der Hand, o du
Schweiz, wie ich kein's un=ter'm Him=mel noch fand, o du
Schweiz, wie ich kein's un=ter'm Him=mel noch fand!
Schweiz, kei=ne Macht kann zer=rei=ßen das Band!
Schweiz, hü=te Gott dich mit lie=ben=der Hand!
Schweiz, wie ich kein's un=ter'm Him=mel noch fand!

102. Das Herz gehört dem Vaterland.

Mit Kraft und Feuer. Fr. Gackstatter.

1. Das Herz ge=hört dem Va=ter=land und un=ser
2. Es zieht ein Geist durch un=s're Gau'n, der Licht und
3. Und braust der Sturm des Kriegs her=an von O=sten

hab' und Gut! Uns ei - net fest ein star - kes Band, das lö - set
Le - ben schafft; er pflan - zet Eintracht, Muth, Ver - trau'n, er stählt die
o - der West, dann steh'n wir Al - le wie ein Mann, frisch auf zum

f

mf

elbst kein Blut. Wir Al - le ste - hen wie ein Mann, wie
al - te Kraft; der Frei - heit Stern er - glänzt auf's Neu', der
O - pfer - fest! Wir flieh'n vor kei - nem Feind zu - rück, wie

mf

cresc.
p Soli.
cresc.
f

Ei - sen in der Schlacht: Drum ruh - ig, lie - bes Va - ter - land, dein
Se - gen stets ge - bracht: Drum ruh - ig, lie - bes Va - ter - land, dein
groß auch sei - ne Macht: Drum ruh - ig, lie - bes Va - ter - land, dein

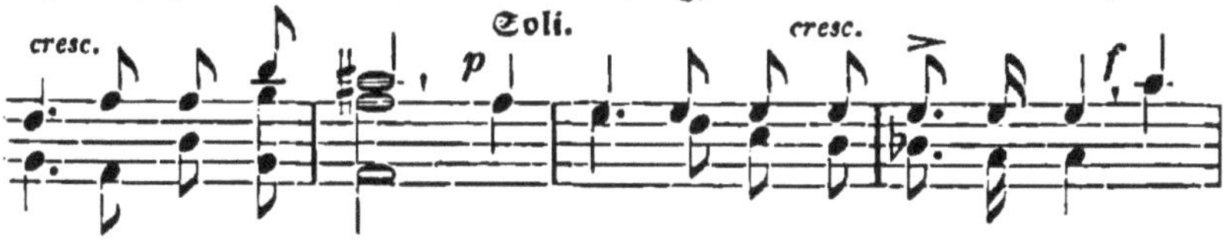
cresc.
Soli.
p
cresc.
f

Chor.
ff
Volk hält treu die Wacht, dein Volk hält treu die Wacht!
Chor.
ff

103. Sehnsucht nach der Schweiz.

Mäßig. Carl Ecker.

mf
1. O wun-der-schö-nes Schwei-zer-land, das mir so lieb u
2. Nach dei-ner Mat-ten wei-chem Sam't, voll Blü-then, sü-ß
3. Mit dei-ner Al-pen Ro-sen-saum im A-bend-son-n
mf
wie
wo's
p mein
sf
traut, wenn nur dein Na-me wird ge-nannt, wie —
Duft, dort wo das Alp-horn Grü-ße ruft, wenn's —
gold, schwebst du mir vor, ein lich-ter Traum, schwebst —
sf
p
wie pocht n
dort wo d
schwebst du r

pocht mein Herz —, mein Herz so laut, wie
Al = pen=horn, wenn das Frühroth flammt, in's
Land so süß —, so süß und hold, mein
cresc.
— pocht mein Herz, wie pocht mein Herz so
— Früh = roth flammt, in's Thal die Grü = ße
— du mir vor mein Land so süß und
cresc.
f
Herz, mein Herz so laut, wie pocht, wie
Alp = horn, wenn das Früh = roth flammt, in's
vor, ein lich = ter Traum, mein Land, mein
wie pocht mein Herz —, mein Herz so laut, wie
wo's Al = pen=horn, wenn das Frühroth flammt, die
schwebst du mir vor —, ein lich = ter Traum, mein
cresc.
laut, wie — — pocht mein Herz, wie
ruft, wenn's — — Früh = roth flammt, die
hold, schwebst — — du mir vor, mein
p
wie pocht mein Herz, mein Herz so laut, wie pocht, wie
dort wo das Alp = horn, wenn das Früh = roth flamt, die
schwebst du mir vor, ein lich = ter Traum, mein Land, mein
f
etwas langsamer
p
pocht mein Herz, wie pocht mein Herz so laut. Und Weh=muth schleicht in's
Grü = ße ruft, in's Thal die Grü = ße ruft. Nach dei = nen See'n, der
Land so hold, mein Land so süß und hold. Doch denk' ich dein du
f
p
etwas langsamer

a tempo
rit. e dim.
mf
Herz sich ein und Thrä-nen mir ent-flieh'n. O, denk' ge-
U-fer Pracht so ü-ber-reich ver-lieh'n, wo glück-lich
stil-ler Grund und auch der Müh-le d'rin: wie fühlt mein
rit. e dim.
mf
a tempo
zieht's heiß nach
f
mf
f
lieb-tes Land ich dein, zieht's heiß nach dir mich hin, zieht's heiß nach
Al-les liebt und lacht, zieht mich die Sehnsucht hin, wie zieht mich
Herz sich weh' und wund, wie zieht's nach euch mich hin, wie zieht's nach
f
mf
f

104. Frühlingsandacht.

Sanft und feierlich. **C. Kreutzer.**

Soli. Wiederholung Chor.

p
pp
Sü = ßer Hauch der Früh = lings = luft lis = pelt
p
pp
p
An = dacht in den Zwei = gen, Froh = ge = fühl und
p
cresc.
f
Veil = chen = duft dan = kend auf zum Him = mel stei = gen.
cresc.
f
f
3
Per = len = der, kry = stall = ner Thau legt sich ü = ber Feld und
f
3

Wie-sen, als wollt' auf die Früh-lings-au Him-mel Freu-
Soli.
dolce
p
den-thrä-nen gie-ßen, füh-lest du das Quel-len
Chor. dolce
p
füh-lest
f
p Tutti.
nicht jun-ger Kräf-te, jun-ger Trie-be? Ja,
f
p Tutti.
jun-ger
cresc.
f
f
ja, ja aus tau-send Knos-pen bricht hell der
cresc.
f
f

der ew' = = gen Lie = be,
p f
Blick, der ew' = gen Lie = be,
p f
ja aus tau = send Knos = pen bricht
der ew' = = = =
sf p cresc.
p
hell der Blick der ew'=
sf p cresc.
ff
= = be, der ew' = gen Lie =
ff

dim.
be, der ew' = gen Lie = = = be.
Stieglitz.
dim.

105. Wanderschaft.

Munter. Volksweise.

f
1. Der Mai ist ge = kom=men, die Bäu=me schla=gen
2. Herr Va=ter, Frau Mut=ter, daß Gott euch be=
3. Frisch auf drum, frisch auf, im hel=len Son=nen=
4. Und A=bends im Städtlein, da kehr' ich dur=stig
5. Und find' ich kein Her=berg, so lieg' ich zu
6. O Wan=dern, o Wan=dern, du frei=e Bur=schen=
f
f
aus, da blei=be, wer Lust hat, mit Sor=gen zu
hüt'! Wer weiß, wo bald fer=ne das Glück mir noch
strahl, wohl ü=ber die Ber=ge, wohl durch das tie=fe
ein: „Herr Wirth nun, Herr Wirth nun, 'ne Kan=ne blan=ken
Nacht wohl un=ter dem Him=mel, die Ster=ne hal=ten
lust, da weht Got=tes O=dem so frisch in die
f

mf
cresc.
f
Haus. Wie die Wol = ken dort wan = dern am himm=
blüht? Es gibt so man = che Stra = ße, da nim = mer
Thal. Die Quel = len er = klin = gen, die Bäu = me
Wein. Er = grei = fe die Fi = del, du lust' = ger
Wacht; im Win = de, die Lin = de, die rauscht mich
Brust! Da sin = get und jauch = zet das Herz zum
mf
cresc.
f
f
li = schen Zelt, so steht auch mir der Sinn, in die
ich mar = schirt; es gibt so man = chen Wein, den ich
rau = schen all'; mein Herz ist wie 'ne Ler = che und
Spiel = mann du, von mei = nem Schatz das Lie = del, das
ein ge = mach, es küs = set in der Frü = he das
Him = mels = zelt: wie bist du doch so schön, o du
f
wei = te, wei = te Welt.
nim = mer noch pro = birt.
stim = met ein mit Schall.
sin = ge ich da = zu.
Mor = gen = roth mich wach.
wei = te, wei = te Welt.
E. Geibel.

106. Vorfrühling.

Anmuthig bewegt. Volksweise.

p
cresc.
mf
1. Nun fan-gen die Wei-den zu blü-hen an, schon zwitschern die
2. Weiß rauschen die Bäch-lein her-ab in's Thal, viel mu-thi-ger
3. Für-wahr, schon spür' ich ein Lüft-chen lau, am Bor-de gar
Vö-ge-lein dann und wann, und ist's auch der hol-de Früh-ling noch
lacht schon der Son-nen-strahl, und liegt auch noch in Fur-chen der
win-ket ein Blümchen schlau, und schwimt auch noch auf See-en das
rit.
a tempo
nicht mit lieb-li-chem Grün und mit Blü-then-licht, wer weiß, ü-ber
Schnee und thä-te der Reif auch dem Früh-ling weh, wer weiß, ü-ber
Eis und war-tet der Früh-ling noch klu-ger Weis', wer weiß, ü-ber

cresc.

ff
rit.

acht: Nun jauchze mein Herz, nun jauchze mein Herz, jauch=ze mein Herz!

ff
rit.

107. Frühling ohne Ende.

Rasch. C. Reinecke.

f

1. Nun bre = chen al = ler En = den die Blu=men aus grü = nem
2. Hier blüh'n Ma = ri = en = ster = ne, dort Pri=meln so licht und
3. Ja möch = test selbst du kom=men, da wär's wohl gu = te

da hebt ein
bald rauscht's im
und lau = ter
mf
p
dolce
p
Plan, wo ich mich hin mag wen = den, da hebt ein
bunt, bald ruft ein Horn zur Fer = ne, bald rauscht's im
Zeit, all' Leid wär' mir be = nom = men und lau = ter
da hebt ein
bald rauscht's im
und lau = ter
mf
p
dolce
p
dolce
da hebt ein
bald rauscht's im
und lau = ter
Klin = gen an — —,
küh = len Grund —,
Se = lig = keit —,
Klin = gen an, da hebt ein Klin = gen an, wo
küh = len Grund, bald rauscht's im küh = len Grund, bald
Se = lig = keit, und lau = ter Se = lig = keit, all'
Klin = gen an, da hebt ein
küh = len Grund, bald rauscht's im
Se = lig = keit, und lau = ter
Klin = gen an, da hebt ein
küh = len Grund, bald rauscht's im
Se = lig = keit, und lau = ter

ich mich hin mag wen - den, da hebt ein Klin - gen an, möcht'
ruft ein Horn zur Fer - ne, bald rauscht's im küh - len Grund, ganz
Leid wär' mir be - nom - men, und lau - ter Se - lig - keit! Die

dir ein Sträuß-lein bin - den, möcht' dir ein Lied er - fin - den, wo
wirr ist mir zu Sin - ne, weiß nicht, was ich be - gin - ne, mein
Blu - men könn - ten blü - hen, die Klän - ge wei - ter zie - hen, ist

ritard.
ritard.

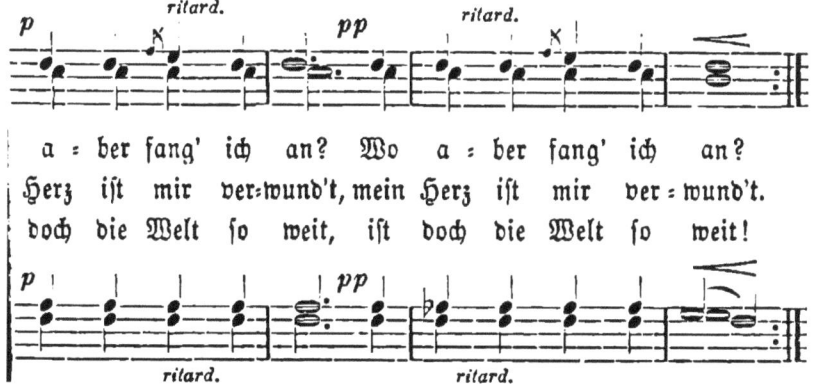

a - ber fang' ich an? Wo a - ber fang' ich an?
Herz ist mir ver-wund't, mein Herz ist mir ver - wund't.
doch die Welt so weit, ist doch die Welt so weit!

ritard.
ritard.

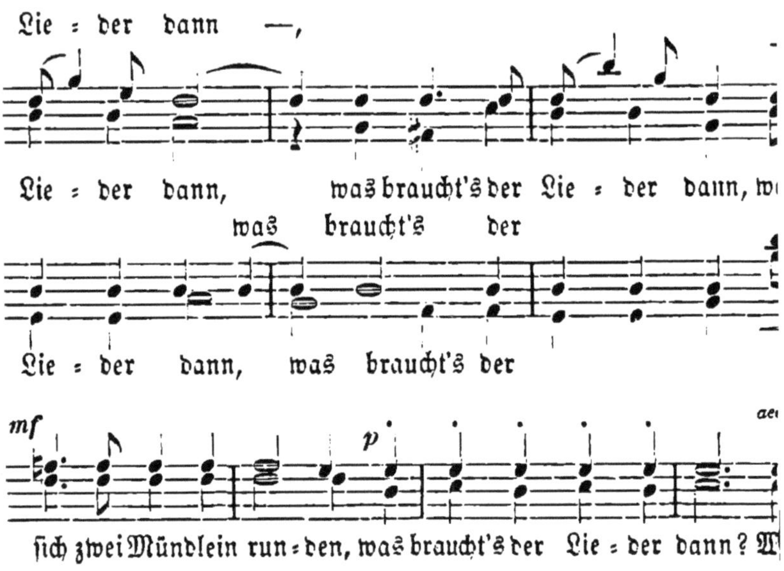

Lie = der dann —,
Lie = der dann, was braucht's der Lie = der dann,
was braucht's der
Lie = der dann, was braucht's der
mf
p
sich zwei Mündlein run = den, was braucht's der Lie = der dann?

Tempo primo
cresc.
ei = nig Herz und Hän = de: welch' Früh = ling oh = ne
cresc.
Tempo primo
p
En = de, ohn' En = de hebt da zu blü = hen an! Wenn
f Wenn ei =
p
ei = = = = nig Herz und Hän = de, welch'
ei = nig Herz und Hän = de, welch' Früh=ling oh = ne
= nig Herz und Hän = de, welch' Früh = ling ohn'
Früh=ling oh = ne
Früh=ling ohn'
p
En = de, ohn' En = de, ohn' En = de, hebt da zu blü = hen

etwas ruhiger
f
cresc.
ritard.
ff
an, welch' Früh=ling, welch' Früh=ling ohn' En = de!
etwas ruhiger
f
cresc.
ritard.
ff

108. Morgens.

Feierlich. **Behrens.**

p
Fei = er = li = che Stil = le schwe = bet um das
p
cresc.
p
All; in der grau = en Fer = ne bebt der
cresc.
p
f
Mor=gen = strahl, be = bet, be = bet, bebt der
f

Mor = gen = strahl. Wie die Brust sich wei = tet, Al = les mich er=
quickt, wie zum ew'=gen Schö = pfer, be = tend Al = les blickt,
be = tend, be = tend, be = tend Al = les blickt. Jun = ger,
hol = der Mor = gen, bist der Un = schuld Bild, die mit

cresc.
rei = ner Lie = be un = ſ're See = le füllt,
cresc.

f
dim.
p
un = ſ're See = le, un = ſ're See = le füllt.
f
dim.
p

109. Im Frühling.

Etwas bewegt. **Franz Abt.**

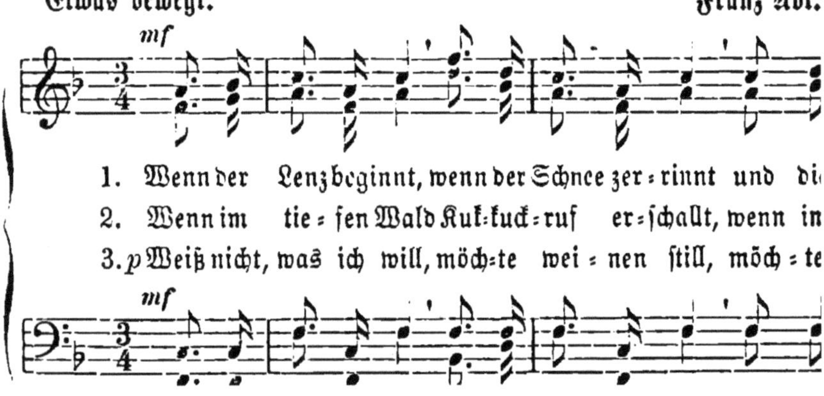
mf
1. Wenn der Lenz beginnt, wenn der Schnee zer = rinnt und di
2. Wenn im tie = fen Wald Kuk = kuck = ruf er = ſchallt, wenn in
3. p Weiß nicht, was ich will, möch = te wei = nen ſtill, möch = te
mf

Veil-chen weckt ein war-mer Hauch, wenn die Thä - ler blüh'n, wenn die
Blau-en sich die Ler-che schwingt, wenn mit sü - ßem Schall lockt Frau
ju-belnd wan-dern im - mer zu. Sehn-sucht lockt hin - aus, Lie - be

mf

f
mf

Ber - ge grün, Herz, o Herz, er - wa - che du dann auch! Herz, o
Nach - ti - gall, o wie ju - belt dann das Herz und singt, o wie
zieht nach Haus, Herz, o trau - ernd Herz, was willst denn du? Herz, o

f
mf

cresc.
p

Herz er - wa - che du dann auch! Sieh' die Welt so blü-hend, sieh' die
ju - belt dann das Herz und singt: o du Welt so klin-gend, o du
trau-ernd Herz, was willst denn du? Zieh' her-ein in's Herz in Glanz und

f
sf
Welt so weit! O du wun-der-seel'-ge Früh-lings-zeit! Si
Welt so weit! O du wun-der-seel'-ge Früh lings-zeit! O
Herr-lich-keit! O du wun-der-seel'-ge Früh-lings-zeit! Zi
Welt so blü-hend, sieh' die Welt so weit!
Welt so klin-gend, o du Welt so weit! o du wun-der-
ein in's Herz in Glanz und Herr-lich-keit!
mf
molto cresc.
ff
p
Früh-lings-zeit, o du wun-der-seel'-ge Früh-lings-zeit! H.

110. Waldabendschein.

Langsam. J. B. Schmölzer.

mf
mf

1. Am Wald=rand steht ein Tan=nen=baum, mit lu=stig
2. O könnt' ich schau'n mit euch her=ab, ihr Vög=lein
3. *p* Und ist der letz=te Son=nen=strahl spät aus dem

mf
mf

etwas lebhafter
mf

schwan=ken=dem Wi=pfel, da schwin=gen sich, husch, zwei
auf all' den Schim=mer, auf's fun=keln=de Grün, auf das
Wal=de ge=schie=den und sinkt her=nie=der die

etwas lebhafter
mf

cresc.
f

Vög=lein drauf zu o=berst auf dem Gi=pfel, zu
zit=ternd Licht, auf's nek=kisch hol=de Ge=flim=mer, auf's
stil=le Nacht mit ih=rem se=li=gen Frie=den, mit

cresc.
f

o - berst auf den Gi - pfel. Sie blik - ken her - ab in den
nek - kisch hol - de Ge - flim - mer. Und säh' ich wie ihr in die
ih - rem se - li - gen Frie - den, da flie - gen die Vög - lein in's
Soli.
Soli.
rit.
a tempo
Wald hin - ein und sin - gen so laut, und sin - gen so fein. Weiß
Pracht hin - ein mit ei - nem Mal, o wie schön müßt es sein! Denn
Nest hin - ein, und dann noch im Trau - me klin - get es fein! Viel
Soli.
rit.
a tempo
cresc.
wohl was euch bei - den so wohl ge - fällt: Nichts Schö - ne - res
mir und euch nichts so wohl ge - fällt und Schö - ne - res
Schö - nes gibt's wohl was uns ge - fällt, doch Schö - ne - res
cresc.

mf Tutti.
gibt's ja in Got=tes Welt
gibt's nicht in Got=tes Welt als der Wald, als der Wald im
gibt's nicht in Got=tes Welt
Tutti.
mf
ro=then gol=de=nen A=bend=schein, als der Wald, als der
Wald im ro=then gol=de=nen A=bend=schein.
rit.
Fr. Oser.

Gekröntes Preislied des Sängerbundes in Oberösterreich.
Die letzte Strophe ist bis zum Soloquartett zarter und langsamer vorzutragen.

111. Mein Herz, thu' dich auf!

Feierlich. Chr. Seidel.

f
p
1. Mein Herz, thu' dich auf, daß die Son = ne d'rein scheint! Du
poco a poc
haſt ja ge = nug jetzt ge = klagt und ge = weint! Faß wie = der = um
cres - - cen - - do
ff
Muth, du jung = fri = ſches Blut! Mein Herz, thu' dich auf! Mein
ritard.
a tempo
Herz, thu' dich auf —, denn die Son = ne meint's gut! 2. 3. Mein

p
Herz, thu' dich auf, daß der Früh=ling d'rein lacht! Es ru=fen die
Herz, thu' dich auf, wie der Him=mel so weit! f Um=fas=se das
p
p poco a poco
Vö=gel, die Ro=se er=wacht! Und die Blü=then so rein und so
Le=ben, die Won=ne der Zeit! Wenn die Ro=se noch blüht, wenn der
p
poco a poco
cre - - scen - - do
ff
gol=den der Wein, mein Herz, thu' dich auf, mein Herz, thu' dich auf
Mai=trank noch glüht, mein Herz, thu' dich auf, mein Herz, thu' dich auf
ff
cre - - scen - - do
ritard.
—, laß den Frühling hin=ein!
—, wenn der Fun=ken noch sprüht!
ritard.

112. Frühlingsglaube.

Leicht bewegt. **W. Baumgartner.**

1. Die lin = den Lüf = te sind er = wacht, die
2. Die Welt wird schö = ner mit je = dem Tag, die
lin = den Lüf = te sind er=wacht, sie säu=seln und we = ben
Welt wird schö=ner mit je = dem Tag, man weiß nicht, was noch
Tag und Nacht, sie schaf=fen an al = len En = den. O
wer = den mag, das Blü = hen will nicht en = den. Es

a tempo
poco rit.
mf
fri-scher Duft, o neu-er Klang! Nun ar-mes Her-ze —
blüht das fern-ste, tief-ste Thal: Nun ar-mes Herz, ver-
poco rit.
mf
Her-ze —
Herz ver-
f
sei nicht bang, nun muß sich Al-les wen-den, muß sich Al-les
giß der Qual, nun muß sich Al-les wen-den, muß sich Al-les
f

113. Abschied vom Walde.

Ruhig und gemüthlich. Esser.

p mf p pp Soli.
1. A = de, du lie = ber Tan=nen=wald, a = de, a =
2. A = de, du lie = bes Wal=des=grün, a = de, a =
3. Und scheid' ich auch auf Le=bens=lang, a = de, a =
p mf p pp Soli.
p Tutti. mf p pp Soli.
de! Wie rief die Schei = de = stund' so bald, a = de, a =
de! Ihr Blüm = lein mög't noch lan = ge blüh'n, a = de, a =
de! O Wald, o Fels, o Vo = gel = sang, a = de, a =
p Tutti. mf p pp Soli.
p Tutti. cresc.
de! pp Mir ist das Herz so trüb und schwer, als
de! p Mög't and' = re Wand' = rer noch er = freu'n und
de! f An euch, an euch zu al = ler Zeit, ge=
p Tutti. cresc.

rief's: Du sieh'st ihn nim-mer-mehr, a - de, a - de, du
ih - nen eu - re Düf - te streu'n, a - de, a - de, du
den - ke ich in Freu - dig - keit, a - de, a - de, o

Halbchor.
cresc.

Tutti.

lie - ber Tan - nen - wald, a - de, a - de, du lie - ber
lie - bes Wal - des - grün, a - de, a - de, du lie - bes
Wald, o Vo - gel - sang, a - de, a - de, o Wald, o

Tutti.

rit.

Tan - nen - wald, a - de!
Wal - des - grün, a - de!
Vo - gel - sang, a - de!

Eichendorff.

114. Märznacht.

Sehr lebhaft. C. Kreutzer.

p Tutti. cres - - - - cen - - - - - do
Horch! wie brau=set der Sturm und der schwel=len = de
p Tutti. cres - - - - cen - - - - - do
f p cres - - - cen - - - do
Strom in der Nacht hin! Horch! wie brauset der Sturm und der schwellen = de
f p cres - - - cen - - - do
Horch! wie brau = set der Sturm
f ff
Strom in der Nacht hin! Horch! wie brau=set der
f ff
Horch! wie brau = set der Sturm
Sturm und der schwel=len = de Strom in der Nacht hin!

pp
cresc.
fp
cres.
Horch! wie brau-set der Sturm! Horch! wie brau-set der Sturm und der
pp
cresc.
fp
cresc.
Nacht
hin!
f
cresc.
ff
fp
schwel-len-de Strom in der Nacht, in der Nacht hin! Schau-rig
f
cresc.
ff
fp
Nacht
hin!
fp
Soli. dolce
sü-ßes Ge-fühl! Schau-rig sü-ßes Ge-fühl! Lieb-li-cher
fp
Soli. dolce
lieb-li-cher Früh-ling
Soli. dolce
Früh-ling, lieb-li-cher Früh-ling, du nahst!

Tutti. pp cres - - cen - - do f
Horch! wie brau = set der Sturm und der schwel=len=de Strom in der
Tutti. pp cres - - cen - - do f
p cres - cen - do
Nacht hin! Horch! wie brau = set der Sturm und der schwel = len = de
p cres - cen - do
f fp fp
Strom in der Nacht hin! Schau=rig sü = ßes Ge=fühl! Schau=rig
f fp fp
Soli. p
sü = ßes Ge = fühl! Lieb = li = cher Früh = ling, Früh=ling, dr
p
Soli.

Soli.
Lieb = li = cher Früh = ling, du nahst, du nahst!
Soli. dolce
Tutti. p cresc.
Lieb = li = cher Früh = ling, du nahst, du nahst, du
Tutti. p cresc.
f
nahst, du nahst!
L. Uhland.
f

115. Sommerlied.

Vivace e leggiero. F. Mendelssohn-Bartholdy.

Soli.
Wie Feld und Au so blin-kend im Thau, wie per-len-
Soli.
die Win-de so frisch!
schwer die Pflan-zen um-her! Wie durchs Ge-büsch — — — die
die Win-de so frisch!
Soli.
Wie durchs Ge-büsch — — — die
rit.
a tempo
sf
Win-de so frisch, die Win-de so frisch! Wie laut im hel - len Son-ne
rit.
a tempo
sf
hel - len
hel-len Son-ne

Tutti.
strahl die sü ‑ ßen Vög‑lein all ‑ zu ‑ mal.
Wie
Son‑nen‑strahl die sü ‑ ßen Vög ‑ lein all ‑ zu ‑ mal.
Tutti.
strahl die sü ‑ ßen Vög‑lein all ‑ zu ‑ mal.
die sü ‑ ßen Vög ‑ lein
laut im hel ‑ len Son ‑ nen ‑ strahl die sü ‑ ßen
all ‑ zu ‑ mal!
Vög‑lein all ‑ zu ‑ mal. Wie laut im hel ‑ len Son ‑ nen‑
Wie laut, wie

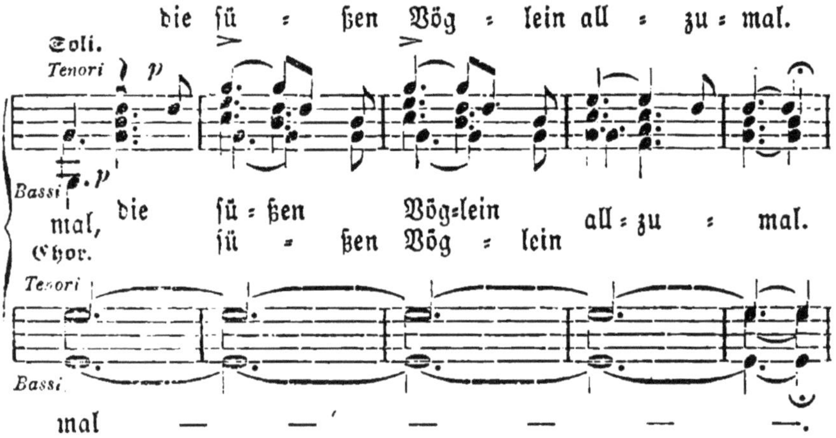
die sü = ßen Vög = lein all = zu = mal.
Soli.
Tenori
p
p
Bassi
mal, die sü = ßen Vög=lein all = zu = mal.
Chor.
sü = ßen Vög = lein
Tenori
Bassi
mal

Soli. Un poco ritenuto
p
Ach, a = ber da wo Lieb = chen ich sah, im Käm = mer = lein so
Soli.
p

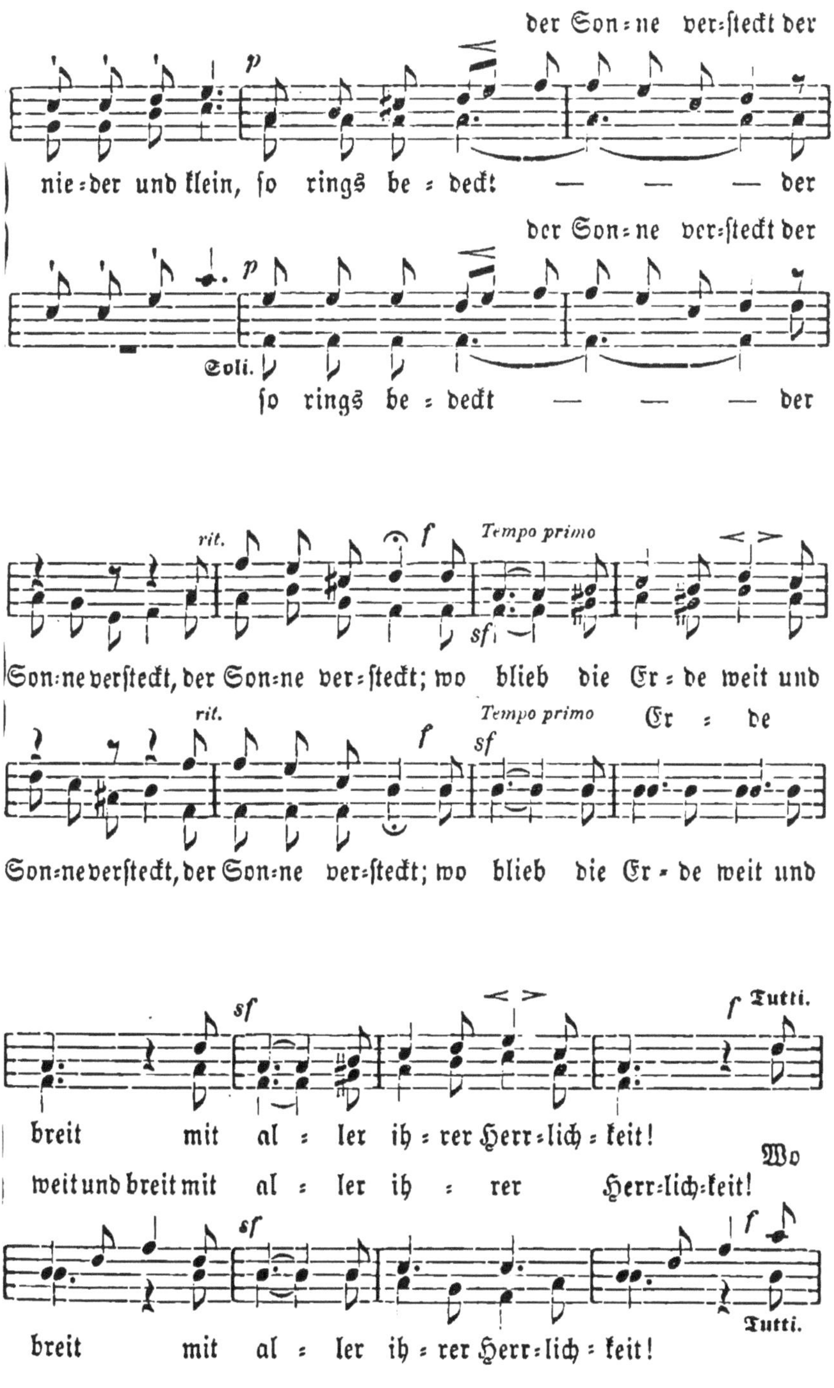
der Son=ne ver=steckt der
p
nie=der und klein, so rings be=deckt — — — der
der Son=ne ver=steckt der
p
Soli.
so rings be=deckt — — — der
rit.
f
Tempo primo
sf
Son=ne versteckt, der Son=ne ver=steckt; wo blieb die Er=de weit und
rit.
Tempo primo
Er=de
f
sf
Son=ne versteckt, der Son=ne ver=steckt; wo blieb die Er=de weit und
sf
f Tutti.
breit mit al=ler ih=rer Herr=lich=keit!
Wo
weit und breit mit al=ler ih=rer Herr=lich=keit!
sf
f
Tutti.
breit mit al=ler ih=rer Herr=lich=keit!

mit al = ler ih = rer
sf
p
blieb die Er = de weit und breit mit al = ler
sf
Herr = lich = keit!
f
sf
ih = rer Herr = lich = keit! Wo blieb die Er = de weit und
f
sf
p
f
Wo blieb, wo
mit al = ler ih = = = rer Herr = lich =
f
breit mit al = ler ih = rer Herr = lich =
f
keit, mit al = ler ih = = = rer Herr = lich =
keit, mit al = ler ih = rer Herr = lich =

keit, mit al - - ler ih - - rer Herr - lich - keit!
Soli.
Tenori
p
ritard.
Bassi p mit al - ler ih - rer Herrlich - keit!
keit, mit al - - ler ih - - rer Herrlich - keit!
Chor.
ritard.
Tenori
Bassi
keit — — — — — — — — !

116. Waldandacht.

Mäßig bewegt. | Franz Abt.

mf
f
1. Früh Mor-gens, wenn die Häh - ne kräh'n, eh' noch der Wach-tel
2. Die Quel - le, die ihn kom-men hört, hält ihr Ge - mur-mel
3. Die Blüm-lein, wenn sie auf - ge - wacht, sie ah - nen auch den
mf
f
p
mf
Ruf er-schallt, eh' wär - mer all' die Lüf - te weh'n, vom
auf so - gleich, auf daß sie nicht in An-dacht stört so
Herrn als - bald und schüt - teln rasch den Schlaf der Nacht sich
p
mf
vom Jagd - horn-
so Groß als
sich aus den

hallt — — —,
f
Jagdhorn=ruf das E = cho hallt, vom Jagdhornruf das
Groß als Klein im Wald = be = reich, so Groß als Klein im
aus den Au = gen mit Ge = walt, sich aus den Au = = gen
f
ruf das E = cho hallt, vom Jagdhornruf das E = cho
Klein im Wald = be=reich, so groß als Klein im grü=nen
Au = = gen mit Ge=walt, den Schlaf sich aus den Au=gen
Tenor Solo.
mf
1. Dann ge = het lei = se nach sei = ner Wei= se, dann ge = het
2. Die Bäu=me den=ken: nun laßt uns sen=ken, die Bäu=me
3. Sie flü=stern lei = se rings=um im Krei=se, sie flü=stern
pp
E = cho hallt. Chor. Dann ge = = het lei = se
Wald=be = reich. Die Bäu = = me den = ken:
mit Ge = walt. Sie flü = = stern lei = se
pp
wie=der=hallt.
Wald=be = reich.
mit Ge = walt.

f
lei - se nach sei - ner Wei - se der lie - be Herr - gott durch den
den - ken: nun laßt uns sen - ken vor'm lie - ben Herr - gott das Ge-
lei - se rings-um im Krei - se: der lie - be Gott geht durch den
p
nach sei - - ner Wei - - se der lie - be
nun laßt uns sen - - ken vor'm lie - ben
rings-um im Krei - - se: der lie - be
p
Wald, der lie - be Herr - gott durch den Wald,
sträuch, vor'm lie - ben Herr - gott das Ge - sträuch,
Wald, der lie - be Gott geht durch den Wald,
Chor.
p
Herr - gott durch den Wald, dann ge - het
Herr - gott das Ge - sträuch, die Bäu - me
Gott geht durch den Wald; sie flü - stern
p

Wei - se der lie - be Herr - gott durch den Wald, der lie - be
sen - ken vor'm lie - ben Herr - gott das Gesträuch, vor'm lie - ben
Krei - se: der lie - be Gott geht durch den Wald, der lie - be
mf
Tenor Solo.
der lie - be Gott geht durch den
vor'm lie - ben Herr - gott das Ge-
der lie - be Gott geht durch den
p
pp
Herr - gott durch den Wald, der lie - - be
Herr - gott das Ge - sträuch, vor'm lie - - ben
Gott geht durch den Wald, der lie - - be
p
pp

Baß I Solo.
mf
rit.
1 2
3
der lie-be Gott geht durch den Wald.
or'm lie-ben Herr-gott das Ge-sträuch.
der lie-be Gott geht durch den Wald.
rit.
pp
geht durch den Wald.
gott das Ge - sträuch.
geht durch den Wald, der lie-be
rit.
pp
ppp
ht durch den Wald.
ppp

117. Das Blümlein auf der Haide.

nd anmuthig. Volksweise.

p
p
So viel der Mai auch Blümlein beut, zu Trost und Au-gen-
Ich seh' ver-grü-nen und ver-blüh'n die Welt im Früh-lings-
Kein Win-ter kann, o Blü-me-lein, dir je was thun zu
p
p

p cresc.
wei=de, ich weiß nur eins, das mich er=freut, ich weiß nur eins, das
klei=de, du a=ber bleibst mein Immer=grün, du a=ber bleibst mei
Lei=de, ich schloß dich in mein Herz hin=nein, ich schloß dich in me
rit. pp Soli. mf
mich er=freut: das Blümlein auf der Hai=de, auf der Hai = =
Im=mer=grün, du Blümlein auf der Hai=de, auf der Hai = =
Herz hin=ein, du Blümlein auf der Hai=de, auf der Hai = =
mf Tutti. f
de, das Blümlein auf der Hai=de, auf der Hai = = de.

Hoffmann v. F.

118. Der frohe Wandersmann.

Gemäßigt. F. Mendelssohn-Bartholdy.

f
p
1. Wem Gott will rech = te Gunst er = wei = sen, den schickt er in
2. Die Bäch = lein von den Ber = gen sprin = gen, die Lerchen schwir =
cresc.
die wei = te Welt, dem will er sei = ne Wun = der wei = sen, dem
ren hoch vor Lust, was sollt' ich nicht mit ih = nen sin = gen, was
will er sei = ne Wun = der wei = sen in Berg und
sollt' ich nicht mit ih = nen sin = gen aus vol = ler
wei = sen in Berg und Wald — —
sin = gen aus vol = ler Kehl' — —

in Berg und Wald
aus vol = ler Kehl',
sf
Wald — — —, und Strom und Feld; dem will er
Kehl' — — —, und fri = scher Brust, was sollt' ich
sf
— — — —,
— — — —,
sei = ne Wun = der wei = sen in Berg und Wald und Strom und Feld.
nicht mit ih = nen sin = gen aus vol = ler Kehl und fri = scher Brust
etwas langsamer
ff
rit.
p a tempo
Den lie = ben Gott laß ich nur wal = ten, der Bäch = lein, Le

chen, Wald und Feld, und Erd' und Him=mel will er=hal=ten, und
cresc.
Erd' und Him=mel will er=hal=ten, f hat auch mein
hat auch mein Sach' — —
hat auch mein Sach'
Sach' — — — auf's Best' be=stellt. Der Erd' und
ff
— hat auch mein Sach'
Him=mel will er=hal=ten, hat auch mein Sach' auf's Best' be=

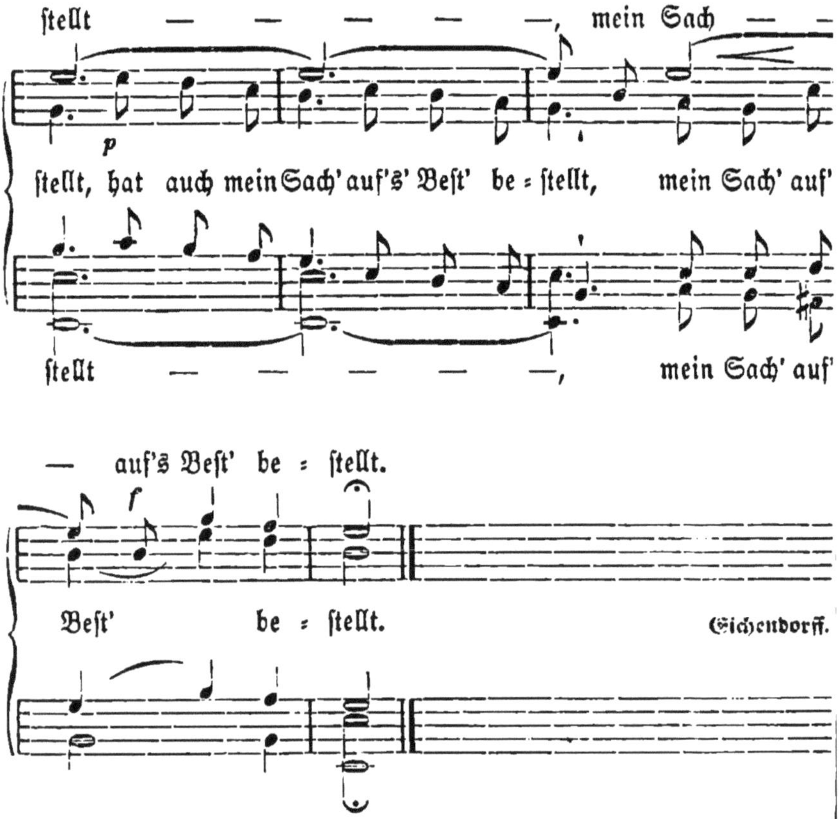
stellt — — — — — —, mein Sach — —
p
stellt, hat auch mein Sach' auf's Best' be = stellt, mein Sach' auf'
stellt — — — — — —, mein Sach' auf'
— auf's Best' be = stellt.
f
Best' be = stellt.
Eichendorff.

119. Wand'rers Nachtgebet.

Sehr langsam. C. M. v. Weber.

Halbchor.
mf
Der du von dem Him=mel bist, al = les Leid und
Halbchor.
mf

Schmer=zen stil=lest, Den, der dop=pelt e=lend ist, dop=pelt
mit Er=quickung fül=lest. Ach, ich bin des Treibens mü=de, was soll
Soli. Wiederholung Tutti.
all' der Schmerz und all' die Lust? Sü=ßer Frie=de, sü=ßer
Frie=de, komm', ach komm', ach komm' in mei=ne Brust!

mf Tutti.
Sü = ßer Frie = de, sü = ßer Frie = de, komm', ach
mf Tutti.
mf
f
mf

f
p
dim.
pp
komm' in mei = ne Brust, in mei = ne Brust!
II. Bass etwas hervortretend.

120. Abendlied.

Langsam. F. Abt.

pp
cresc.
1. Der A = bend sinkt, in dun = keln Ne = bel = schleiern ruht still die
2. Die thau = be = perl = ten duft'=gen Blu = men neigen ihr frommes
pp
cresc.

vom Mon = den=schein be=
hin = ab, wie zum Ge=
Welt, ruht still die Welt, vom Mon=den=schein be = =
Haupt, ihr from=mes Haupt hin = ab, wie zum Ge = =
vom Mon = den=schein be=
hin = ab, wie zum Ge=
strahlt, das glüh'n=de A = bend=roth be=ginnt zu fei = ern
bet, ein an = dacht=vol = les, wun=der = ba = res Schwei=gen
den Dank zu Gott, den Dank zu Gott, wenn es die Ber = ge
durch's wei = te All, durch's wei = te All der gro=ßen Schöpfung
p
pp
cresc.
f
sf

ff
malt, den Dank zu Gott, wenn es die Ber = ge, die Ber = ge
weht, durch's wei = te All, durch's wei = te All der Schöpf=ung
ff
Die Wol = ken schwe=ben nie = der und freu = dig tö = nen
Auch uns' = re from=men Chö = re sie sin = gen Preis und
p dolce
pp
p
malt. Die Wol = ken schwe = ben nieder, es tö = nen
weht. Auch un = s're from = men Chö=re sie sin = gen
pp
p
cresc.
ff
rit.
Lie = der dem Schöpfer, der im Him=mel wacht, dem Schöpfer, der im
Eh = re dem Gott, der die = se Welt ge=macht, dem Gott, der die = se
cresc.
ff
rit.

Gu=te Nacht — —
sf
p Soli.
p
pp
Him=mel wacht. Gu=te Nacht! Gu=te
Welt ge=macht. Gu=te Nacht! Gu=te
sf
p Soli.
Gu=te
—! Gu=te Nacht, Gu=te Nacht! Gu=te Nacht!
pp Tutti.
p
f
p
pp
Nacht! Gu=te Nacht, Gu=te Nacht! Gu=te Nacht!
Nacht! Gu=te Nacht — — — ! Gu=te Nacht!
p Tutti.
f
p
pp
Nacht! Gu=te Nacht — ! Gu=te Nacht!

121. Das einsame Röslein.

Langsam und getragen. Volksweise von Hermes.

p
p
1. Es liegt ein Wei=ler fern im Grund, da blüht ein
2. Willst, hol=des Rös=lein mit mir zieh'n, fragt' ich mit
3. Hold Rös=lein sprach: Hab' Dank, hab' Dank, o Wand'=rer
4. Ich ging, nun winkt's mir nach zur Höh': A=de, a=
p
p

Rös=lein jung und schön, wie nim=mer in der gan=zen Rund, so
lie=be=war=mem Blick, du sollst an mei=nem Her=zen blüh'n, das
für dein freundlich Wort, doch müßt' ich trau=ern le=be=lang, man
de, und lä=chelt mild. Und wo ich geh' und wo ich steh', folgt
traut, so lieb=lich an=zu=seh'n. Und als ich kam, und als ich's
für dich schlägt in stil=lem Glück. Bist ein=sam und ver=las=sen
trenn=te mich vom Hei=mats=ort, drum zie=he fort, laß mich al=
mir der Hol=den lieb=lich Bild. Bei Tag, bei Nacht hab' kei=ne
rit.
a tempo
sah, ich weiß es nicht wie mir ge=schah.
hier, laß dich er=fleh'n und fol=ge mir.
lein, und dan=kes=voll ge=denk' ich dein.
Ruh', lieb Rö=se=lein, mein Herz nahmst du.
O Rös=lein roth, o

p
pp
Rös=lein schön, ach hätt' ich nim=mer dich ge=seh'n, o
p
pp
p Der II. Baß aus=
o Rös=lein
pp
pp
mf
Rös=lein roth. o Rös=lein schön, ach, hätt' ich
pp
mf
drucksvoll hervortretend
mf
roth, o Rös=lein schön, ach hätt' ich nim=mer
f
pp
nim = mer dich ge = seh'n.
f
pp

E. Hermes.

122. Sturmbeschwörung.

Etwas bewegt. — Julius Dürner.

1. Wie mit grimm'-gem Un - ver-stand Wel-len sich be-
2. Wie vor un - serm An - ge - sicht Mond und Ster-ne
3. Nach dem Stur - me fah - ren wir si - cher durch die
we - - gen! Nir-gends Ret-tung, nir-gends Land, vor des
schwin - den! Wenn des Schiff-leins Ru - der bricht, wo dann
Wel - - len, las - sen, gro - ßer Schö - pfer, dir un - ser
Stur-mes Schlä-gen. Ei - ner ist, Ei - ner ist, der in der
Ret-tung fin - den? Wo sonst, wo sonst, als nur bei dem
Lob er - schal - len! Lo - bet ihn, lo - bet ihn mit Herz und
etwas langsamer
mf

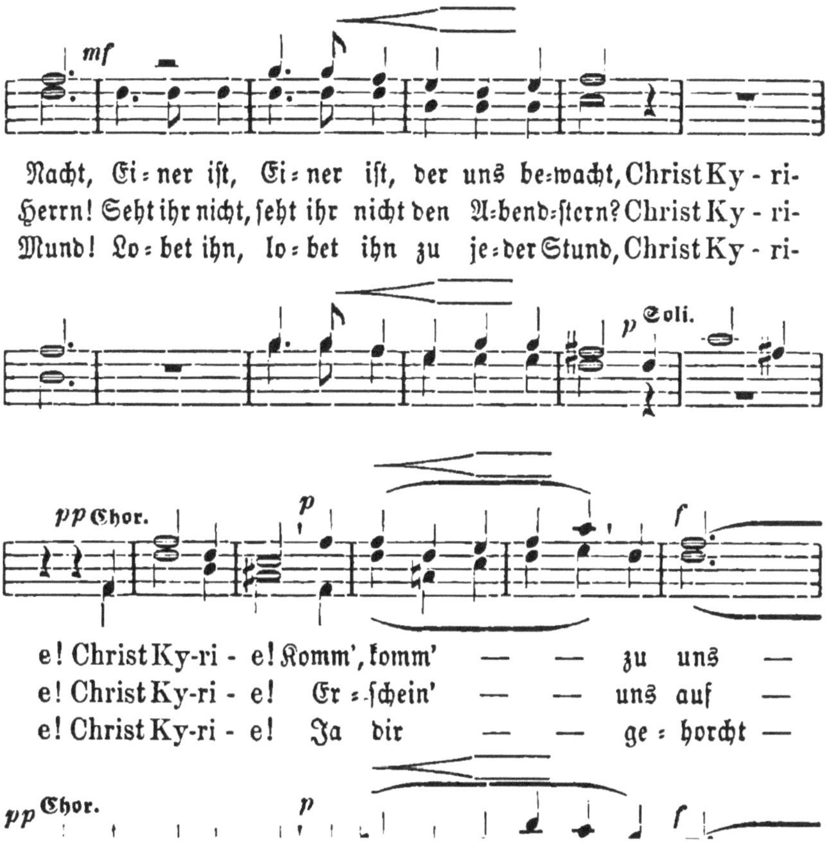
mf
Nacht, Ei - ner ist, Ei - ner ist, der uns be-wacht, Christ Ky - ri-
Herrn! Seht ihr nicht, seht ihr nicht den A-bend-stern? Christ Ky - ri-
Mund! Lo - bet ihn, lo - bet ihn zu je-der Stund, Christ Ky - ri-
p Soli.
pp Chor.
p
f
e! Christ Ky-ri - e! Komm', komm' — — zu uns —
e! Christ Ky-ri - e! Er - schein' — — uns auf —
e! Christ Ky-ri - e! Ja dir — — ge - horcht —
pp Chor.
p
f

123. Frühlingslied.

Ziemlich bewegt. C. Ecker.

mf
cresc.
1. Ue = ber Ge = birg und Thal gie = ßet der Son = nen = stra
2. 's ist wohl kein Men = schen = aug', dem nicht bei dei = nem Hau
3. In wei = cher Lüf = te Meer wiegt sich der Vö = gel Hee
mf
cresc.
dim. dolce
sf
Wär = me und Mil = de und Le = ben jetzt aus. Und wie ein
hei = li = ge Rüh = rung und Freu = de ent = strahlt. Wie du mit
ju = belt und schmet = tert mit fröh = li = chem Klang. Tö = ne, o
sf
dim. dolce
sf
na = hes Glück brin = get des Len = zes Blick
Zau = ber = macht in reich = ster Far = ben = pracht
Lie = der = lust, auch aus der Men = schen = brust.
sf
mf Freu = de und
Ber = ge und
Prei = se den

f
mf
mf
cresc.
poco riten.
Freu - de, Freu - de und Won - ne, Freu - de und
Ber - ge, Ber - ge und Thä - ler, Ber - ge und
Prei - se, prei - se den Früh - ling, prei - se den
mf
f
mf
cresc.
poco riten.
Won - ne,
Thä - ler,
Früh - ling,
f
Won - ne in jeg - li - ches Haus, Freu - de und Won - ne in
Thä - ler und Wäl - der ge - malt, Ber - ge und Thä - ler und
Früh - ling mit jauch - zen - dem Sang', prei - se den Früh - ling mit
f

124. Rückerinnerung.

Mäßig. H. Szadrowsky

mf
p
1. p Es steht ei = ne mäch = ti = ge Lin = de, wie ra = gen
2. mf Es rau=schet da = bei ei = ne Quel = le, vor grau = en
3. f Der Hoff = nung fröh = li = che Bil = der sind im = mer
mf
p
Ae = ste so weit; p und all' ih = re Blät=ter, sie flü = st
Jah = ren ge = weiht, f und all' ih = re Wel=len, sie rau = sch
mei = nem Ge = leit; p so will ich hier ru = hen und träu = m
p
von der al = ten, schö = nen Zeit, und all' ih = re Blät=ter,
von der al = ten, schö = nen Zeit, und all' ih = re Wel=len,
von der al = ten, schö = nen Zeit, so will ich hier ru=hen
p

rit.

flü - stern von der al - ten, schö - nen Zeit!
rau - schen von der al - ten, schö - nen Zeit!
träu - men von der al - ten, schö - nen Zeit!

Auguste Kurs.

rit.

Mäßig. 125. Abendlied. Ch. H. Rinck.

1. *p* A - bend wird es wie - der! Ue - ber Wald und Feld
2. *f* Nur der Bach er - gie - ßet sich an Fel - sen dort,
3. *pp* Und kein A - bend brin - get Frie - den ihm und Ruh',
4. *mf* So in dei - nem Stre - ben bist mein Herz auch du:

p säu - selt Frie - den nie - der, und es ruht die Welt!
f und er braust und flie - ßet rast - los im - mer fort.
p kei - ne Glok - ke klin - get ihm ein Rast - lied zu.
› Gott nur kann dir ge - ben wah - re A - bend - ruh'.

H. A. Hoffmann v. Fallersleben.

126. Des Jägers Abschied.

Im Zeitmaße eines Marsches. F. Mendelssohn-Bartholdy

f
1. Wer hat dich, du schö-ner Wald, auf-ge-baut so hoch da
2. Tief die Welt ver-wor-ren schallt, o-ben ein-sam Re-he
3. Was wir still ge-lobt im Wald, wollen's draußen ehr-lich
dro-ben? Wohl, den Mei-ster will ich lo-ben, so lang' noch mein
gra-sen, und wir zie-hen fort und bla-sen, daß es tau-send-
hal-ten, e-wig blei-ben treu die Al-ten, bis das letz-te
cresc.
sf
Stimm' er-schallt — — —, will ich lo-ben, so lang'
fach ver-hallt — — —, fort und bla-sen, daß es
Lied ver-hallt — — —, treu die Al-ten, bis das
wohl, den Mei-ster will ich
und wir zie-hen fort und
e-wig blei-ben treu die

dim.
pp
noch mein Stimm' er = schallt,
tau = send = fach ver = hallt,
letz = te Lied ver = hallt,
Le = be wohl —,
Le = be wohl — —, le = be
dim.
pp
pp
pp
p
cresc.
le = be wohl —, Vers 1 und 2. le = be wohl, du schö = ner
Vers 3. schirm' dich Gott, du schö = ner
wohl — —, le = be wohl — —, du schö = ner
Vers 3. schirm' dich Gott — —, du schö = ner
p
cresc.
p
1. u. 2. le = be wohl, du schö = ner
3. schirm' dich Gott, du schö = ner
f
dim.
p
pp
pp
Wald, le = be wohl, le = be wohl, du schö = ner Wald!
Wald, le = be wohl, schirm' dich Gott, du schö = ner Wald!
f
dim.
p
pp
pp
Wald, le = be wohl,

127. Haidenröslein.

Etwas bewegt. H. Werner.

p
1. Sah ein Knab' ein Rös = lein steh'n, Rös=lein auf der
2. Kna = be sprach: ich bre = che dich, Rös=lein auf der
3. f Und der wil = de Kna = be brach's Rös=lein auf der
Hai=den; war so jung und mor=gen=schön, schnell er lief es
Hai=den; Rös = lein sprach: ich ste = che dich, daß du e = wig
Hai=den; Rös = lein wehr = te sich und stach, half ihm doch kein
crescendo
mf
nah' zu seh'n, sah's mit vie = len Freu=den.
denk'st an mich, und ich will's nicht lei = den.
Weh' und Ach, mußt' es e = ben lei = den.
Rös=lein, Rös=lein

Rös-lein roth, Rös-lein auf der Hai - den.
W. Göthe.

128. Weg mit den Grillen und Sorgen.

Mäßig bewegt, doch entschieden. Arrangirt von **W. Baumgartner.**

1. Weg mit den Gril-len und Sor-gen! Brü-der, es lacht uns der Mor-gen nur in der Ju-gend so schön!
2. Flüch-tig ver-rin-nen die Jah-re! Schnell von der Wie-ge zur Bah-re trägt uns der Fit-tig der Zeit.
3. Fröh-lich zu wal-len durch's Le-ben, trin-ken vom Saf-te der Re-ben, heißt uns der Wil-le des Herrn.
4. Se-het, in O-sten und We-sten kel-tert man Trau-ben zu Fe-sten; Gott gab zur Freu-de den Wein!
5. Dräut euch ein Wölk-chen von Sor-gen, scheucht es durch Hoff-nung bis mor-gen, Hoffnung macht Al-les uns leicht.
ruhig und gebunden

f feuriger
Laßt uns die Be = cher be = krän = zen,
Noch sind die Ta = ge der Ro = sen,
Auf denn, ihr fröh = li = chen Be = cher,
Gott schuf die Mäd = chen zur Lie = be,
Hoff=nung, du sollst uns im Le = ben
f feuriger
f
Laßt uns die Be = cher be=
Noch sind die Ta = ge der
Auf denn, ihr fröh = li = chen
Gott schuf die Mäd = chen zur
Hoff=nung, du sollst uns im
f
laßt bei Ge = sän = gen und Tän = zen
schmei=cheln = de Lüf = te um = ko = sen
singt sei = ne Gü = te beim Be = cher!
pflanz = te die se = lig = sten Trie = be
lie = bend und trö = stend um=schwe = ben,
f
krän = zen,
Ro = sen;
Be = cher,
Lie = be,
Le = ben
laßt bei Ge = sän = gen und
schmei=cheln = de Lüf = te um=
singt sei = ne Gü = te beim
pflanz = te die se = lig = sten
lie = bend und trö = stend um=

uns durch die Pil - ger - welt geh'n — —,
Bu - sen und Wan - gen uns heut' — —:
Fröh - li - che sieht er so gern — —;
tief in den Bu - sen uns ein — —:
und wenn Freund Hain uns be - schleicht — —,

Tän - zen uns durch die Pil - ger - welt
ko - sen Bu - sen und Wan - gen uns
Be - cher! Fröh - li - che sieht er so
Trie - be tief in den Bu - sen uns
schwe - ben, und wenn Freund Hain uns be-

bis uns Cy - pres - sen um - weh'n.
Brü - der, ge - nie - ßet die Zeit!
prei - set den gü - ti - gen Herrn!
lie - bet und trin - ket den Wein!
ma - che den Ab - schied uns leicht!

geh'n, bis uns Cy - pres - sen um - weh'n.
heut: Brüder, ge - nie - ßet die Zeit!
gern; preist den gü - ti - gen Herrn!
ein: liebt und trin - ket den Wein!
schleicht, mach' den Ab - schied uns leicht!

Mahlmann.

129. Morgenlied.

Getragen. Joseph Gersba[ch]

mf
1. Die Ster = ne sind er = bli = chen, mit ih = ren
2. Noch wal = tet tie = fes Schwei = gen im Thal und
3. Sie sin = get Lob und Eh = re dem ho = hen
4. Er hat die Nacht ver = trie = ben: ihr Kind = lein
f
gold' = nen Schein, bald ist die Nacht ent = wi = chen, der
ü = ber = all, auf frisch be = thau = ten Zwei = gen singt
Herrn der Welt, der ü = berm Land und Mee = re die
fürch = tet Nichts! Stets kommt zu sei = nen Lie = ben der
Mor = gen bricht her = ein.
nur die Nach = ti = gall.
Hand des Se = gens hält.
Va = ter al = les Lichts.

Hoffmann von Fallersleben.

130. Polenlied in der Schenke.

(Am Jahrestag der unglücklichen Polenrevolution.)

Tempo di Polacca. Rasch und wild. G. E. Stehle.

fz
m Un- s're Glä- ser klin- gen hell, freu- dig sin- gen
fz
p fz ff
un- s're Lie- der, drau- ßen schlägt der Nacht- ge- sell Sturm sein
p fz ff
mf
brau- sen- des Ge- fie- der. Drau- ßen hat die wil- de

Zeit unſ'=rer Schen=ke Thür ver=ſchneit,
drau=ßen hat die wil=de
unſ' = = rer
f
fz
drau=ßen hat die wil=de
drau=ßen hat die wil=de Zeit
Zeit — — — — unſ' = = rer
f
fz
drau=ßen hat die wil=de Zeit unſ' = = rer

pp
langsamer
frisch auf den Grä=bern ed=ler Po=len, wo ver=hüllt in Eis und
pp
noch langsamer
a. T. mit wildem Feuer.
ff
Frost liegt der Frei=heit letz=ter Trost! Haut die Glä=ser an den
ff
fz
Tisch, haut die Glä=ser an den Tisch! Um die Hel=den=
fz

fz
will vom Ta = ges = lich = te fort tief die Schmach der Welt be=
fz
p
gra=ben; wohl die Lei=chen hüllt der Schnee, nicht das un=ge=heu=re
p
ff
Weh, wohl die Lei=chen hüllt der
wohl die Lei = chen hüllt der Schnee — — —
Weh, wohl die Lei=chen hüllt der

Schnee, nicht das un = ge = heu = re Weh.
Schnee, wohl die Lei = chen hüllt der Schnee, doch nicht das Weh.
Schnee, nicht das un = ge = heu = re Weh.
Schnee, nicht das un = ge = heu = re Weh.
Tempo des Liedes: „Noch ist Polen nicht verloren.“
Halbchor.
Wenn die Ler = = che singt im
Wenn die Ler = che wie = der singt im ver = wais = ten Trau = er =
Wenn die Ler = = che singt im
Tha = le, wenn die Knos = pe auf sich schließt dem
Tha = le, wenn die Knos = pe auf sich schließt dem
Tha = le, wenn der Ro = se Knos = pe springt, auf = ge = küßt vom
Tha = le, wenn die Knos = pe auf sich schließt dem

Chor. ff mit ruhiger Kraft.
Sonnenstrahl, reißt der Lenz das Leichentuch auch vom ein=ge=scharr=ten
sehr voll und breit
Fluch, reißt der Lenz das Leichen=tuch auch vom ein=ge=scharrten
Tempo I.
Fluch. Rasch aus Schnee und Eis her=vor wer=den dann die

ff fz f
him=mel=wärts die Schande rau=chen, und dem schwarzen Rauch der
ff fz f
Schmach sprüht der Ra=che Flam=me nach und dem schwarzen Rauch der
ff
Schmach sprüht der
ff fz
und dem schwar=zen Rauch der Schmach sprüht der Ra=che Flam=me
Schmach — — — — sprüht der
ff fz
und dem schwar=zen Rauch der Schmach sprüht der
molto ritenuto
ff
Ra=che Flam=me nach, sprüht der Ra=che, der Rache Flamme nach.
ff

Lenau.

131. Schlafe wohl!

Zart, getragen. A. Billeter.

p
cresc.
1. Schla-fe wohl! Im Thal voll Schatten singt das Was-ser klar und
2. Schla-fe wohl! Im Lär-chen-bau-me hat ein Nest ge-sucht der
3. Schla-fe wohl! Und wenn ge-schie-den wir auf lan-ge Ta-ge
p
cresc.
lind, sil-bern deckt der Thau die Mat-ten, schla-fe wohl, mein sü-ßes
Wind, hebt die Schwingen nur im Trau-me, schla-fe wohl, mein sü-ßes
sind, ich will trau-ern, doch im Frie-den schla-fe du, mein sü-ßes
rit.
Kind! Schla-fe wohl, mein sü-ßes Kind!
Kind! Schla-fe wohl, mein sü-ßes Kind!
Kind! Schla-fe du, mein sü-ßes Kind!
rit.
mein sü-ßes Kind!

132. Wanderlust.

Sehr frisch. Niels W. Gade.

1. Ihr Wan=der=vö=gel in der Luft —, im
2. Im Beu=tel ro=stet mir kein Geld —, das
3. Wo mir ein vol=ler Be=cher blinkt —, den
III. Baß.
1. Ihr Wan=der=
2. Im Beu=tel
3. Wo mir ein
Ae=ther=glanz, im Son=nen=duft, in blau=en Him=mels=
rennt wie ich in al=le Welt, die gan=ze Welt durch=
möcht' ich se=hen, der mich zwingt, daß ich das Gott=ge=
vö=gel in der Luft,
ro=stet mir kein Geld,
vol=ler Be=cher blinkt,

f
mf
wel - len, euch grüß' ich, grüß' ich als Ge - sel - len! Ein
flie - gen ist bes - ser, bes - ser als ver - lie - gen. Dem
schen - ke nicht vol - ler, vol - ler Freu - den trän - ke! Bei'm
f
mf
f
euch grüß' ich als Ge - sel - len! Ein
ist bes - ser als ver - lie - gen. Dem
nicht vol - ler Freu - den trän - ke! Bei'm
crescendo
Wan - der - vo - gel bin ich auch, mich trägt ein frei - er
blan - ken und dem fri - schen gar, dem gönn' ich gern die
Scho - pfe nimm den Au - gen - blick! Das ist mein Spruch, das
crescendo
Wan - der - vo - gel bin ich auch, mich trägt ein frei - er
blan - ken und dem fri - schen gar, dem gönn' ich gern die
Scho - pfe nimm den Au - gen - blick! Das ist mein Spruch, das

Le - bens - hauch, und mei - nes San - ges Ga - be
Wan - der - jahr', das muß mit all' dem an - dern
ist mein Schick, ich has - se, was da stau - big,
f
Le - bens - hauch, und mei - nes San - ges Ga - be
Wan - der - jahr', das muß mit all' dem an - dern
ist mein Schick, ich has - se, was da stau - big,
ff
ist mei - ne lieb - ste Ha - be.
gleich wie - der wei - ter wan - dern.
nur an das Fri - sche glaub' ich.
ff
ff
ist mei - ne lieb - ste Ha - be.
gleich wie - der wei - ter wan - dern.
nur an das Fri - sche glaub' ich!

O. Roquette.

133. Abendglocken.

Langsam und feierlich. F. Abt.

pp
1. Die A=bend=glok=ken klin=gen, das Tag=werk ist voll=
2. Es leuch=ten Mond und Ster=ne am ho=hen Him=mels=
3. Die Sab=bat=glok=ken hal=len voll ho=her Ma=je=
4. Groß ist, was Got=tes Gna=de dem Schweizer=vol=ke
pp
pp
mf
bracht; es sinkt auf heil'=gen Schwin=gen her=ab die stil=le
zelt, aus licht=er=füll=ter Fer=ne be=strah=len sie die
stät, die frei=en Schweizer wal=len heut' al=le zum Ge
gab, doch wei=chen von dem Pfa=de des Gu=ten wir oft
pp
mf
p
p
Nacht, sie spen=det sü=ßen Schlum=mer, ver=
Welt; dort thront der Heil'=ge, Heh=re, ihm
bet. Der An=dacht Lie=der tö=nen, es
ab. Wir füh=len das mit Reu=e, und
p
pp Sie spen=det sü=ßen
Dort thront der Heil'=ge,
Der An=dacht Lie=der
Wir füh=len das mit
pp

cresc. e string.
süßt uns man = chen Kum = mer, ein Gott im Him = mel
Lob und Preis und Eh = re, der un = ser Le = ben
schwingt im from = men Seh = nen sich un = ser Herz em=
fle = hen heut' auf's Neu = e zu Got = tes Va = ter=
cresc. e string.
f mf crescendo ff pp a tempo
wacht, ein Gott im Him = mel wacht, in stil = ler
hält, der un = ser Le = ben hält, dem Herrn der
por, sich un = ser Herz em = por, neig' uns, o
huld, zu Got = tes Va = ter = huld: Trag', Va = ter,
f mf ff pp
a tempo
mf
Nacht, in stil = ler Nacht.
Welt, dem Herrn der Welt.
Herr, neig' uns dein Ohr!
trag' mit uns Ge = duld.
Vers 1 und 2 J. J. Leuthi.
Vers 3 und 4 „Bettagslied" von Sprüngli.
mf

134. Nachtgesang.

Etwas lebhaft. **F. X. Chwatal.**

1. 2. 3. Nacht, o Nacht, du heil' - ge Nacht!
Brei - tes
He - bes
Laß auc
dei - nen Frie - dens-schlei - er ü - ber Wie - se, Wald und
uns in Traum - ge - bil - den auch zu schö - ne - ren Ge-
jetzt in dei - nem Ar - me ru - hen mich nach lan - gem
Wei-her, we - hest sü - ße, sü - ße Ruh', lie - ben
fil - den, lei - test lä - chelnd uns zum Glück; kehr - te
Har-me; we - be Lieb - chen hold und mild, trö - sten
cresc.
cresc.

decrescendo
I. Tenor hervortretend.
p
al = len Mü - den zu. We = hest sü = ße,
nie doch wir zu = rück! Lei = test lä = chelnd
in mein Traum=ge = bild. We = be Lieb = chen
p
decrescendo
cresc.
f
decrescendo
sü = ße Ru = he lie = bend al = len
uns zum Glük = ke kehr = ten nie doch
hold und mil = de trö = stend in mein
f
cresc.
decrescendo
smorz.
Mü = den zu.
wir zu = rück.
Traum = ge = bild.
smorz.

H. Chezy.

135. Liedesfreiheit.

Majestätisch. H. Marschner.

1. Frei wie des
2. Denn in der
3. Dann ruht der
1. Frei wie des Ad-lers mäch-ti-ges Ge-fie-der,
2. Denn in der Frei-heit nur ge-deiht das Schö-ne,
3. Dann ruht der Him-mel auf der Lie-der Schwin-gen,
Frei wie des
Denn in der
Dann ruht der
Ad-lers mäch-ti-ges Ge-fie-der, wie des
Frei-heit nur ge-deiht das Schö-ne, in der
Him-mel auf der Lie-der Schwin-gen, ruht der
frei wie des Ad-lers
denn in der Frei-heit
dann ruht der Him-mel
Frei wie des
Denn in der
Dann ruht der

Ad = lers mäch = ti = ges Ge = fie = der, er = he = be sich, er=
Frei = heit nur ge = deiht das Schö = ne, nur fes = sel = los, nur
Him = mel auf der Lie = der Schwin = gen! Das Höch = ste, was, das
mäch = ti = ges Ge=
nur ge = deiht das
auf der Lie = der
ff
p
he = be sich zur Son = ne der Ge = sang, er = he = be
fes = sel = los er = greift es das Ge = müth, nur fes = sel=
Höch = ste, was die frei = e See = le kennt, das Höch = ste,
ff
p
ff
p Soli.
sich zur Son = ne, zur Son = ne der Ge = sang, und un = ge=
los er = greift es, er = greift es das Ge = müth, wie uns das
was die frei = e, die frei = e See = le kennt, die freu = dig
ff
p Soli.

cresc.
hin = dert, wie des Stur=mes Drang, er = gie = ße sich, er=
Reich des Len = zes frei um = blüht, um = wog' uns auch, um=
sich vom Druck des Stau = bes trennt, zum Ae = ther=zelt, zum
cresc.
gie = ße sich der Strom — —, der Strom der Lie = =
wog' uns auch das Reich — —, das Reich der Tö = =
Ae = ther=zelt em = por — —, em = por zu drin = =
der, und un=ge = hin=dert, wie des Sturmes Drang, er = gie = ße sich der
ne, wie uns das Reich des Len=zes frei um=blüht, um=wog' uns auch das
gen, die freudig sich vom Druck des Staubes trennt, zum Ae=ther = zelt em=
Tutti.
ff

p Tutti.
Strom der Lie = der, und un = ge = hin = dert, wie des Stur=mes
Reich der Tö = ne, wie uns das Reich des Len=zes frei um=
por zu drin = gen, die freu=dig sich vom Druck des Staubes
p Tutti.
mf
f
ff
Drang er = gie = ße sich der Strom der Lie = der, er=
blüht, um = wog' uns auch das Reich der Tö = ne, um=
trennt, zum Ae = ther = zelt em = por zu drin = gen, zum
mf
f
ff
dim.
gie = ße sich der Strom der Lie = der.
wog' uns auch das Reich der Tö = ne.
Ae = ther=zelt em = por zu drin = gen.
dim.

Mäßig. **136. Der Schweizer.** Fr. Silcher.

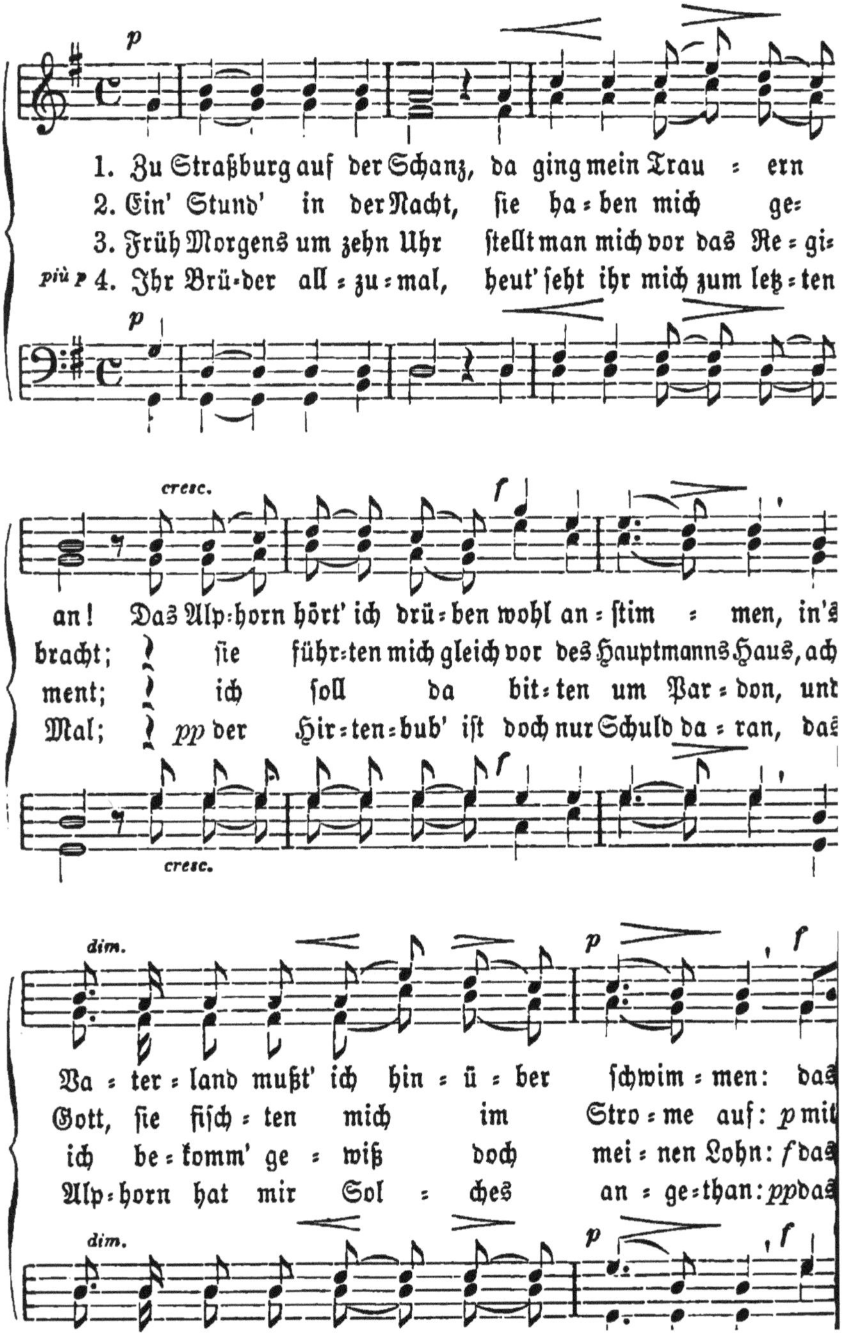
p
1. Zu Straßburg auf der Schanz, da ging mein Trau = ern
2. Ein' Stund' in der Nacht, sie ha = ben mich ge=
3. Früh Morgens um zehn Uhr stellt man mich vor das Re = gi=
più p 4. Ihr Brü=der all = zu = mal, heut' seht ihr mich zum letz = ten
cresc.
an! Das Alp=horn hört' ich drü = ben wohl an = stim = men, in's
bracht; sie führ=ten mich gleich vor des Hauptmanns Haus, ach
ment; ich soll da bit=ten um Par = don, und
Mal; pp der Hir=ten=bub' ist doch nur Schuld da = ran, das
dim.
Va = ter = land mußt' ich hin = ü = ber schwim = men: das
Gott, sie fisch = ten mich im Stro = me auf: p mit
ich be = komm' ge = wiß doch mei = nen Lohn: f das
Alp=horn hat mir Sol = ches an = ge=than: pp das

dim.
p
ging nicht an!
mir ist's aus!
weiß ich schon!
klag' ich an!
dim.
p

Aus des Knaben Wunderhorn.

137. Der Soldat.

Langsamer Marschtakt. **Fr. Silcher.**

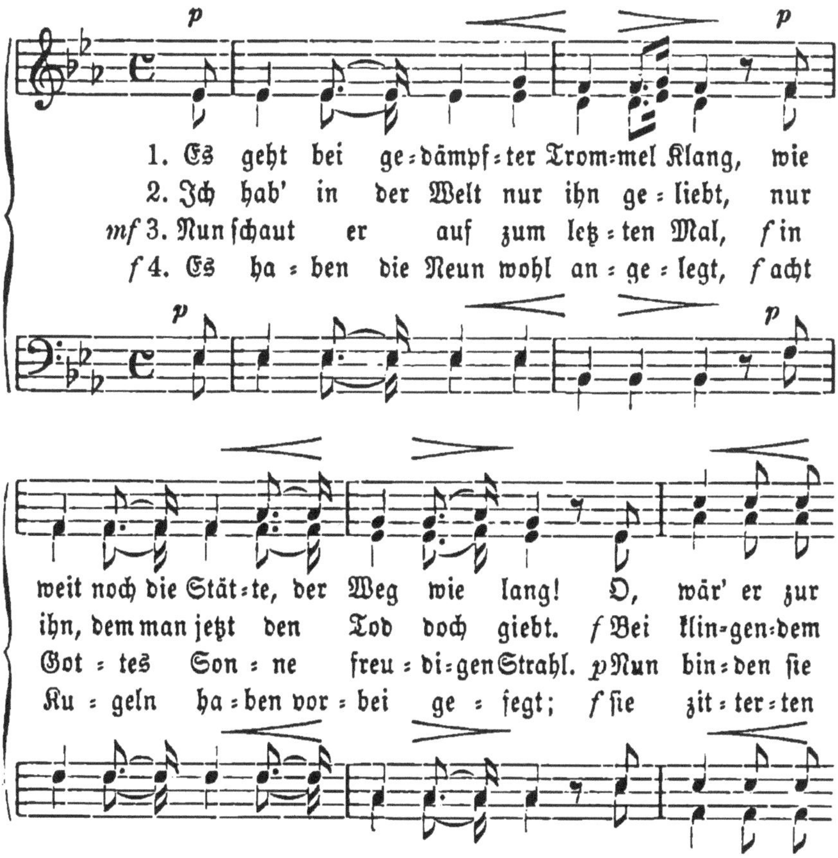
p
p
1. Es geht bei ge-dämpf-ter Trom-mel Klang, wie weit noch die Stät-te, der Weg wie lang! O, wär' er zur
2. Ich hab' in der Welt nur ihn ge-liebt, nur ihn, dem man jetzt den Tod doch giebt. f Bei klin-gen-dem
mf 3. Nun schaut er auf zum letz-ten Mal, f in Got-tes Son-ne freu-di-gen Strahl. p Nun bin-den sie
f 4. Es ha-ben die Neun wohl an-ge-legt, f acht Ku-geln ha-ben vor-bei ge-fegt; f sie zit-ter-ten
p
p

p
Ruh' und Al = les vor = bei, pp ich glaub' es bricht mir das
Spie = le wird pa = ra = dirt, p da = zu bin auch ich, auch
ihm die Au = gen zu, pp Dir schen = ke Gott die
Al = le vor Jam = mer und Schmerz, pp ich a = ber, ich traf ihn
f
Herz ent = zwei, ich glaub' es bricht mir das
ich kom = man = dirt, da = zu bin auch ich, auch
e = wi = ge Ruh', pp Dir schen = ke Gott die
mit = ten in's Herz, ff ich a = ber, ich traf ihn
p
Herz ent = zwei!
ich kom = man = dirt.
e = wi = ge Ruh'!
mit = ten in's Herz.

A. v. Chamisso.

138. Ständchen.

Nicht zu rasch. C. Ecker.

pp
1. Ath=me nur lei=se, zieh' ich die Krei=se
2. Träu=me sind Lie=der, die dir her=nie=der
pp
hier um dein klei=nes be=frie=de=tes Haus, schwe=ben=de
sin=gen die Ster=ne vom himm=li=schen Land, Lie=der sind
p
schwe = =
Lie = =
sf
schwe=ben=de
Lie=der sind
sf
Tö=ne schau= =kelt die Schö=ne
Träu=me, spie= =len=de Rei=me
= =ben=de Tö=ne schau= = =kelt die
= =der sind Träu=me spie= = =len=de
sf
Tö=ne schau=kelt die Schö=ne
Träu=me spie=len=de Rei=me

sf
nicht aus
ma - chen
dem gol - di - gen Schlum-mer her - aus.
mein in - ner - stes Wün - schen be - kannt.
Schö - ne nicht aus
Rei - me ma - chen
sf
nicht aus
ma - chen
mf
Säus'-le ge - lin - de, blü - hen - de Lin - de, wek - ke si
D'rum in die Lie - der im - mer und wie - der stiehlt sich de
mf
dim.
p
nicht aus dem lieb - li - chen Traum, daß sich den Tö - nen
lieb - li - cher Na - me so gern, se - li - ge Rei - ne
daß — — sich
sel' - - ge,
dim.
sf
daß sich den Tö - nen
se - li - ge Rei - ne

mö = ge ver = söh = nen,
wä = re der mei = ne,
daß sich den Tö=nen mö = = ge, mö = ge ver=
se = li = ge Rei= ne wä = = re, wä = re der
sf
sf
mö = ge ver = söh = nen
wä = re der mei = ne
sf
mf
leis' dein Ge = flü = ster du ko = sen = der Baum, dein Ge=
dei = nen be = glük=ken=den Träu = men nicht fern, den be=
söh = nen,
mei = ne,
mf
sf
leis' dein Ge = flü = ster, du ko = sen=der Baum!
dei= nen be = glük = ken = den Träu=men nicht fern.
sf
dim.
flü = = ster, du ko = sen = der Baum!

139. Mein Wunsch.

Für tiefere Tenöre in **des** anzustimmen.

Getragen langsam. Volkslied.

pp
1. Wenn ich ein Vög=lein wär' und auch zwei Flü=gel hätt
2. Bin ich gleich weit von Dir, bin doch im Schlaf' bei Di
3. 's geht wohl kein' Stund' der Nacht, da nicht mein Herz er=wac
flög' ich zu Dir, flög' ich zu Dir, wenn ich ein Vög=lein w
und red' mit Dir, und red' mit Dir, bin ich gleich weit von D
und an Dich denkt, und an Dich denkt, 's geht wohl kein' Stund' der Na
und auch zwei Flü=gel hätt', flög' ich zu Dir, flög' ich zu Dir;
bin doch im Schlaf' bei Dir und red' mit Dir, und red' mit Dir;
da nicht mein Herz er=wacht und an Dich denkt, und an Dich denkt,

più mosso

weil's a-ber nit kann ſein, nit kann ſein, nit kann ſein,
wenn ich er-wa-chen thu', wa-chen thu', wa-chen thu',
wie Du mir tau-ſend-mal, tau-ſend-mal, tau-ſend-mal,

più mosso

Tempo I.
p

weil's a-ber nit kann ſein, bleib' ich al-lein, weil's a-ber
wenn ich er-wa-chen thu', bin ich all-hier, wenn ich er-
wie Du mir tau-ſend-mal Dein Herz ge-ſchenkt, wie Du mir

p

più mosso

nit kann ſein, nit kann ſein, nit kann ſein, weil's a-ber
wa-chen thu', wa-chen thu', wa-chen thu', wenn ich er-
tau-ſend-mal, tau-ſend-mal, tau-ſend-mal, wie Du mir

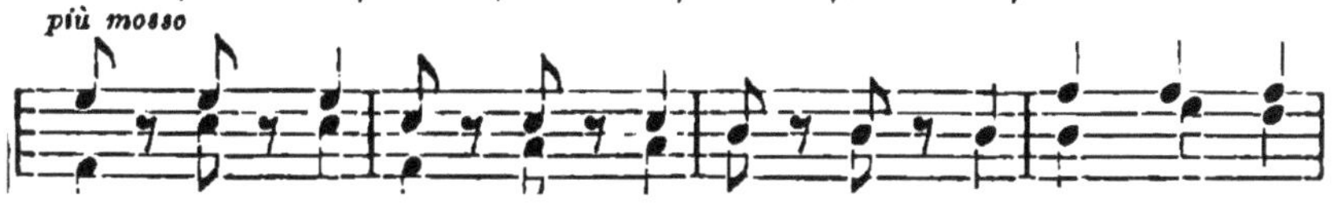
più mosso

ritardando assai et expressione
f
p
nit kann sein, bleib' ich al = lein!
wa=chen thu', bin ich all = hier.
tau=send=mal Dein Herz ge = schenkt.
f
p

140. Das deutsche Lied.

Sehr lebhaft und kräftig. **C. M. Heim.**

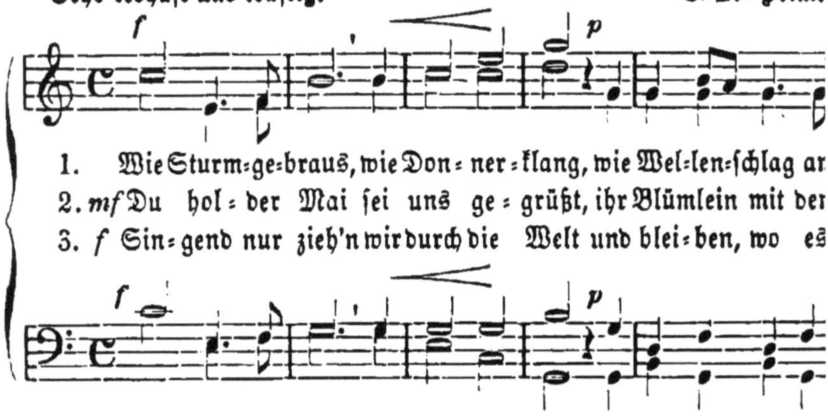
f
p
1. Wie Sturm=ge=braus, wie Don = ner = klang, wie Wel=len=schlag am
2. mf Du hol = der Mai sei uns ge = grüßt, ihr Blümlein mit dem
3. f Sin = gend nur zieh'n wir durch die Welt und blei = ben, wo es
f
p

cresc.
f
Mee=res=strand, wie Wel = len = schag am Mee=res=strand, er = tö = ne
sü = ßen Duft, ihr Blüm=lein mit dem sü = ßen Duft, und du kla = re
uns ge = fällt, und blei = ben, wo es uns ge = fällt. Und lieb' sin = ge
cresc.
f

mf
cresc.
laut der Män = ner = sang. Er = tö = ne laut, du Män=ner=
Bach, der rau=schend fließt, du kla=rer Bach, der rau=schend
wir und Fried' in's Herz, Lieb' sin=gen wir und Fried' in's
mf
sang, er = tö = ne laut, du rei = ner Klang, ja er=
fließt, ihr Vög = lein sin = gend in der Luft, ja ihr
Herz, wir brin = gen Trost und lin = dern Schmerz, ja wir
p
mf
tö = ne laut du rei=ner Klang, durch Berg und Thal, durch Wald und
Vög=lein sin=gend in der Luft. Durch=wan=dern froh die Au=en
brin=gen Trost und lin=dern Schmerz. Des Män=ner=chors ur=kräf=tig
p
mf

Feld, du deut=sches Lied, so treu, so traut, er = tö = ne durch die gan = ze
wir, die Wäl = der frisch, das Thal, die Flur, so vie=le gro = ße Pracht zu
Lied, bringt Segen, Glück und Ruh' u. Fried', des Männer = chors ur = kräf=tig
Welt
Welt, er = tö = ne, er = tö = ne durch die gan = ze Welt, du kräft'=ger
schau'n, so vie = le, so vie = le gro = ße Pracht zu schau'n im Rei = ze
Lied bringt Se=gen, bringt Se=gen, Se=gen, Glück u. Fried', bringt Se=gen,
Frei = heits=laut, du kräft' = ger Frei heits = laut!
der Na = tur, im Rei = ze der Na = tur!
Glück und Fried', bringt Se = gen, Glück und Fried'!

141. Barbarossa.

Mit Pathos. Volksweise von Fr. Silcher.

1. *mf* Der al - te Bar - ba - ros - se, *mf* der Kai - ser Frie - de -
2. *f* Er hat hin - ab - ge - nom - men *f* des Rei - ches Herr - lich -
3. *mf* Sein Bart ist nicht von Flach - sen, *f* er ist von Feu - ers -
4. *p* Er spricht im Schlaf zum Kna - ben: *p* „geh' hin vor's Schloß, o

rich, *p* im un - ter - ird' - schen Schlosse *p* hält er ver - zau - bert
keit; *f* er wird einst wie - der - kom - men *ff* mit ihr zu sei - ner
gluth; *p* ist durch den Tisch ge - wach - sen, *p* wo - rauf sein Kinn aus -
Zwerg, und sieh', ob nicht die Ra - ben *p* her - flie - gen um den

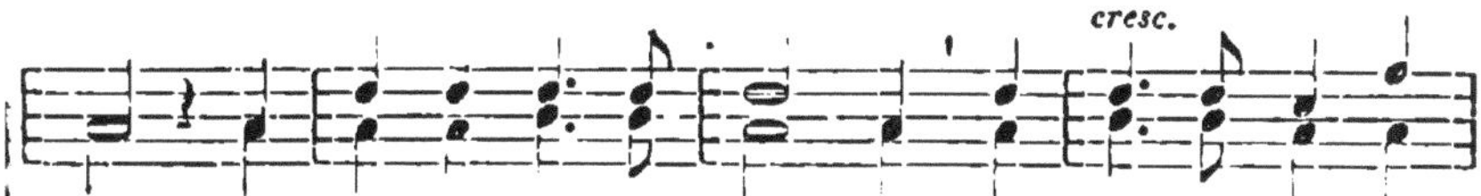
cresc.

sich. *mf* Er ist nie - mals ge - stor - ben, *f* er lebt da - rin noch
Zeit. *mf* Der Stuhl ist el - fen - bei - nern, *mf* da - rauf der Kai - ser
ruht; *pp* er nickt als wie im Trau - me, *p* sein Aug' halb of - fen
Berg: *mf* Und wenn die al - ten Ra - ben *f* noch flie - gen im - mer -

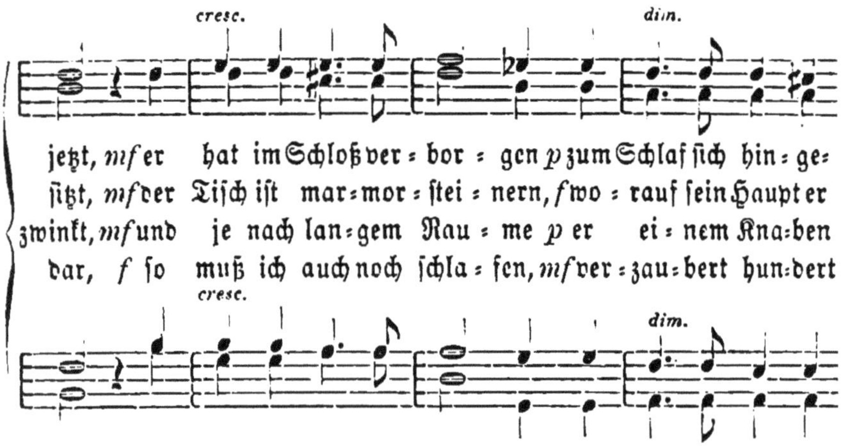
cresc.
dim.
jetzt, mf er hat im Schloß ver - bor - gen p zum Schlaf sich hin - ge-
stützt, mf der Tisch ist mar - mor - stei - nern, f wo - rauf sein Haupt er
zwinkt, mf und je nach lan - gem Rau - me p er ei - nem Kna - ben
dar, f so muß ich auch noch schla - fen, mf ver - zau - bert hun - dert
cresc.
dim.

p dim. e rit.
setzt, zum Schlaf sich hin - ge - setzt.
stützt, wo - rauf sein Haupt er stützt.
winkt, er ei - nem Kna - ben winkt.
Jahr, ver - zau - bert hun - dert Jahr".
p dim. e rit.

Fr. Rückert.

142. Ade!

Innig. Volksweise.

p
1. Es schei - nen die Stern - lein so hell, so hell her-
2. Die Blü - me - lein wein - ten auf Flur und Steg, sie
f 3. Die Win - de durch - we - hen die Wal - des - ruh', im
p

p
ab von des Him - mels Höh'; zwei Lie - ben - de stan - den hier
fühl - ten der Bei - den Weh'; die stan - den so trau - rig am
Tha - le und auf der Höh'; da weh'n wei - ße Tü - cher ein -
p
mf
f
auf der Schwell', ach, Hand in Hand, a - de, ach, Hand in
Schei - de - weg, ach, Herz an Herz, a - de, ach, Herz an
an - der zu: A - de, mein Lieb', a - de, a - de, mein
mf
f
Hand, a - de!
Herz, a - de!
Lieb', a - de!

143. Lieb' ist ein Blümelein.

Gemüthlich. **F. Abt.**

1. Lieb' ist ein Blü-me-lein, pran-get und duf-tet fein,
2. Lieb' ist ein Vö-ge-lein, keh-ret bei dir auch ein,
pp 3. Lieb' ist ein En-ge-lein, denkt schon im Him-mel dein,
f
p
glän-zet und lacht, glän-zet und lacht. A-ber ein kal-ter Hau
öffn' ihm dein Herz, öffn' ihm dein Herz. Bringt dir der Lie-der viel
brin-get dir Glück, brin-get dir Glück. Heiß' es will-kom-men hier
mf
rit.
a tempo
läßt es ver-wel-ken auch schon ü-ber Nacht; a-ber ein
scheucht von dir, wie im Spiel, Kum-mer und Schmerz; bringt dir der
wen-det sich's ab von dir, kehrt's nie zu-rück; heiß' es will

pp
p rit.
dim.
kal = ter Hauch läßt es ver = wel = ken auch schon ü = ber Nacht.
Lie = der viel, scheucht von dir, wie im Spiel, Kum = mer und Schmerz.
kom = men hier; wen = det sich's ab von dir, kehrt's nie zu = rück.
p rit.
dim. pp

W. Floto.

144. Die Nacht.

Langsam. F. Schubert.

p
pp
Wie schön bist du, freund = li = che Stil = le, himm = li = sche Ruh'!
p
pp

pp
Se = het, wie die kla = ren Ster = ne wan = deln in des Him = mels
pp

schwei = gend
mf
pp
Au = en, und auf uns her = nie = der = schau = en, schwei = gend,
pp
schwei = gend schwei = gend,
p
mf
pp
schwei = gend aus der blau = en Fer = ne, schwei = gend,
p
mf
pp
aus der Fer = ne, schwei = gend,
schwei = gend
poco rit.
mf
f
p
schwei = gend aus der blau = en Fer = ne! Wie schön bist
mf
p
f aus der Fer = ne!

Len = zes Mil = de sich der Er = de wei = chem Schooß, kränzt den
Sil=ber=quell mit Moos —, und mit Blu = men die Ge=
fil = de, und mit Blu=men die Ge = fil = de, und mit Blu=men
poco rit.
die Ge=fil = de, und mit Blu=men die Ge = fil = de.

145. Aennchen von Tharau.

Innig. Fr. Silcher.

p
1. Aenn=chen von Tha=rau ist's, die mir ge=fällt,
2. Recht wie ein Pal=men=baum ü=ber sich steigt,
3. Wür=dest du gleich ein=mal von mir ge=trennt,
sie ist mein Le=ben, mein Gut und mein Geld, Aenn=chen vo
hat ihn erst Re=gen und Sturmwind ge=beugt: so wird di
leb=test da, wo man die Son=ne kaum kennt: ich will di
Tha=rau hat wie=der ihr Herz auf mich ge=rich=tet in
Lieb' in uns mäch=tig und groß, nach manchem Lei=den und
fol=gen durch Wäl=der und Meer', Ei=sen und Ker=ker und

p
Freud' und in Schmerz. Aennchen von Tha-rau, mein Reichthum, mein
trau - ri - gem Loos. Aennchen von Tha-rau, mein Reichthum, mein
feind - li - ches Heer. Aennchen von Tha-rau, mein Licht und mein
p

mf cresc. f
Gut, du mei - ne See - le, mein Fleisch und mein Blut!
Gut, du mei - ne See - le, mein Fleisch und mein Blut!
Sonn', mein Le - ben schließ' ich um dei - nes her - um!
mf cresc. f

A. G. Herder.

146. Herzenswünsche.

Innig und zart. **Volksweise.**

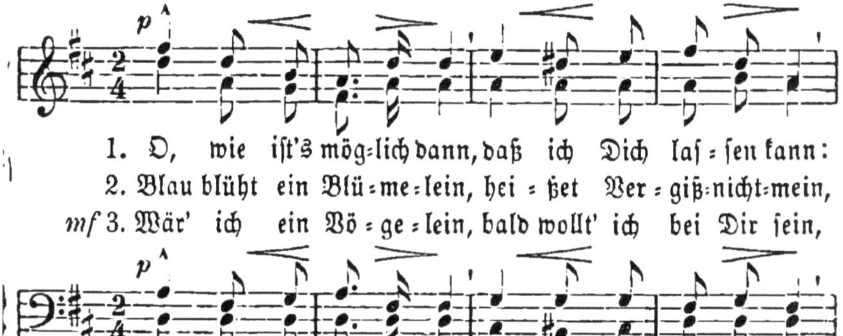
p
1. O, wie ist's mög-lich dann, daß ich Dich las - sen kann:
2. Blau blüht ein Blü - me - lein, hei - ßet Ver - giß-nicht-mein,
mf 3. Wär' ich ein Vö - ge - lein, bald wollt' ich bei Dir sein,
p

p
hab' Dich von Her = zen lieb, das glau = be mir! Du haſt di
dies Blüm=chen leg' an's Herz und denk' an mich! Stirbt Blum' un
ſcheut' Falk' und Ha = bicht nicht, flög' ſchnell zu Dir! Schöß' mich ei
crescendo
p rit.
See = le mein ſo ganz ge = nom = men ein, daß ich kein
Hoff = nung gleich, ſind wir an Lie = be reich, denn die ſtirb
Jä = ger todt, fiel ich in Dei = nen Schooß, blickſt Du mich
mf a tempo
And' = re lieb', als Dich al = lein.
nie bei mir, das glau = be mir!
trau=rig an: gern' ſtürb' ich dann!

H. Chezy.

147. Wohin mit der Freud'?

eiter. Fr. Silcher.

h du klar-blau-er Him-mel und wie schön bist du
cresc.
's Herz gleich dich drük-ken vor Ju - bel und
cresc.
langsamer
cresc.
r 'sgeht doch nicht an, denn du bist mir zu
langsamer
cresc.
p
it all' mei - ner Freud', was fang' ich doch

ff
pp rit.
an! Und mit all' mei=ner Freud', was fang' ich doch
mf a tempo
f
an? 2. Ach du licht=grü=ne Welt, und wie strahlst du vor
mf
cresc.
Lust! Und ich möcht' mich gleich wer=fen dir vor Lieb' an die
rit. langsamer
p
pp
Brust; a=ber 's geht doch nicht an, und das ist ja mein Leid, und mit

pp
mf
all' mei=ner Freud', was fang' ich doch an, und mit all' mei=ner
pp
mf
rit.
erste Bewegung
p
Freud', was fang' ich doch an? 3. Und da sah ich mein Lieb' un=term
rit.
erste Bewegung
p
mf
cresc.
f
Lin=den=baum steh'n, war so klar wie der Him=mel, wie die Er=de so
mf
f
langsamer
pp
cresc.
sehr lebhaft
f
schön; und wir küß=ten uns Beid', und wir san=gen vor Lust, und da
langsamer
pp
sehr lebhaft

mf
ff
hab' ich ge=wußt: wo=hin mit der Freud', und da hab' ich ge=

f
rit.
wußt, wo=hin mit der Freud'!

148. Freud' und Leid.

Etwas bewegt. **J. Rietz.**

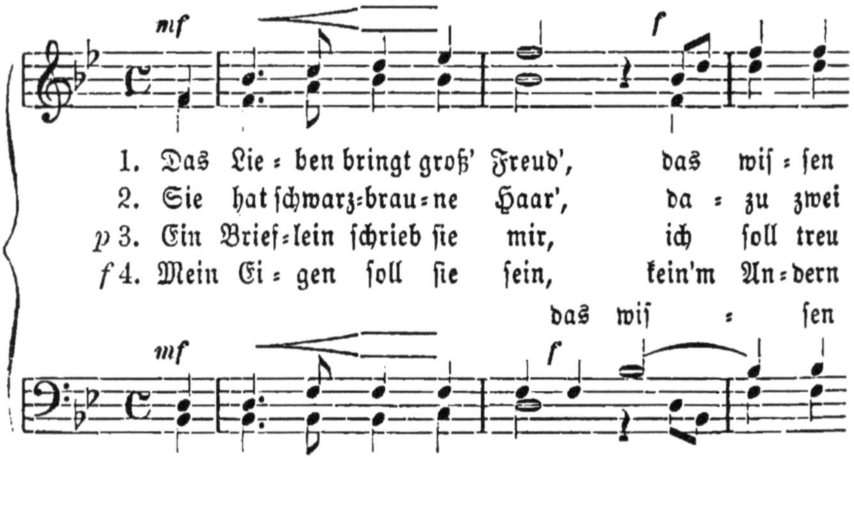
mf
f
1. Das Lie=ben bringt groß' Freud', das wis=sen
2. Sie hat schwarz=brau=ne Haar', da=zu zwei
p 3. Ein Brief=lein schrieb sie mir, ich soll treu
f 4. Mein Ei=gen soll sie sein, kein'm An=dern
das wis=sen

p
al = le Leut'! Weiß mir ein schwarzbraun Mäg = de = lein, mit
Aeug=lein klar; ihr sanf = ter Blick, ihr Zuk = ker = mund, hat
blei= ben ihr. D'rauf schickt' ich ihr ein Sträu = ße = lein von
mehr als mein. p So le = ben wir in Freud' und Leid, pp bis
p
mf
f
zwei schwarz=brau=nen Aeu = ge = lein, das mir, das
mir das Herz im Leib ver=wund't, hat mir, hat
Ros = ma = rin und Nä = ge = lein, sie soll, sie
Gott, der Herr, uns Bei = de scheid't, dann Schatz leb'
das mir — —
mf
f
f
langsam
mir, das mir mein Herz er = freut!
mir, hat mir mein Herz ver = wund't.
soll, sie soll mein ei = gen sein!
wohl, pp a = de mein Schatz, o weh'!
— das mir — —
langsam

149. Sängerfahrt.

Frisch und lebendig, doch nicht zu schnell. **C. Ecker.**

mf
1. Str. cresc.
1. Kühl=rau=schend un=ter'm hel = len, tief=blau = en Him=mels=
2. steh'n wir hier so hel = le, p wird man=cher bald schla=fen
mf
2. Str. rit.
f
dom, treibt sei = ne kla = ren Wel = len der
geh'n, o Le = ben, was bist du schnel = le, o
f
treibt sei = ne kla = = ren
o Le = ben, was bist du

Ar = go = nau = ten gleich, sie fah = ren auf den
Burg auf der Fel = sen = wand, du Land voll gro = ßer
sie fah = ren auf den
du Land voll gro = ßer
cresc.
Wel = len in's duft'=ge Früh = lings = reich! Sie fah = ren
Kun = de, mein grü = nes Va = ter = land! Du Land voll
cresc.
Sie fah = ren, fah = ren
Du Land, du Land voll
f
auf den Wel = len in's duft' = ge Früh = lings = reich!
gro = ßer Kun = de mein grü = nes Va = ter = land!
f

recitirend
f a tempo
Und Ei - ner faßt den Be - cher, daß es durch's Schiff er-
Euch möcht' ich Al - les ge - ben, und ich bin fürst - lich
f
a tempo
poco dim.
klingt; am Mast steht er als Spre - cher, hört, was er
reich; mein Herz - blut und mein Le - ben, ihr Brü - der
poco dim.
am Mast steht er
mein Herz - blut und
cresc.
f
wei - ter singt, hört, was er wei - ter singt, hört, was er
al - les für euch, mein Blut, mein Le - ben, ihr Brü - der,
cresc.
f

wie oben
mf
wei - ter singt: 2. „Wie
al - les für euch! 3. „So
fahrt im Mor - gen - schim - mer, sei's
mf
f
Do - nau o - der Rhein, ein rech - ter Strom bricht im - mer in's
f
ein rech - ter Strom bricht
ein rech - ter Strom bricht
cresc.
ew' - ge Meer hin - ein, ein rech - ter Strom bricht
ein rech - ter Strom bricht
ein rech - ter Strom bricht

ff
sf
im - mer in's ew' - ge Meer hin - ein!
ff
sf

Eichendorff.

150. Im Mai.

Frisch und heiter. Arrang. v. J. Rietz.

mf
poco rit.
1. Drauß ist Al - les so präch - tig und es ist mir so
2. Wenn die Vög - lein thun sin - gen, früh Mor - gens, zieh' ich
3. Wenn am A - bend er - klin - ge rings die Glöck - le zur
mf
poco rit.

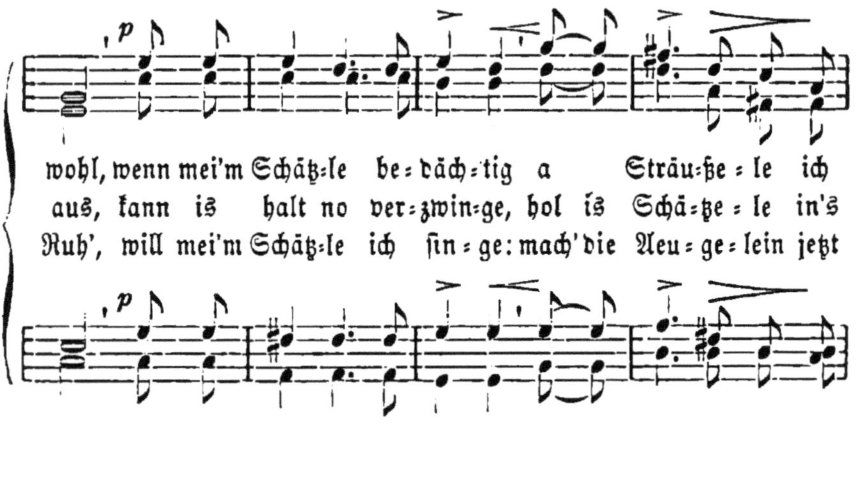
p
wohl, wenn mei'm Schätz - le be - däch - tig a Sträu - ße - le ich
aus, kann is halt no ver - zwin - ge, hol is Schä - tze - le in's
Ruh', will mei'm Schätz - le ich sin - ge: mach' die Aeu - ge - lein jetzt
p

mf
f
f
poco rit.

hol. Mein Herz=lein thut sich freu=e und es blüht mir auch da=
Haus. Und es wird sich schon man=che, denn ich mein' es ja so
zu! Al=le Blüm=le ver=blü=hen und der Mai ist bald vor=

mf
f
f
poco rit.

f a tempo
p

rin! Im Mai, im schö=ne Mai=e han i viel no im
gut: Un=ser Herr=gott wird schon wa=che, daß mer z'sam=me uns
bei: doch da=für wird er ein=zie=hen, in zwei Her=zen so

f a tempo
p

p
rit.

Sinn, han i viel no im Sinn!
thut, daß mer z'sam=me uns thut.
treu, in zwei Her=zen so treu!

Fr. Richter.

riten.
3
p
rit.

151. Der versenkte Hort.

Kräftig. A. Billeter.

f
1. Es war ein=mal ein Kö=nig, ein Kö=nig an dem
2. Da sprach er zu den E=deln: Was frommt euch al=les
mf 3. Da senk=ten ihn die Stol=zen hin=un=ter in die
f 4. Daß doch ein Je=der däch=te, wie die=ser Kö=nig
Rhein, der lieb=te nichts so we=nig, als Ha=der, Gram und
Gold, wenn ihr mit eu=ern Schä=deln den Hort er=kau=fen
Fluth; er ist wohl gar ge=schmol=zen, seit=dem er da ge=
gut: auf daß kein Leid ihn bräch=te um sei=nen ho=hen
Pein. Es strit=ten sei=ne De=gen um ei=nen Schatz im
sollt? Ein En=de sei der Pla=ge, ver=senkt ihn in den
ruht. Zer=ron=nen in den Wel=len des Stroms, der drü=ber
Muth; so senk=ten wir hin=un=ter den Kum=mer in den

Land, und wä=ren fast er=le = gen vor ih=rer eig=nen Hand.
Rhein; da bis zum jüng=sten Ta = ge mag er ver=bor=gen sein.
rollt, läßt er die Trau=ben schwel=len und glän=zen gleich dem Gold.
Rhein, und trän=ken frisch und mun = ter von sei=nem gold'=nen Wein.

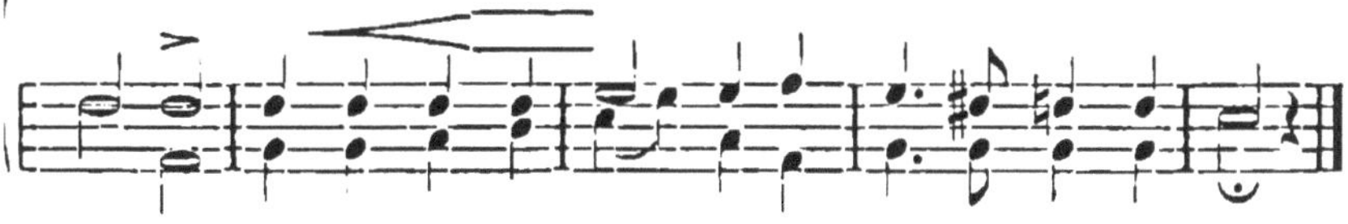

152. Das Erkennen.

Marschbewegung. **C. Attenhofer.**

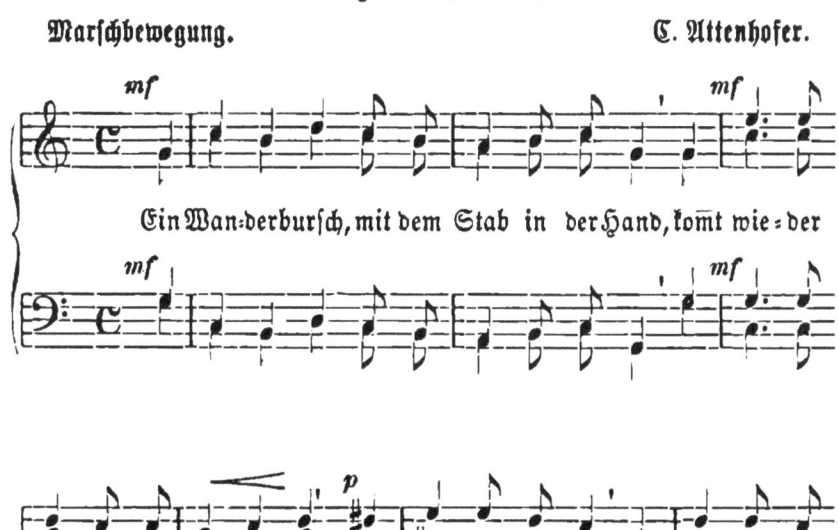

Ein Wan=derbursch, mit dem Stab in der Hand, kom̄t wie=der

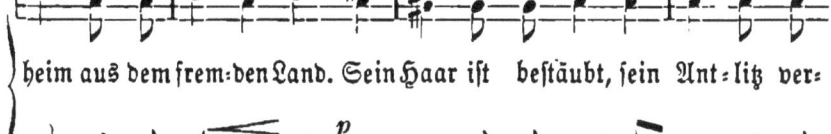

heim aus dem frem=den Land. Sein Haar ist bestäubt, sein Ant=litz ver=

etwas ruhiger
cresc.
f
p
brannt, von wem wird der Bursch wohl zu = erst er = kannt?
So tritt er in's
Und wei = ter
Und wei = ter
cresc.
f
p
etwas ruhiger
Städt=chen durch's al = te Thor, am Schlag=baum lehnt just der
wan=dert nach kur = zem Gruß der Bur = sche und schüt = telt den
geht er die Straß ent = lang, ein Thrän=lein hängt ihm an der

f
p

Freund, oft hat - te der Be - cher die Bei-den ver-eint. Doch
fromm: Du blü - hen - de Jung-frau, viel schö-nen Will-komm! Doch
her: Gott grüß Euch! so spricht er und sonst nichts mehr. Doch

f
p

sieh', Freund Zoll-mann er - kennt ihn nicht, zu sehr hat die
sieh', auch das Mägd-lein er - kennt ihn nicht, die Sonn' hat zu
sieh', das Müt - ter - chen schluchzt voll Lust, mein Sohn! und

f
mf
Schluß.

Sonn' ihm ver - brannt das Ge - sicht.
sehr ihm ver - brannt das Ge - sicht.
sinkt an des Bur - schen Brust. Wie sehr auch die

Son=ne sein Ant=litz ver=brannt, das Mut=ter=aug' hat ihr
f
ff
cresc.

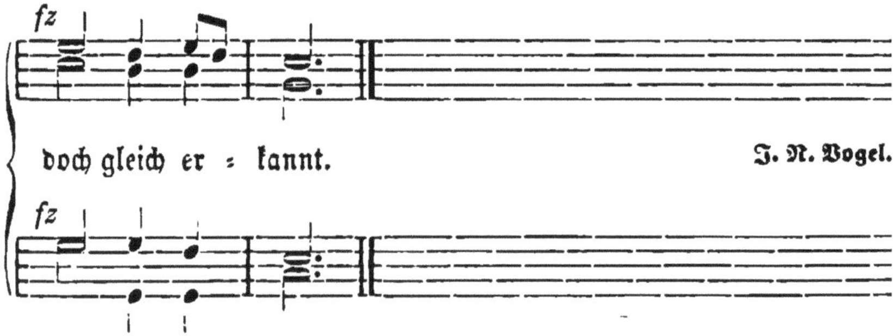
fz
doch gleich er=kannt.
J. N. Vogel.
fz

153. Alles, was wir lieben, lebe!

Sehr lebhaft und heiter. **Volksweise.**

f
Vers 1—5. Al=les, was wir lie=ben, le=be!
Al=les,
Je=des
Kunst, Na=
Je=de
Bis das

was uns hoch er = freut! Wein und Frühling, Frucht und Blü = the,
zart ge = knüpf = te Band; du vor al = len, das uns he = get,
tur und Wis = sen = schaft: Al = les Schö = ne, al = les Gu = te,
Blu = me sei ge = pflückt! Je = de Freu = de sei will = kom = men,
Le = ben uns ent = weicht! Wer, wenn los die Lust sich ket = tet,
fro = he Lau = ne, Her = zens = gü = te, Freundschaft und Ge=
das uns treu und freund = lich pfle = get, du, o theu = res
je = der Sporn zu ed = lem Mu = the, je = des Stre = ben,
die uns düst' = rer Sorg ent = nom = men, die Ge = müth und
sich ein rei = nes Herz ge = ret = tet, den deckt auch die
sel = lig = keit, Freundschaft und Ge = sel = lig = keit!
Va = ter = land, du, o theu = res Va = ter = land!
je = de Kraft, je = des Stre = ben, je = de Kraft!
Geist ent = zückt, die Ge = müth und Geist ent = zückt!
Er = de leicht, den deckt auch die Er = de leicht.
Ritter.

154. Der König in Thule.

Ernst. **Volksweise.**

mf
1. mf Es war ein Kö = nig in Thu = le, gar treu bis
2. p Und als er kam zu ster = ben, zählt er sei = ne
3. f Dort stand der al = te Ze = cher, trank letz = te
mf
an das Grab, p dem ster=bend sei = ne Buh = le p ei = nen gold' = nen
Städt' im Reich, mf gönnt Al = les sei = nen Er = ben, mf den Be = cher
Le=bens=gluth, f und warf den heil'=gen Be = cher f hin = un = ter

leert ihn je=den Schmaus; p die Au=gen gin=gen ihm ü=ber, mf so
Rit=ter um ihn her, f im ho=hen Vä=ter=saa=le, ff dort
sin=ken tief in's Meer; pp die Au=gen thä=ten ihm sin=ken, p trank
oft er trank da=raus, p die Au=gen gin=gen ihm
auf dem Schloß am Meer, f im ho=hen Vä=ter=
nie ei=nen Tro=pfen mehr, pp die Au=gen thä=ten ihm
p die Au=gen
f im ho=hen
pp die Au=gen
dim. e rit.
ü=ber, p so oft er trank da=raus.
saa=le, ff dort auf dem Schloß am Meer.
sin=ken, pp trank nie ei=nen Tro=pfen mehr.
dim. e rit.

W. v. Göthe.

155. Schön Rohtraut.

Freier Vortrag. Volksweiſe.

p
cresc.
f

1. Wie heißt Kö-nig Rin-gangs Töch-ter-lein? Roh-traut, ſchön
2. Und ü-ber ei-ne klei-ne Weil', Roh-traut, ſchön
3. Und einſtmals ſie ruh-ten am Ei-chen-baum, da lacht ſchön
4. Da-rauf ſie rit-ten ſchweigend heim, Roh-traut, ſchön

p
cresc.
f

p
cresc.
mf

Roh-traut! Was thut ſie denn den gan-zen Tag, da
Roh-traut! So kommt der Knab' auf Rin-gangs Schloß in
Roh-traut: „Was ſiehſt du mich an ſo wun-nig-lich? Wenn
Roh-traut! Es jauchzt der Knab' in ſei-nem Sinn: „Und

p
cresc.
mf

p

ſie wohl nicht ſpin-nen und nä-hen mag? Thut fi-ſchen und
Jä-ger-tracht und hat ein Roß, mit Roh-traut zu
du das Herz haſt ſo küſ-ſe mich!" Ach, wie er-ſchrack der
wür-deſt du heu-te Kai-ſe-rin, mich ſollt' es nicht

p

Soli. Wiederholung Chor.
mf
p dolce
cresc.
ja-gen, thut fi-schen und ja-gen. O daß ich doch ihr
ja-gen, mit Roh-traut zu ja-gen. O daß ich doch ein
Kna-be, ach, wie er-schrack der Kna-be. Doch den-ket er, mir
krän-ken, mich sollt' es nicht krän-ken. Ihr tau-send Blät-ter im
rit.
Jä-ger wär', das Fi-schen und Ja-gen freu-te mich sehr!
Kö-nigs-sohn wär', schön Rohtraut, schön Roh-traut lieb' ich so sehr!
ist's ver-gunnt und küs-set schön Roh-traut auf den Mund!
Wal-de wißt, ich ha-be schön Roh-traut's Mund ge-küßt!
pp rit.
Schweig' still, mein Herz.
Ed. Möricke.

156. Wanderlied.

Mäßig. C. M. v. Weber.

mf
f
1. Die Sonn' er=wacht; mit ih=rer Pracht er=füllt sie die
2. Mit Sing' und Sang die Welt ent=lang! Wir fra=gen wo=
3. In Nah' und Fern' führt uns ein Stern! Auf ihn nur ge=
Ber=ge, das Thal. O Mor=gen=luft, o Wal=des=duft, o
her, nicht wo=hin! Es treibt uns fort, von Ort zu Ort, mit
rich=tet den Blick. O Frei=heit dir, dir fol=gen wir, und
ff
I.
II.
gol=de=ner Son=nen=strahl! gol=de=ner Son=nen=strahl!
frei=em und fröh=li=chem Sinn. frei=em und fröh=li=chem Sinn.
Kei=ner bleibt, Kei=ner zu=rück. Kei=ner bleibt, Kei=ner zu=rück.

157. Heiterer Lebenslauf.*)

Allegro con fuoco. C. A. Mangold. Op. 23.

f
1. Mein Le=bens=lauf ist Lieb' und Lust und lau=ter Lie=der=
2. Es wird ja auch der jun=ge Most ge=kel=tert und ge=
3. Die Zeit ist schlecht, mit Sor=gen trägt sich schon das jun=ge
4. Beim gro=ßen Faß zu Hei=del=berg da si=tze der Se=
p
cresc.
sang, und lau=ter Lie=der=sang, ein mun=t'rer Muth in munt'rer Brust macht
preßt, ge=kel=tert und gepreßt, doch braust er auf, wird Göt=ter=kost, be=
Blut, sich schon das jun=ge Blut, doch wo ein Herz voll Freu=de schlägt, da
nat, da si=tze der Se=nat und auf dem Schloß Jo=han=nis=berg der
fri=schen Le=bens=gang, macht fri=schen Le=bens=gang. Man
rei=tet man=chem Fest, be=rei=tet man=chem Fest. Was
ist die Zeit noch gut, da ist die Zeit noch gut. Her=
hoch=wohl=wei=se Rath, der hoch=wohl=wei=se Rath. Der

*) „Mit Bewilligung des Originalverlegers, Herrn Joh. André in Offenbach" aus Mangold, Op. 23: Heiterer Lebenslauf, Seid einig, Wanderers Nachtlied, Waldlied; Partitur und Stimmen fl. 2. —, einzelne Stimmen zu kr. 18. Zu großen Aufführungen werden Stimmen jedes einzelnen Liedes auf Verlangen gedruckt.

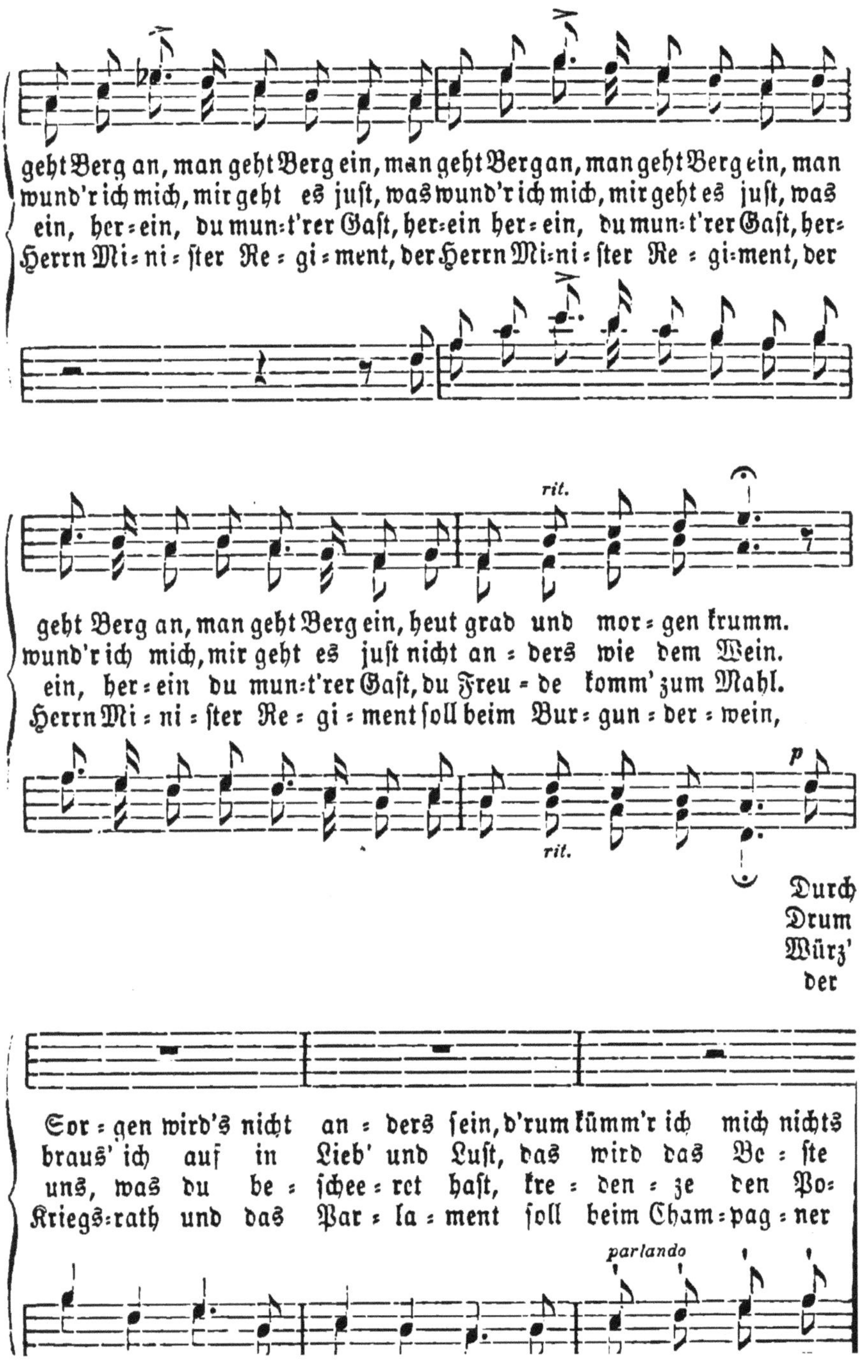
geht Berg an, man geht Berg ein, man geht Berg an, man geht Berg ein, man
wund'r ich mich, mir geht es just, was wund'r ich mich, mir geht es just, was
ein, her=ein, du mun=t'rer Gast, her=ein her=ein, du mun=t'rer Gast, her=
Herrn Mi=ni=ster Re=gi=ment, der Herrn Mi=ni=ster Re=gi=ment, der
rit.
geht Berg an, man geht Berg ein, heut grad und mor=gen krumm.
wund'r ich mich, mir geht es just nicht an=ders wie dem Wein.
ein, her=ein du mun=t'rer Gast, du Freu=de komm' zum Mahl.
Herrn Mi=ni=ster Re=gi=ment soll beim Bur=gun=der=wein,
p
rit.
Durch
Drum
Würz'
der
Sor=gen wird's nicht an=ders sein, d'rum kümm'r ich mich nichts
braus' ich auf in Lieb' und Lust, das wird das Be=ste
uns, was du be=schee=ret hast, kre=den=ze den Po=
Kriegs=rath und das Par=la=ment soll beim Cham=pag=ner
parlando

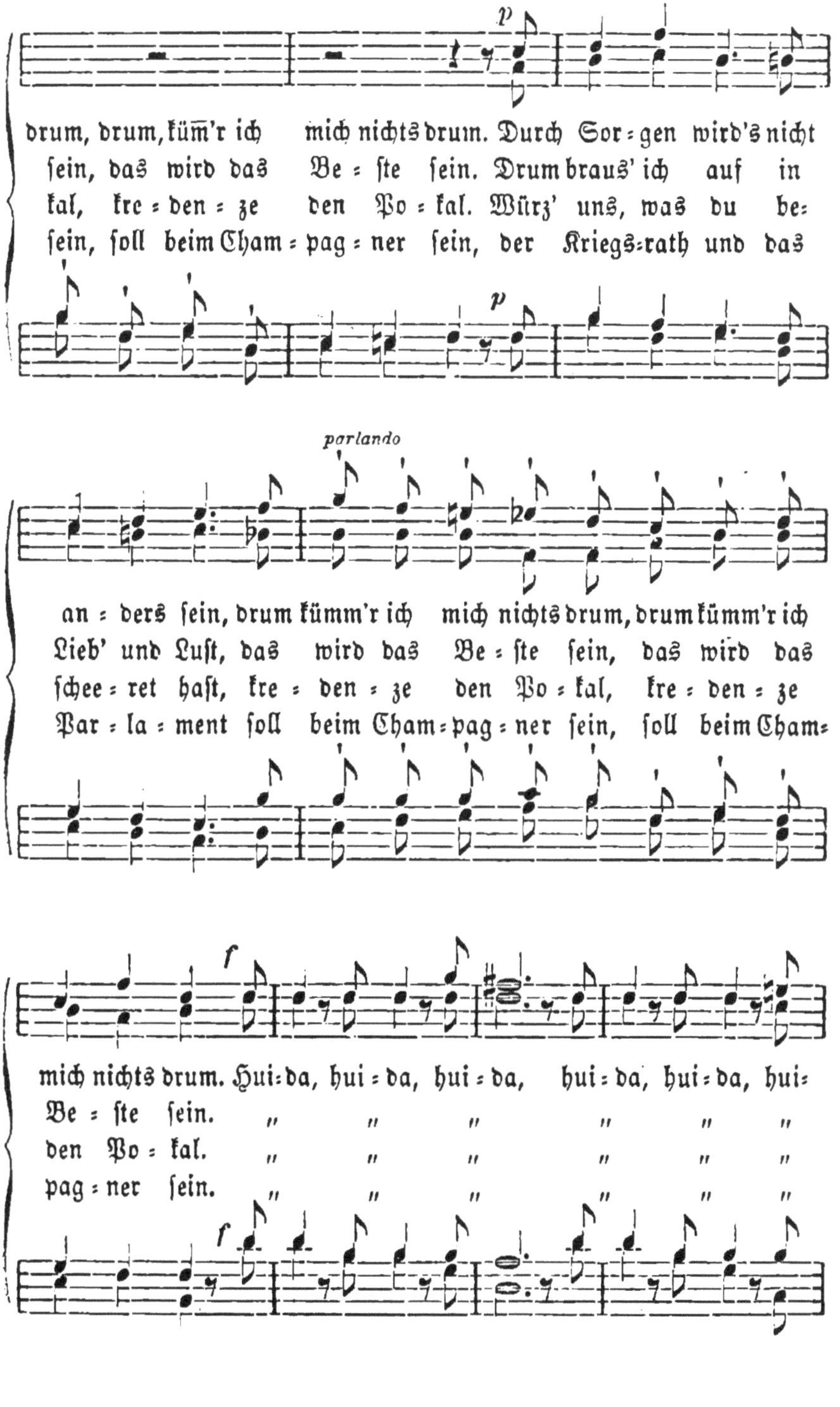
drum, drum, kümm'r ich mich nichts drum. Durch Sor-gen wird's nicht
sein, das wird das Be-ste sein. Drum braus' ich auf in
kal, kre-den-ze den Po-kal. Würz' uns, was du be-
sein, soll beim Cham-pag-ner sein, der Kriegs-rath und das
parlando
an-ders sein, drum kümm'r ich mich nichts drum, drum kümm'r ich
Lieb' und Lust, das wird das Be-ste sein, das wird das
schee-ret hast, kre-den-ze den Po-kal, kre-den-ze
Par-la-ment soll beim Cham-pag-ner sein, soll beim Cham-
mich nichts drum. Hui-da, hui-da, hui-da, hui-da, hui-da, hui-
Be-ste sein. " " " " " "
den Po-kal. " " " " " "
pag-ner sein. " " " " " "

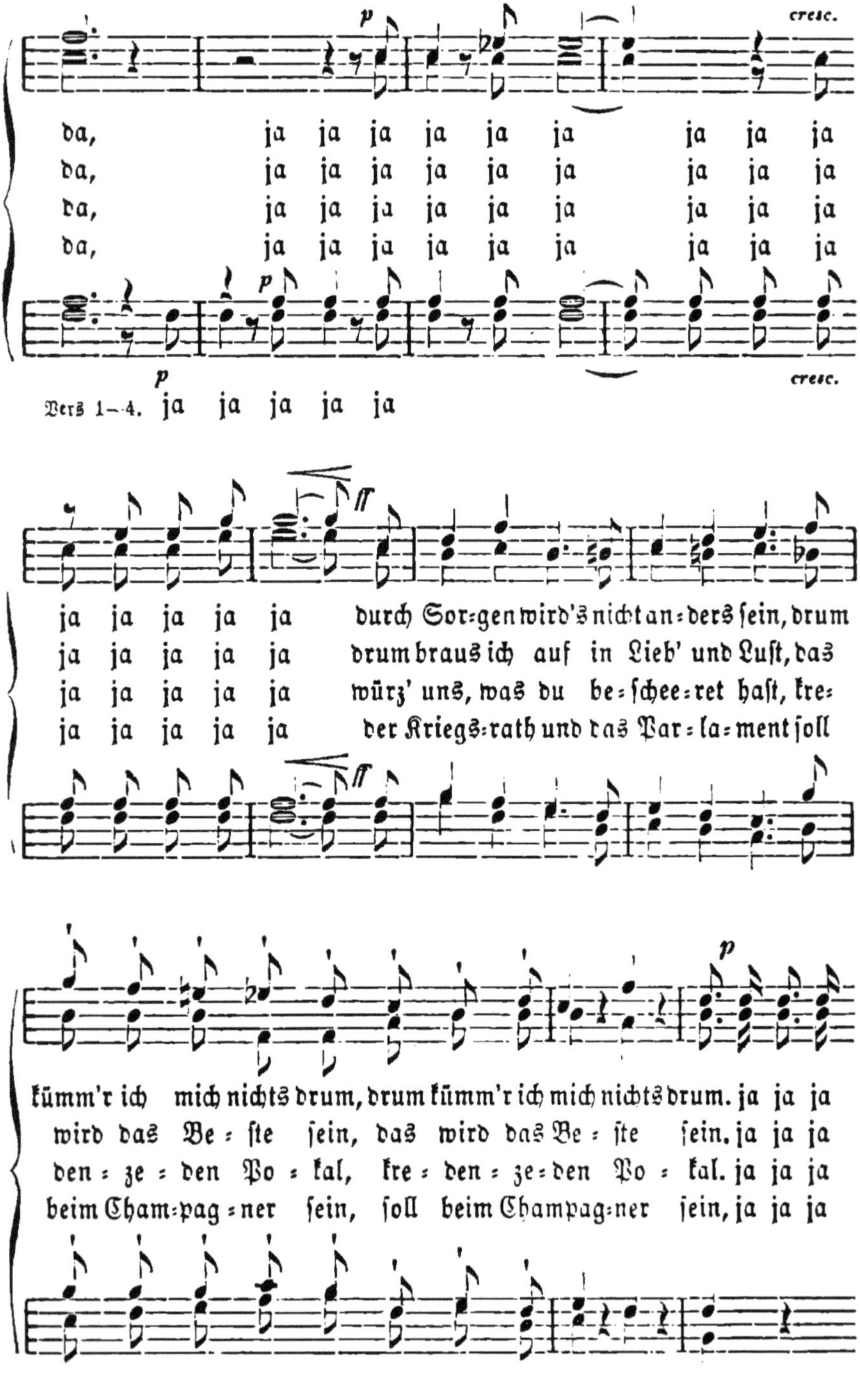

p
cresc.
da, ja ja ja ja ja ja ja ja ja
da, ja ja ja ja ja ja ja ja ja
da, ja ja ja ja ja ja ja ja ja
da, ja ja ja ja ja ja ja ja ja
p
cresc.
Vers 1–4. ja ja ja ja ja
ff
ja ja ja ja ja durch Sor-gen wird's nicht an-ders sein, drum
ja ja ja ja ja drum braus ich auf in Lieb' und Lust, das
ja ja ja ja ja würz' uns, was du be-schee-ret hast, kre-
ja ja ja ja ja der Kriegs-rath und das Par-la-ment soll
ff
p
kümm'r ich mich nichts drum, drum kümm'r ich mich nichts drum. ja ja ja
wird das Be-ste sein, das wird das Be-ste sein, ja ja ja
den-ze-den Po-kal, kre-den-ze-den Po-kal. ja ja ja
beim Cham-pag-ner sein, soll beim Champag-ner sein, ja ja ja

ja ja ja ja ja — — — ja ja ja ja ja ja ja
ja ja ja ja ja — — — ja ja ja ja ja ja ja
ja ja ja ja ja — — — ja ja ja ja ja ja ja
ja ja ja ja ja — — — ja ja ja ja ja ja ja
Durch Sor-gen wird's — — — —
Drum braus' ich auf — — — —
Würz' uns was du — — — —
der Kriegsrath und — — — —
f

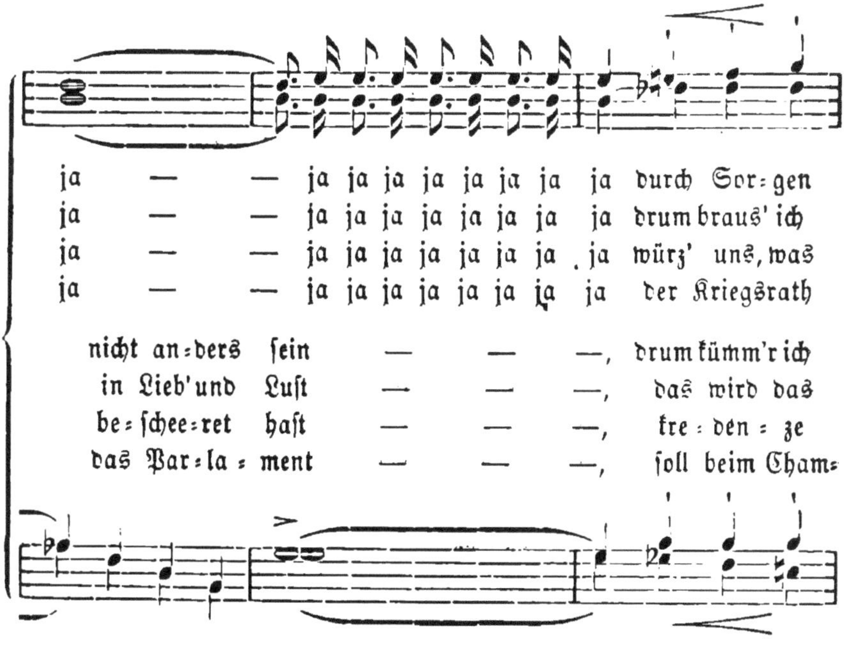
ja — — ja ja ja ja ja ja ja ja durch Sor-gen
ja — — ja ja ja ja ja ja ja ja drum braus' ich
ja — — ja ja ja ja ja ja ja ja würz' uns, was
ja — — ja ja ja ja ja ja ja ja der Kriegsrath
nicht an-ders sein — — —, drum kümm'r ich
in Lieb' und Lust — — —, das wird das
be-schee-ret hast — — —, kre-den-ze
das Par-la-ment — — —, soll beim Cham-

f
wird's nicht anders sein, drum küm'r ich mich nichts
auf in Lieb' und Lust, das wird das Be- ste
du be- schee- ret hast, kre- den- ze- den Po-
und das Par- la- ment soll beim Champagner
mich nichts drum, ja ja ja ja ja ja drum küm'r ich mich nichts
Be- ste sein, ja ja ja ja ja ja das wird das Be- ste
den Po- kal, ja ja ja ja ja ja kre- den- ze den Po-
pag- ner sein, ja ja ja ja ja ja soll beim Champag- ner
f
p
1. dim. e rit.
d'rum, drum kümm'r ich mich nichts d'rum,
sein, das wird das Be- ste
kal, kre- den- ze den Po-
sein, soll beim Champag- ner
drum, ja ja ja ja ja ja drum küm'r ich mich nichts drum ja ja ja
sein, ja ja ja ja ja ja das wird das Be- ste
kal, ja ja ja ja ja ja kre- den- ze den Po-
sein, ja ja ja ja ja ja soll beim Champagner
p

pp
nichts drum, nichts drum, ja ja ja ja.
ja nichts drum, ja ja ja ja nichts drum, ja ja ja ja.
pp
2. Vers 2 u. 4.
dim. e rit.
pp
sein, ja ja ja ja das wird ja ja ja ja das Be=ste sein, ja ja ja
sein, ja ja ja ja da soll ja ja ja ja da soll er sein, ja ja ja
pp
3. cresc. e string.
ja. kal, ja ja ja ja den Po=kal, ja ja ja ja den Po=
f
kal, ja ja ja ja.
NB. Vers 4 cresc. e string.
f

158. Das Kirchlein.

Andante non troppo. **E. Becker.**

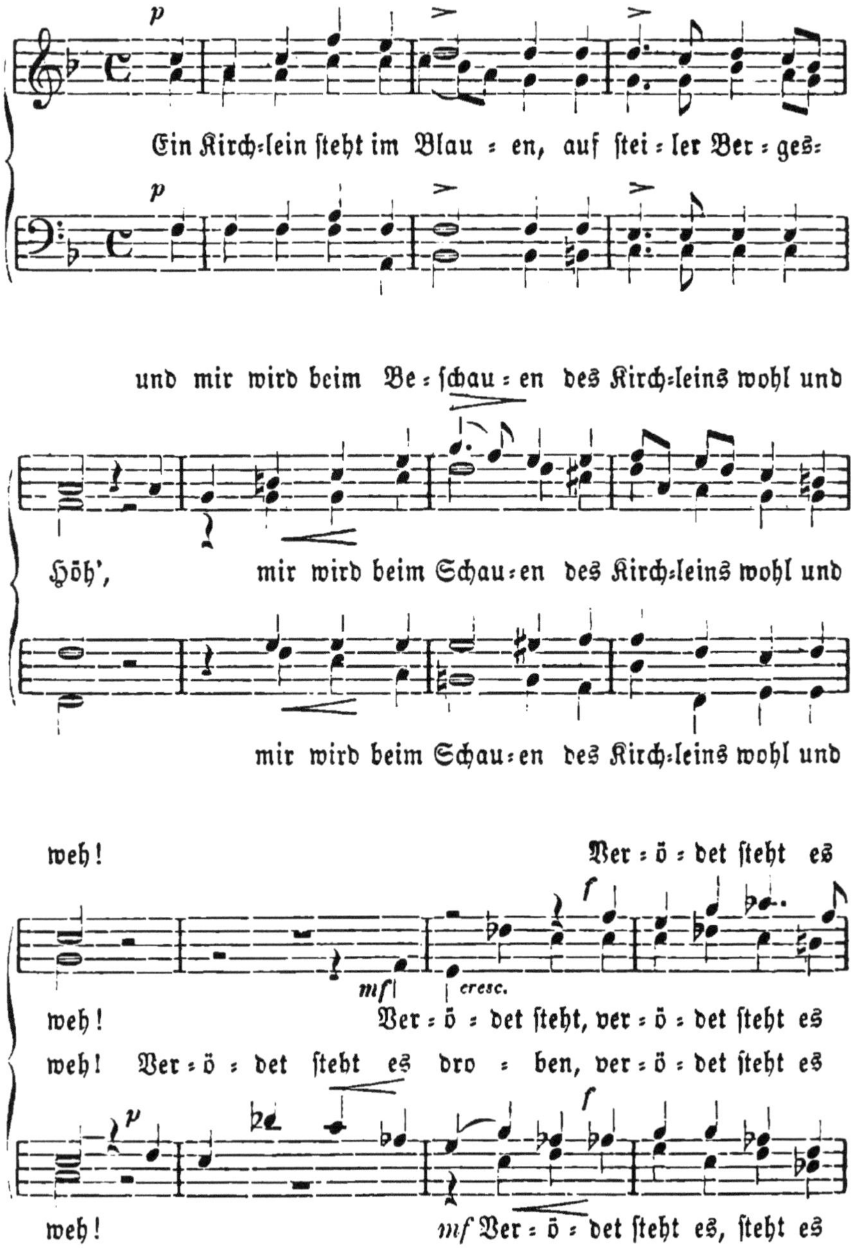
p
Ein Kirch=lein steht im Blau = en, auf stei = ler Ber = ges=
p
und mir wird beim Be = schau = en des Kirch=leins wohl und
Höh',
mir wird beim Schau=en des Kirch=leins wohl und
mir wird beim Schau=en des Kirch=leins wohl und
weh!
Ver = ö = det steht es
f
weh!
mf
cresc.
Ver = ö = det steht, ver = ö = det steht es
weh! Ver = ö = det steht es dro = ben, ver = ö = det steht es
p
f
weh!
mf Ver = ö = det steht es, steht es

pp p
dro=ben, ein Denk=mal früh'=rer Zeit; vom Mor=gen=roth ge=
pp p p
dro=ben, ein Denk=mal früh = rer Zeit;
vom Mor=gen=roth ge=
wo = ben wird ihm sein Sonn=tags=kleid, vom Roth ge=
mf
p vom Morgen=roth, vom Roth ge=
f mf
wo = ben wird ihm sein Sonn=tags = kleid. Und wenn
f mf più lento pp
pp Und wenn
pp
dolce
Und wenn die Glok=ken klin = gen im fri = schen Mor=gen=
— Glok = ken, wenn Glok=ken klin=gen in dem Mor = gen=
Glok = ken, Glok = ken klin = gen im Mor = gen=

hauch, und wenn die Glok-ken klin - gen im fri-schen Mor-gen-
- hauch, wenn die Glok-ken klin-gen im fri-schen Mor-gen-
mf
hauch, wenn Glok - ken klin - gen im fri-schen Mor-gen-
p
hauch, dann regt mit zar - ten Schwin-gen sich dort ein Glöck-lein
dann regt die zar - ten Schwin - gen dort ein Glöck-lein
p
p
hauch, dann regt mit zar - ten Schwin-gen sich dort ein Glöck-lein
fz p
auch, dann regt mit zar - ten Schwin-gen sich dort ein Glöck-lein
auch, dann regt die zar - ten Schwin - gen dort ein Glöck-lein
fz p
auch, dann regt mit zar - ten Schwin-gen sich dort ein Glöck-lein

p
auch, und wenn die Glok=ken klin = gen im fri=schen Mor=gen=
auch, und wenn die Glok=ken klin = gen im fri = schen Mor=gen=
p
auch, p wenn Glok = ken klin = gen im Mor = gen=
pp
hauch, dann regt sich dort, sich dort ein Glöck=lein
pp
hauch, dann regt sich dort —, sich dort ein Glöck=lein
pp
pp ritard.
Tempo primo
auch, ein Glöck=lein auch — — —! f Wohl weckt sein mil=des
pp auch — — — ritard. — — —!
auch — — —, ein Glöck=lein auch!
Schal=len ein schlum=mern=des Ge = fühl, zum Kirch=lein seh' ich

p
wal = len der from=men Be = ter viel, wohl weckt sein mil=des
p
sein mil=des
pp
ritard.
mf a tempo
Schal=len ein schlum=mern=des Ge = fühl; zum Kirch=lein seh' ich
pp
ritard.
mf a tempo
Schal=len weckt ein Ge = fühl;
zum Kirch=lein
f
wal = len der from=men Be = ter viel, ich
f
zum Kirch=lein seh' ich,
seh' ich wal = len der
ff
se = he wal = len der from = men Be = ter viel —, zum
ff
seh' ich wal = len der

un poco adagio
Kirch-lein seh' ich wal - len der from - men Be - ter viel!

159. Waldvöglein.

Leicht und anmuthig. Nach Julius Dürner.

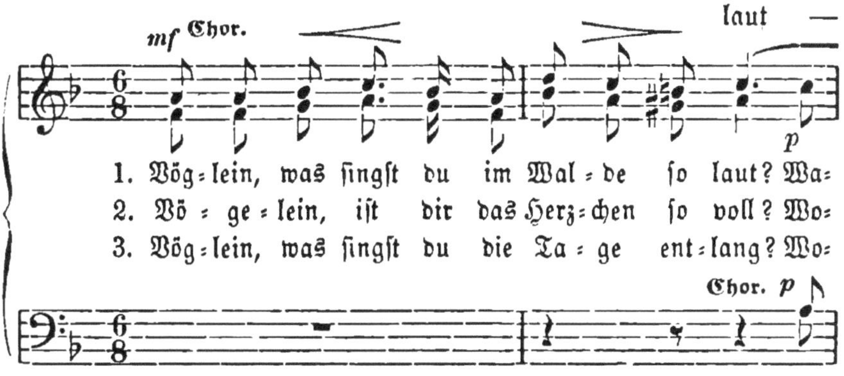
mf Chor.
laut —
p
1. Vög-lein, was singst du im Wal - de so laut? Wa-
2. Vö - ge - lein, ist dir das Herz-chen so voll? Wo-
3. Vög-lein, was singst du die Ta - ge ent-lang? Wo-
Chor. p

— — —? Wa - rum?
rum? Wa-rum? Wa - rum? Rufst du den Bräu-ti-gam,
von? Wo-von? Wo - von? Daß es von Lie - dern dir
zu? Wo - zu? Wo - zu? Lau-schet auch Ei - ner auf
mf

p
Soli.
Wa = rum? Wa=rum? Wa = rum? Ich
Wo = von? Wo=von? Wo = von? Mein
Wo = zu? Wo = zu? Wo = zu? Ich
rufst du die Braut — — —?
ü = ber = quoll — — —?
dei = nen Ge = sang — — —?
p
Soli.
rufst du die Braut? Wa = rum? Wa=rum?
ü = ber=quoll? Wo = von? Wo=von?
dei = nen Ge = sang? Wo = zu? Wo=zu?
dolce
bin nicht Bräu = ti = gam, nicht Braut, doch sin = ge ich im
Herz ist voll und doch nicht schwer, mein Herz ist leicht und
sin = ge mir mein Le = ben lang, nicht dieß und das ist
dolce
mf
p
Wal = de laut, doch sin = ge ich im Wal = de laut, weiß
doch nicht leer, mein Herz ist leicht und doch nicht leer, weiß
mein Ge = sang, nicht dieß und das ist mein Ge = sang, ich
mf
p

nicht, wa=rum ich sin=ge, weiß nicht, wa=rum ich sin=ge im
nicht, wo=von ich sin=ge, weiß nicht, wo=von ich sin=ge im
muß nun ein=mal sin=gen, ich muß nun ein=mal sin=gen im
Chor.
Wal=de, im Wal=== de.
Wal=de, im Wal=== de.
Wal=de, im Wal=== de.
O Vög=lein im
Chor.
im Wald — —
riten.
Wald, o Vög=lein im Wald!
Otto v. Haugwitz.
riten.
— —, im Wald!

160. Noch ist die blühende, goldene Zeit.

Frisch und freudig. **Volksweise.**

mf
1. Noch ist die blü-hen-de, gol-de-ne Zeit, o du
2. più f Frei ist das Herz und frei ist das Lied, und
3. Im Her-zen tief in-nen ist Al-les da-heim, der
mf
schö-ne Welt, wie bist du so weit: und so weit ist mein
frei ist der Bursch, der die Welt durchzieht. p Und ein ro-si-ger
Freu-de Saa-ten, der Schmer-zen Keim! f D'rum frisch sei das
Herz und so blau wie der Tag, wie die Lüf-te durch ju-belt von
Kuß ist nicht min-der frei, so spröd und verschämt auch die
Herz und le-ben-dig der Sinn; ff dann brau-set ihr Stür-me da-

mf
f
Ler = chen = schlag! Ihr Fröh = li = chen, singt, weil das Le = ben noch
Lip = pe sei. Wo ein Lied er = klingt, wo ein Kuß sich
her und da = hin! Wir a = ber sind all = zeit zu sin = gen be =
mf
f

mf
f
mait: Noch ist die schö = ne, die blü = hen = de Zeit, noch sind die
beut: Da ist die blü = hen = de, gol = de = ne Zeit, noch sind die
reit: Noch ist die blü = hen = de, gol = de = ne Zeit, noch sind die
mf
f

p
Ta = ge der Ro = = = sen!
Ta = ge der Ro = = = sen!
Ta = ge der Ro = = = sen!
p

O. Roquette.

161. Lang' ist es her!

Innig. Volksweise.

1. Weißt du wohl noch, was du einst mir ge = sagt?
2. Kennst du den stil = len, den lieb = li = chen Ort,
3. pp Sing' mir noch ein = mal den hol = den Ge = sang,
p p
lang' ist es her, lang' ist es her! als du so schüchtern dein
lang' ist es her, lang' ist es her! wo wir ein = an = der ge=
lang' ist es her, lang' ist es her! der einst so in = nig zum
mf p mf
Leid mir ge=klagt, lang' ist es her, lang' ist es her! Nim=mer ver=
ge = ben das Wort, lang' ist es her, lang' ist es her! Jeg = li=chem
Her=zen mir drang, lang' ist es her, lang' ist es her! Ach, je = der

cresc.
geß' ich die se = li = ge Zeit, da du voll Lie = be dein
Glück zogst mein Lä = cheln du vor, se = lig nur lauscht' dei = nen
Ton hat dein Wort mir er = neut, daß du voll Treu = e dein
cresc.
Herz mir ge=weiht! Ach, je = nes Glük = kes ge=denk' ich noch heut',
Tö = nen mein Ohr. Noch jauchzt mein Herz, weil das dein' es er = kor,
Herz mir ge=weiht. Nim = mer ver = geß' ich die se = li = ge Zeit,
sehr langsam
lang', ach, gar lang' ist es her!
sehr langsam
lang' ist es her!
lang' ist es her!

162. Wenn wir durch die Straßen ziehen.

Marschlied.

Frisch bewegt. Arrangirt von **W. Baumgartner.**

mf
1. Wenn wir durch die Stra = ßen zie = hen, recht wie
2. Und doch weiß ich, daß die Ei = ne wohnt viel
mf
mf
Bursch' in Saus und Braus, schau = en Aeug = lein blau und
Mei = len weit von hier; und doch kann ich's Schau'n nicht
mf
f
p
grau = e, schwarz und braun aus man = chem Haus; und ich
las = sen nach dem schmuk = ken Mäd = chen hier; Lieb = chen
f
p

laß die Blik = ke schwei = fen durch die Fen = ster hin und
woll' dich nicht be = trü = ben, wenn dir Eins die Kun = de
her, fast als wollt' ich Ei = ne su = chen, die mir die
bringt, und daß dich's nicht ü = ber = ra = sche, die = ses
I. Baß hervortretend
Al = ler = lieb = ste wär'.
Lied der Wand = rer singt.
W. Müller.

163. Ergo bibamus!

Sehr lebhaft und heiter. **Volksweise.**

mf
1. Hier sind wir ver = sam = melt zu löb = li = chem Thun, d'rum
2. Ich hat = te mein freund = li = ches Lieb = chen ge = seh'n, da
3. Mich ruft das Ge = schick von den Freun = den hin = weg; ihr
4. Was sol = len wir sa = gen vom heu = ti = gen Tag? Ich
f
Brü = der = chen: Er - go bi - ba - mus! Die Gläser, sie klin = gen, Ge =
dacht' ich mir: Er - go bi - ba - mus! Und nah = te mich freundlich, da
Red = li = chen: Er - go bi - ba - mus! Ich schei = de von ih = nen mit
däch = te nur: Er - go bi - ba - mus! Er ist nun ein = mal von be =
sprä = che sie ruh'n; be = her = zi = get: Er - go bi - ba - mus! Das
ließ sie mich steh'n. Ich half mir und dach = te: Bi - ba - mus! Und
leich = tem Ge = päck; d'rum dop = pel = tes: Er - go bi - ba - mus! Und
son = de = rem Schlag; d'rum im = mer auf's Neu = e: Bi - ba - mus! Er

mf
heißt noch ein al = tes, ein tüch = ti = ges Wort; es paſ = ſet zum
wenn ſie ver = ſöh = net, euch her = zet und küßt, und wenn ihr das
was auch der Filz von dem Lei = be ſich ſchmorgt, ſo bleibt für den
füh = ret die Freu = de durch's of = fe = ne Thor, es glän = zen die
mf
f
er = ſten, und paſ = ſet ſo fort, und ſchal = let ein E = cho vom
Her = zen und Küſ = ſen ver = mißt, ſo blei = bet nur, bis ihr was
Hei = tern doch im = mer ge = ſorgt, weil im = mer dem Fro = hen der
Wol = ken, es theilt ſich der Flor, da leuch = tet ein Bild = chen, ein
f
ritenuto
ff
feſt = li = chen Ort, ein herr = li = ches: Er - go bi - ba-mus!
Beſ = ſe = res wißt, beim tröſt = li = chen: Er - go bi - ba-mus!
Fröh = li = che borgt, d'rum Brü = der = chen: Er - go bi - ba-mus!
gött = li = ches, vor; wir klin = gen und ſin = gen: Bi - ba-mus!
ff
ritenuto

164. In der Fremde.

Nicht zu geschwind. Volkslied. Mel. aus Sachsen.*)

p
1. Fer-ne vom Hei-mat-land, bin ich hie - her-ge-bannt,
2. Als ich da - heim noch war, o! wie war's warm und klar,
3. Und in Ver - bannung noch, trag' ich auch schwe-res Joch,
4. Denk' ich o Hei - mat dein, al - ler der Lie-ben drein,
p
cresc.
ein-sam und un - bekant, schmerzt mich so sehr, seh - ne mich
hat - te das gan - ze Jahr, Som-mer zu - mal, spür - te nicht
grün' ich und blüh' ich doch, so wie vor - her, kömmt mir ein
kenn' ich nicht Gram u. Pein, kenn' ich nicht Schmerz, träum' ich von
cresc.
dim.
stets nach dir fremd ist mir al - les hier, fremd ist mir
Schmerz noch Leid, kann-te nicht kal - te Zeit, kann - te nicht
Gruß von dir, ist's oft im Win-ter hier, ist's oft im
dir die Nacht, von dei - ner Lust und Pracht, von dei-ner
dim.

*) Wird auch zu dem Text: „Ach wie wär's möglich dann" v. Chezy gesungen

al - les hier, al - les so selt - sam mir, trau - rig und leer!
kal - te Zeit, nicht Kummer, Win - ter - leid, Sor - gen und Qual!
Win - ter hier, als ob es Früh - ling mir im - mer noch wär'!
Lust und Pracht, ist mir so froh er - wacht Mor - gens das Herz!

Hoffmann v. Fallersleben.

165. Seliger Tod.

Ruhig erzählend. **Volksweise.**

Halbchor. 1. *mf* Es zo - gen drei Krie - ger aus blut'- gem Ge - fecht, sie
2. *pf* Es zo - gen drei Krie - ger aus hei - ßem Ge - fecht, sie
3. *p* Es zo - gen die Krie - ger todt - mü - de da - hin, am

hat - ten ge - foch - ten für - wahr nicht schlecht, *p* sie gin - gen tief -
hat - ten ge - kämp - fet für Licht und Recht, *f* sie hat - ten ge -
Him - mel das blei - che Ge - stirn er - schien; *pp* sie konn - ten nicht

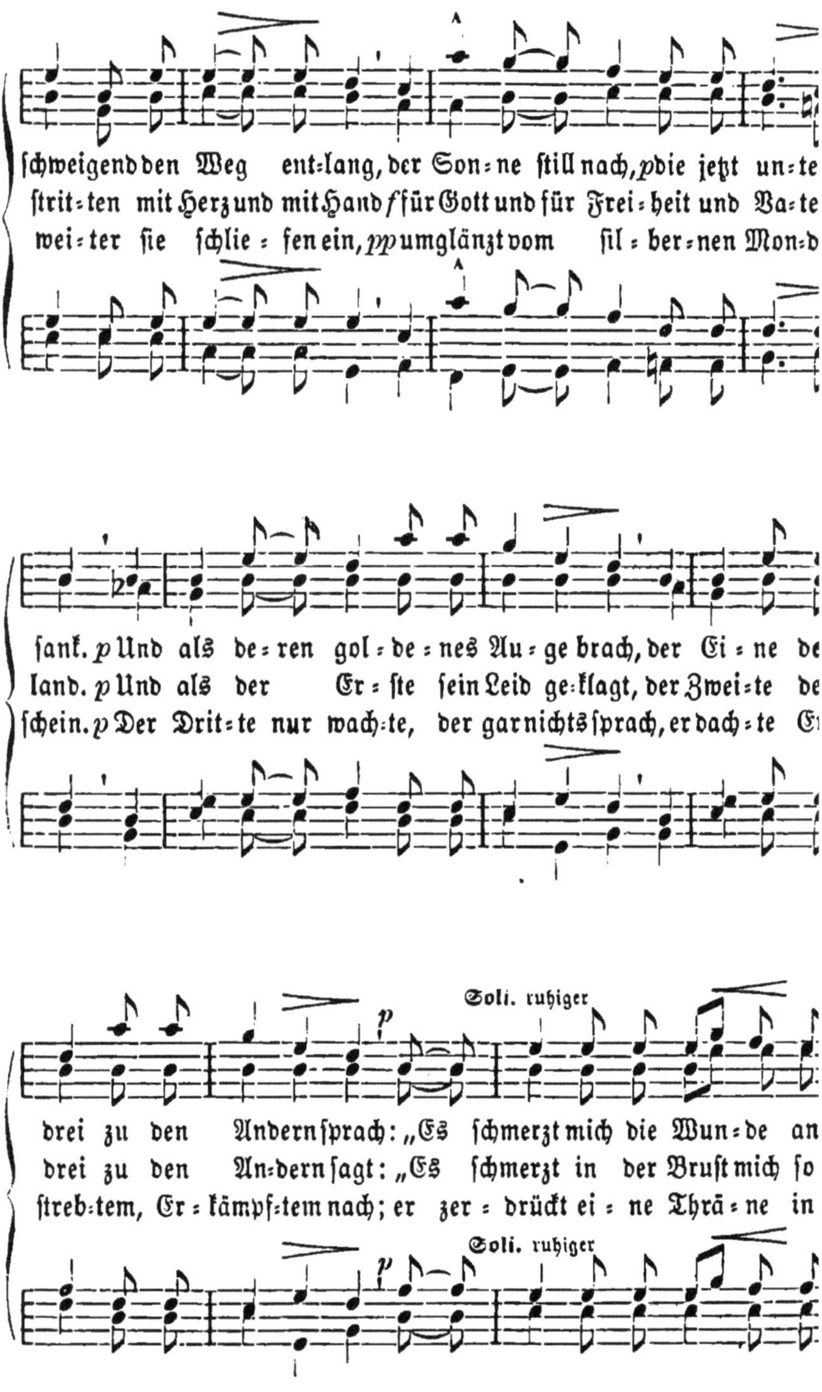
schweigend den Weg ent-lang, der Son-ne still nach, p die jetzt un-te
strit-ten mit Herz und mit Hand f für Gott und für Frei-heit und Va-te
wei-ter sie schlie-ßen ein, pp umglänzt vom sil-ber-nen Mon-d
sank. p Und als de-ren gol-de-nes Au-ge brach, der Ei-ne de
land. p Und als der Er-ste sein Leid ge-klagt, der Zwei-te de
schein. p Der Drit-te nur wach-te, der gar nichts sprach, er dach-te Er
p
Soli. ruhiger
drei zu den Andern sprach: „Es schmerzt mich die Wun-de an
drei zu den An-dern sagt: „Es schmerzt in der Brust mich so
streb-tem, Er-kämpf-tem nach; er zer-drückt ei-ne Thrä-ne in
p
Soli. ruhiger

rit.
mei=nem Leib, ich werd' nicht wie=der=se=hen mein Kind, mein
sehr, so sehr der Ge=dan=ke, ich se=he die Hei=mat nicht
hei=ßem Brand und starb se=lig den Tod für das Va=ter=
rit.
Chor. a tempo
mf
sf
Weib, es schmerzt mich die Wun=de an mei=nem Leib, ich
mehr, es schmerzt in der Brust mich so sehr, so sehr der Ge=
land, er zer=drückt ei=ne Thrä=ne in hei=ßem Brand und starb
Chor. a tempo
mf
sf
cresc.
rit.
ff
werd' nicht wie=der=se=hen mein Kind, mein Kind, mein Weib!“
dan=ke, ich se=he die Hei=mat nicht mehr!“
se=lig den Tod für das theu=re Va=ter=land!
cresc.
rit.
ff

Leonhard Widmer. Nach einer Ballade v. **Nikol. Günther.**

166. s' Blüemli.

Mit Anmuth. Volksweise.

p
mf
1. Han a=n=em Ort es Blüem=li g'seh, es Blüem=li
2. O laßt mi bi mym Blüem=li si, 's giebt num=me
3. Und wenn i einst ge=stor=ben bi, und 's Blüem=li
roth und wyß, sels Blüem=li g'seh'=ni nim=me me, d'rum
kein's me so! Es tröpf=let wohl es Thrän=li dri; ach,
au ver=blüet, so thuet mir doch mys Blü=me=li, zu
cresc.
riten.
f
pp Soli.
thuet es mir im Herz so weh, thuet mir im Herz so weh! O
i mag nim=me lu=stig si, mag nim=me lu=stig si! O
mir uf's Grab, das bit=te=n=i, uf's Grab, uf's Grab zue mir! O

a tempo
Tutti.
mf
mf

Blüemli my, o Blüemli my, i möcht', i möcht' gern bi dir si, o

a tempo
mf
Tutti.
mf

cresc.
f
rit.

Blüem=li my, o Blüem=li my, i möcht' gern bi dir si!

f
cresc.
rit.

167. Fahr' wohl, du gold'ne Sonne.

Ruhig und getragen. Ludwig v. Beethoven.

1. *mf* Fahr' wohl, du gold'=ne Son = ne, *p* du gehst zu dei = ner
2. *p* Schwer sind die Au = gen = li = der, *p* du nimmst das Lied mit
3. *pp* Und trägt des Tod's Ge = fie = der, *pp* mich statt d. Traums em=
4. *mf* Ich dan = ke dei = nem Strah = le *mf* für je = den schö = nen

Ruh; p und voll von dei = ner Won = ne geh'n mir die Au = gen
fort; mf fahr' wohl wir seh'n uns wie = der mf hier un = ten o = der
vor, p so schau' ich selbst her = nie = der mf zu dir aus hö = her'm
Tag, mf wo ich mit mei = nem Tha = le f an dei = nem Schim = mer
zu, p und voll von dei = ner Won = ne, mf und voll von dei = ner
dort, mf fahr' wohl, wir seh'n uns wie = der; f fahr' wohl, wir seh'n uns
Chor, p so schau' ich selbst her = nie = der, p so schau' ich selbst her =
lag, mf wo ich mit mei = nem Tha = le, mf wo ich mit mei = nem
etwas langsamer
Won = ne mf geh'n mir die Au = gen zu.
wie = der, mf hier un = ten o = der dort.
nie = der, mf zu dir aus hö = her'm Chor.
Tha = le f an dei = nem Schimmer lag.
etwas langsamer

Fr. Rückert.

168. Im Thale.

Langsam. Volksweise.

1. p Die Blu=men=glöck=chen klin=gen p und nik=ken hold sich
2. mf Es grüßt die jun=ge Er=de f des Lich=tes er=ster
3. f Wie Braut=ge=sang er=schal=let f ihr sü=ßes Mor=gen=
4. pp Da tönt aus blau=er Fer=ne pp des Sen=ners Alp=horn
5. p Er steht auf Ber=ges=hö=he p und schaut in's tie=fe

zu, f und mun=t're Vö=gel sin=gen, p sin=gen: f wie
Strahl, mf da zieht mit ih=rer Heer=de, p Heer=de, mf die
lied; f wie's durch die Wäl=der hal=let, p hal=let, f und
hin, p zu Thal zög' er so ger=ne, pp ger=ne, pp im
Thal, f da faßt ihn hei=ßes We=he, mf We=he, f und

schön, o Welt, bist du!
Hir=tin in das Thal.
durch die Fel=sen zieht.
Tha=le weilt sein Sinn.
Leid und Lust zu=mal.

Delia Helena.

Nach dem alten Volksliede: „Ich stand auf hohem Berge“.

169. Der Geliebten.

Allegretto.
mf
1. Was, trau=te Brü=der, sitzt ihr auch
2. Der Herz=ge=lieb=ten weih' ich dies,
3. So sin=ge je=der Bur=sche auch
mf
p
mf
stumm? so stumm? Frisch auf und singt nach
für! Für und für! Der Wein schmeckt noch ein=
Lied, sein Lied; und trink da=zu nach
p
mf
p
dolce
fro=hes Lied her=um, her=um. Ge=sa
ich da=bei von ihr, von ihr. Leicht w
froh die Nacht ent=flieht, ent=flieht! Auf! s
p
dolce
Ge=sang
Leicht wallt
Auf! singt

froh beim Wein, macht fröh=li=cher beim Schmaus. Auf! schenkt die lee=ren
ist mir gut; ihr lie=bend Herz ist mein. Wenn sanft in mei=nem
trink' es dir, mein hol=des Mäd=chen zu! Kein Mensch auf Got=tes

f
dim.
p
f

Glä=ser ein, und trinkt sie wie=der aus, wie=der aus, und
Arm sie ruht, wie se=lig werd' ich sein, werd' ich sein, wie
Er=de hier ist mir so lieb wie du, wie du, ist

f
dim
p
f

dim.
p

trinkt sie wie=der aus, wie=der aus.
se=lig werd' ich sein, werd' ich sein.
mir so lieb wie du, wie du.

dim.
p

170. Soldatenabschied.

Mäßig schnell. J. Stern.

mf
1.—3. Mor = gen mar = schi = ren wir, a = de, a=
mf
1.—3. Mor=gen mar=schi=ren wir, ja mar=schi=ren wir, a=
de, a = de, a = de! Mor = gen mar = schi = ren
de, a = de, a = de, ja mor=gen mar=schi=ren wir, ja ma
wir, a = de, a = de, a = de, a = de!
Wie lieb=lich sang di
Und un = ser Bün=d
So reich' mir denn n
p
schi=ren wir, a = de,
p

Nach=ti=gall vor mei=nes Liebchens Haus, ver=klun=gen ist nun
ist geschnürt und al=le Lie=be drein, a=de, die Trommel
mal die Hand, Herz=al=ler=lieb=ster du, und kommst du in ein
a=de,
Sang u. Schall, das Lie=ben ist nun aus, das Lie=ben ist nun
wird ge=rührt, es muß ge=schie=den sein, es muß ge=schie=den
fer=nes Land, so laß dein Bün=del zu, so laß dein Bün=del
a=de, a=de,
aus.
sein.
zu.
A=de, a=de, a=de, a=de, es muß ge=schie=den
a=de,
mf
sf
p

mf
f
sein, a = de, a = de, a=de, a = de, es muß ge=schie=den
a = de, a = de, es
decresc. e lento
p
sein. A = de, a = de!
A=de, a = de, a = de, a = de, a = de, a = de!

Hoffmann v. Fallersleben.

171. Die Gedanken sind frei.

Mäßig bewegt. Volkslied.

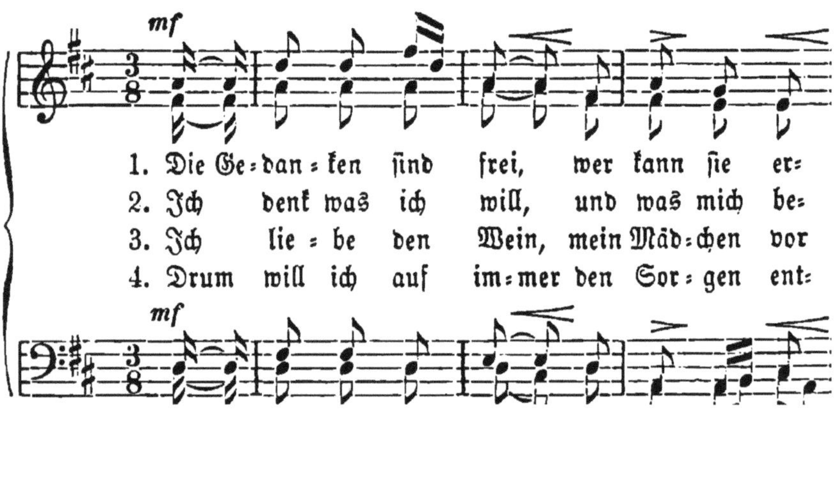
mf
1. Die Ge=dan=ken sind frei, wer kann sie er=
2. Ich denk was ich will, und was mich be=
3. Ich lie = be den Wein, mein Mäd=chen vor
4. Drum will ich auf im=mer den Sor = gen ent=
mf

dim.
rathen, sie rau=schen vor = bei wie nächt=li = che Schatten,
glücket, doch Al = les in der Still, und wie es sich schik=ket,
al=len, sie thut mir al = lein am be = sten ge = fal=len,
sa=gen, und will mich nun nim=mer mit Gril = len mehr pla=gen,
dim.
f
dim.
kein Mensch kann sie wis = sen, kein Jä = ger sie schie=ßen, ich
mein Wunsch und Be = geh=ren, kann Nie=mand ver = weh=ren, es
ich sitz' nicht al = lei = ne, bei ei = nem Glas Wei = ne, mein
man kann ja im Her = zen stets la = chen und scher = zen und
f
dim.
blei = be da = bei, die Ge = dan=ken sind frei!
blei = bet da = bei, die Ge = dan=ken sind frei!
Mäd=chen da = bei, die Ge = dan=ken sind frei!
den = ken da = bei, die Ge = dan=ken sind frei!

172. An der Saale hellem Strande.

Mäßig bewegt, mit frischem Ton. Arrang. v. W. Baumgartner.

mf
1. An der Saa = le hel = lem Stran = de ste = hen
2. Zwar die Rit = ter sind ver = schwun=den, nim = mer
p 3. Drü = ben win = ken schö = ne Au = gen, freund=lich
4. Doch der Wand' = rer muß von dan = nen, weil die
mf
gebunden
sf
p
Bur = gen stolz und kühn; ih = re Dä = cher sind zer=
tö = net Speer noch Schild; doch dem Wan = dersmann er=
lacht manch ro = ther Mund. Und der Wand' = rer steht von
Tren=nungs=stun = de ruft, und er sin = = get Abschieds=
sf
p
ih = re Dä=cher sind zer=
doch dem Wandersmann er=
und der Wand'rer steht von
und er sin = get Abschieds=
mf
p
fal = len und der Wind streicht durch die Hal = len, Wol=ken
schei=nen aus be = moos = ten al = ten Stei=nen oft Ge=
Fer = ne, schaut in blau = er Aeuglein Ster=ne, Herz ist
lie = der; Le = be = wohl tönt im = mer wie = der; Tü=cher
mf
p

mf
II. Tenor hervortretend
zie - hen drü - ber hin. Ih - re Dä - cher sind zer-
stal - ten zart und mild. Doch dem Wan-ders-mann er-
hei - ter und ge - sund. Und der Wand'rer steht von
we - hen durch die Luft. Und er sin - get Ab-schieds-
mf
f
p
fal - len und der Wind streicht durch die Hal - len, Wol - ken
schei - nen aus be - moos - ten al - ten Stei-nen oft Ge-
Fer - ne, schaut in blau - er Aeug - lein Ster-ne, Herz ist
lie - der, Le - be - wohl tönt im - mer wie - der; Tü - cher
f
p
zie - hen drü - ber hin.
stal - ten zart und mild.
hei - ter und ge - sund.
we - hen durch die Luft.

F. Kugler.

173. Lebewohl.

Langsam. Fr. Silcher.

mf
p
1. Mor - gen muß ich weg von hier und muß Ab - schied
2. Wenn zwei gu - te Freun - de sind, die ein - an - der
3. p Küs - set dir ein Lüf - te - lein Wan - gen o - der
mf
cresc.
f
neh - men; o du al - ler - schön - ste Zier, Schei - den, das bringt
ken - nen, Sonn' und Mond be - we - gen sich, e - he sie sich
Hän - de, p den - ke, daß es Seuf - zer seyn, die ich zu dir
p
Grä - men. Der ich dich so treu ge - liebt, ü - ber al - le
tren - nen. Noch viel grö - ßer ist der Schmerz, wenn ein treu ge -
sen - de; tau - send schick' ich täg - lich aus, die da we - hen

crescendo
f
Ma = ßen, soll ich dich ver = las = = sen,
lieb = tes Herz in die Frem = de zie = = het,
um dein Haus: dein ich stets ge = den = = ke,
f
crescendo

mf
soll ich dich ver = las = sen?
in die Frem=de zie = het.
f dein ich stets ge = den = ke.
mf

174. Die Thräne.

Mäßig. J. Witt.

mf
cresc.
f
1. Wohl war es ei = ne Se = lig = keit, wohl war es
2. Der Vo = gel = sang ver=stummt im Hain, und öd ist
mf
cresc.
f

crescendo
ei = ne Lust, wie ich der = einst in schö = ner Zeit ge=
Berg und Thal, so fällt nun auf mein trü = bes Sein der
crescendo
ruht an dei = ner Brust, in schö = ner Zeit ge=ruht an dei = ner
letz = te Son=nen=strahl, der letz = te Strahl, der letz = te Son=nen=
Brust. Doch hat uns nicht die Lieb' al = lein, uns hat der
strahl. Doch wenn auch je = de Spur ver = weht vom Glück, das

sehr zart
pp
pp
Schmerz ver = eint! Die Thrä = ne, die ver = geß ich nie, die
ich ge = träumt, die Thrä = ne bleibt mir e = wig noch, die
I. Baß etwas hervortretend
pp
pp
sehr zart
du um mich ge = weint, die Thrä = ne, die ver = geß ich
du um mich ge = weint, die Thrä = ne bleibt mir e = wig
f
mf
rit.
nie, die du um mich ge = weint!
noch, die du um mich ge = weint!
rit.
mf

175. Das Schwert.

Erzählend. Volksweise.

mf
1. Zur Schmie = de ging ein jun = ger Held, er
2. Der al = te Schmied den Bart sich streicht: Das
3. f „Nein, heut'!" bei al = ler Rit = ter = schaft! Durch
hat ein gu = tes Schwert be = stellt; doch als er's wog in
Schwert ist nicht zu schwer, noch leicht, zu schwach ist Eu = er
mei = ne, nicht durch Feu = ers Kraft! Der Jüng = ling spricht's, ihn
p
sei = ner Hand, das Schwert er viel zu schwer er = fand, das Schwert er
Arm, ich mein', doch mor = gen soll ge = hol = fen sein, doch mor = gen
Kraft durch = dringt, das Schwert er hoch in Lüf = ten schwingt, das Schwert er
cresc.
f

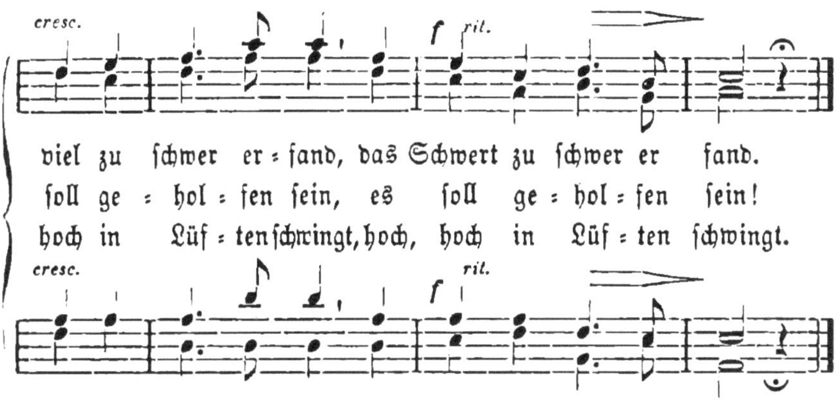
cresc.
f rit.
viel zu schwer er - fand, das Schwert zu schwer er fand.
soll ge - hol - fen sein, es soll ge - hol - fen sein!
hoch in Lüf - ten schwingt, hoch, hoch in Lüf - ten schwingt.
cresc.
rit.
f

176. Brüder, reicht die Hand zum Bunde!

Gemäßigt. Mozart.

mf
mf
1. Brü - der, reicht die Hand zum Bun - de! Die - se
2. Preis und Dank dem Wel - ten - mei - ster, der die
3. Ihr, auf die - sem Stern die Be - sten, Men - schen
mf
mf
mf
f
schö - ne Fei - er - stun - de führ' uns hin zu lich - ten
Her - zen, der die Gei - ster für ein e - wig Wir - ken
all im Ost und We - sten, wie im Sü - den und im
mf
f

crescendo
mf
Freund-schaft Har - mo - nie - en dau-ern e - w
Wahr - heit heil' - ge Waf-fen, sei uns gött - l
Men - schen herz - lich lie - ben, das sei un - s
crescendo
mf
f
ff
schön, dau - ern e - wig fest und sch
ruf, sei uns gött - li - cher Be - r
wort, das sei un - ser Lo - sungs - w
f
ff

177. Trink, Kamerad.

Nicht zu schnell. C. Zöllner.

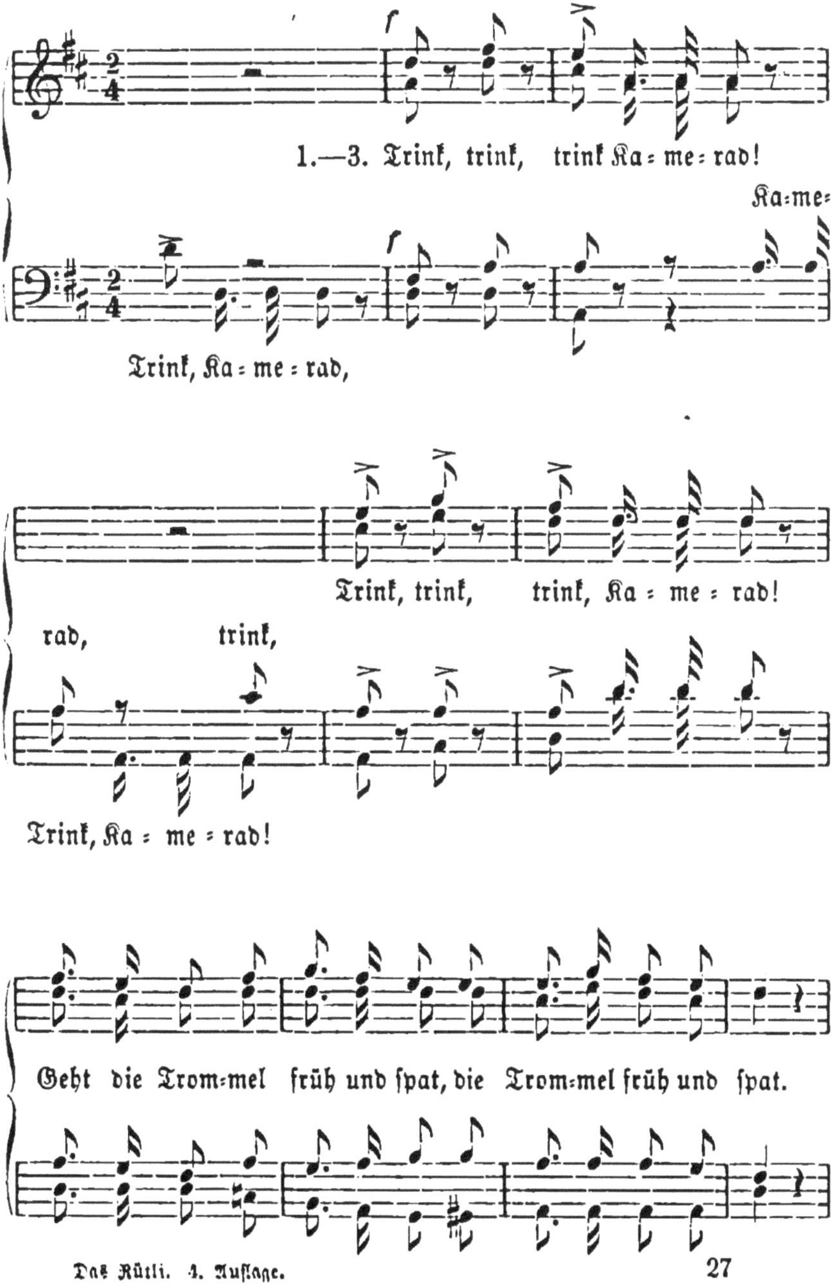
1.—3. Trink, trink, trink Ka=me=rad!
Ka=me=
Trink, Ka=me=rad,
Trink, trink, trink, Ka=me=rad!
rad, trink,
Trink, Ka=me=rad!
Geht die Trom=mel früh und spat, die Trom=mel früh und spat.

Soli.
p
So in Kriegs- und Frie- dens- zeit, auf dem Marsch und im Quar-
Und wir trin- ken nach dem Takt, und wir trin- ken nichts als
Blickt der Tod uns in das Glas, ist die Nei- ge noch nicht
Soli.
p
tier, ob's auch reg- net o- der schneit, ob der Feind ist dort und
Wein, wer sich stets für An- d're plagt, darf für sich auch lu- stig
aus, schla- gen wir ihn auf die Nas', und mar- schir'n zum Thor hin-
Chor.
mf
hier.
sein.
aus.
So in Kriegs- und Friedens- zeit, auf dem
Und wir trin- ken nach dem Takt, und wir
Blickt der Tod uns in das Glas, ist die
Chor.
mf
Trink, Ka- me- rad!

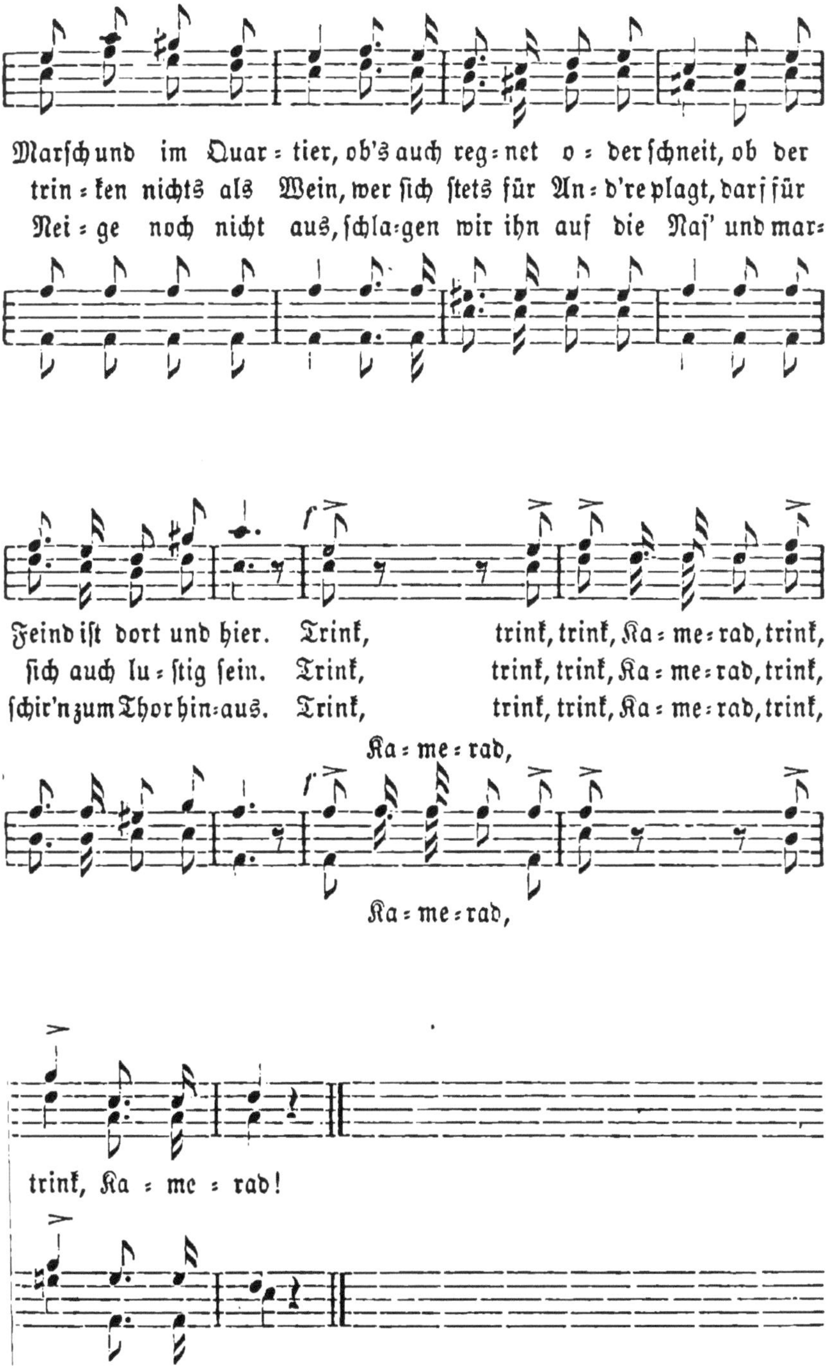
Marsch und im Quar = tier, ob's auch reg = net o = der schneit, ob der
trin = ken nichts als Wein, wer sich stets für An = d're plagt, darf für
Nei = ge noch nicht aus, schla = gen wir ihn auf die Nas' und mar =
Feind ist dort und hier. Trink, trink, trink, Ka = me = rad, trink,
sich auch lu = stig sein. Trink, trink, trink, Ka = me = rad, trink,
schir'n zum Thor hin = aus. Trink, trink, trink, Ka = me = rad, trink,
Ka = me = rad,
Ka = me = rad,
trink, Ka = me = rad!

178. Trinklehre.

Freudig und bewegt.

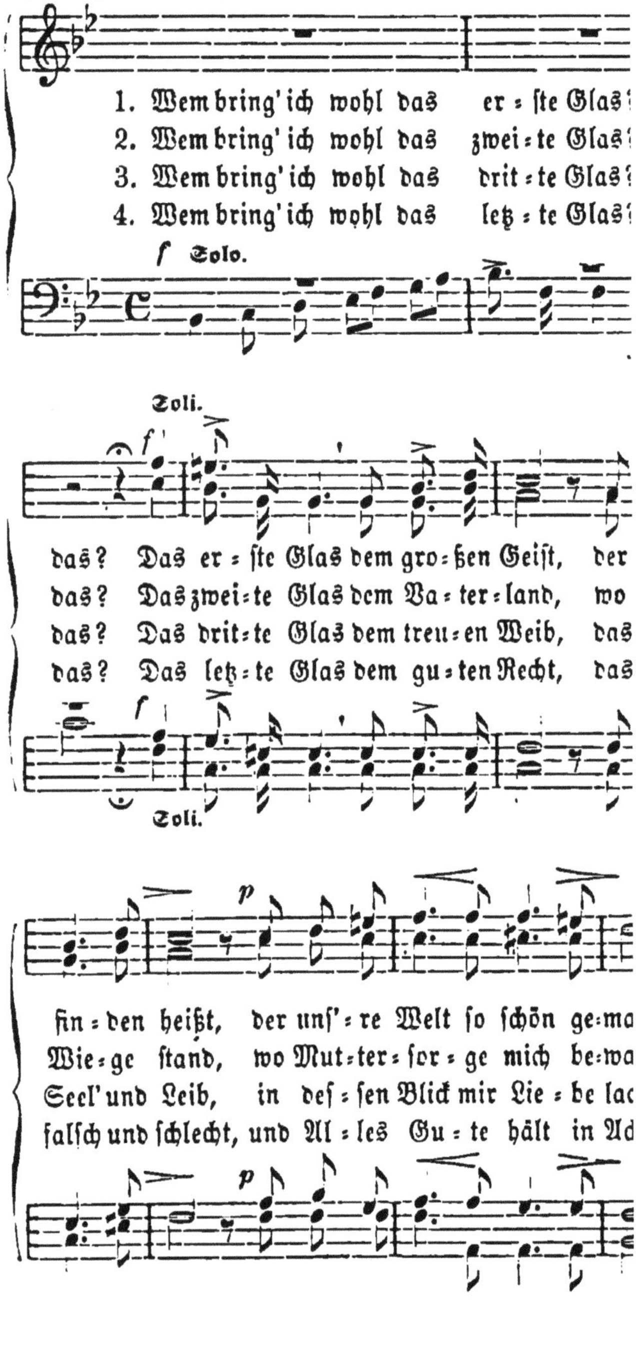
1. Wem bring' ich wohl das er = ste Glas?
2. Wem bring' ich wohl das zwei = te Glas?
3. Wem bring' ich wohl das drit = te Glas?
4. Wem bring' ich wohl das letz = te Glas?
Solo.
Soli.
das? Das er = ste Glas dem gro = ßen Geist, der
das? Das zwei = te Glas dem Va = ter = land, wo
das? Das drit = te Glas dem treu = en Weib, das
das? Das letz = te Glas dem gu = ten Recht, das
Soli.
fin = den heißt, der uns' = re Welt so schön ge=ma
Wie = ge stand, wo Mut = ter = sor = ge mich be=wa
Seel' und Leib, in des = sen Blick mir Lie = be lac
falsch und schlecht, und Al = les Gu = te hält in Ad

ihm,
Chor. etwas schneller
sf
f
er = ste Glas ge=bracht, ihm sei das er = ste Glas, ihm sei das er=ste
zwei = te " " " " zwei = te " " " zwei=te
drit = te " " " " drit = te " " " drit=te
letz = te " " " " letz = te " " " letz=te
sf
ihm,
sf
ff
ihm,
Glas, ihm sei das er = ste Glas ge=bracht, ihm sei das
" " " zwei = te " " " "
" " " drit = te " " " "
" " " letz = te " " " "
ihm, ihm sei das
sf
f
II. Baß markirt
ihm, ihm sei das
er = = ste Glas ge = bracht.
zwei = = te Glas ge = bracht.
drit = = te Glas ge = bracht.
letz = = te Glas ge = bracht.
J. N. Vogl.
er = ste Glas, das er = ste Glas ge = bracht.

179. Das böhmische Königstöchterlein.

Allegretto. E. J. Pfeiffer in San Francisco.

mf
1. Ich kenn' ein Kö-nigs-töch-ter-lein, wohl aus dem
2. Sie trägt auch ei-nen Rei-her-busch, wie Schnee so
3. O hol-de Maid von Leit-me-ritz, ge-grüßt sei
mf
Böh-mer-land, das strahlt in präch-tig gold'-nem Schein, Kry-
weich und weiß; ihr wird ge-bracht manch' Eh-ren-tusch, denn
tau-send-mal! Wo lä-chelnd du ge-nom-men Sitz, da
crescendo
p
stall ist ihr Ge-wand! Ihr Kuß, der klingt wie Sing und Sang, ich
köst-lich ist ihr Preis. Sie giebt uns Frohsinn, Muth und Kraft, be-
ist ein Freu-den-saal! Es fleußt so mild und won-ne-hell das
p
crescendo

ff
kos' mit ihr, o sü = ßer Hang! Stoßt an! Stoßt an! Es
gei = stert Al = le zau = ber=haft. Stoßt an! Stoßt an! Es
be = ste Heil aus dei = nem Quell. Stoßt an! Stoßt an! Es
ff Stoßt an! Stoßt an! Es
p
gilt dem Bier so fein! Dem hol = den, dem hol = den Kö = nigs=
töch = ter = lein! Hur = rah! Hur = rah! Hoch! Hoch! Hoch!

Müller v. d. Werra.

180. Das Lied vom Rheinwein.

Rasch und bestimmt. **C. Zöllner.**

1.—4. He = da, Wein her! Vom Rhein muß er sein.
Dein
Die
An
Bei
dim.
Lob, du ed = ler deut=scher Rhein, soll laut von uns be = sun = gen
El = be gibt wohl auch was her, man denkt da = bei: wenn's bes = ser
Leip=zigs Pleiß und El = ster = fluß, mich dau=ert's daß ich's sa = gen
Je = na drückt man Bee = ren aus, und denkt es wür = de Wein dar=
cresc.
sein, dein Lob, du ed = ler Rhein, soll laut be = =sun = gen sein. Denn
wär', man denkt da = bei: wenn's bes = ser wär', wenn's bes = ser wär'. Ich
muß, mich dau=ert's, ach, mich dau=ert's, daß ich's sa = gen muß, hat's
aus, man denkt, es wür = de Wein, es wür = de Wein dar = aus. Du

Denn Rhein=wein muß ich
Ich war ein=mal in
hat's nie=mals schlan=ke
Du lie=ber Gott in
p
Rheinwein, Rheinwein, muß ich ha=ben, soll ich mich weid=lich
war, ich war ein=mal in Mei=sen, und ließ mir wel=chen
nie=mals, nie=mals schlan=ke Re=ben, wie an dem Rhein ge=
lie=ber, lie=ber Gott in Gna=den, be=wahr' uns doch vor
p
f
la=ben, doch Was=ser, doch Was=ser, doch Was=ser! Mit
wei=sen, 'swar Was=ser, 'swar Was=ser, 'swar Was=ser! Mit
ge=ben, nur Was=ser, nur Was=ser, nur Was=ser! Mit
Scha=den, 'sist Was=ser, s'ist Was=ser, 'sist Was=ser! Mit
f
Was=ser bleib' mir fer=ne, das trink' ich gar nicht ger=ne, das

presto
sf
trink' ich gar nicht ger = ne; Wein, Wein, Wein, Wein muß es sein Wein
presto

sf
Wein, Wein, Wein vom Rhein, Wein muß es sein!

181. So lang im Keller noch ein Faß.

Moderato. E. J. Pfeiffer in San Francisco.

p
1. Schon zieht die Nacht, das stol = ze Weib, still ü = ber al = le
2. Nur in der Nacht, der stil = len Nacht, wenn fromme Ster = ne
3. Das Herz ist voll, der Be = cher leer, o komm, du Hol = de,
4. Und kommt der Mor = gen all = ge = mach, im gold = nen Strahl der

Lan-de, und hüllt den won-ne-sa-men Leib, in lich-te Stern-ge-
blin-ken, dann kann der Ze-cher mit Be-dacht die gold'nen Flu-then
Fei-ne, und brin-ge flugs die Kan-ne her, ge-füllt mit ed-lem
Son-nen, so zäh-len wir die Flaschen nach, die Kan-nen und die
Vivace
f
wan-de!
trin-ken.
Wei-ne.
Ton-nen.
Wir a-ber he-ben froh das
Im Be-cher perlt das ed-le
Dann sing ich dir ein Lie-del
Und dann zer-schel-len wir das
f
Wir a-ber he-ben froh das
Im Be-cher perlt das ed-le
Dann sing ich dir ein Lie-del
Und dann zer-schel-len wir das
Glas! be-freit von Gram und Sor-gen!
Naß, den ju-belnd wir er-faß-ten!
baß, daß nicht die Her-zen fa-sten!
Glas, das ju-belnd wir er-faß-ten!
Glas! be-freit von Gram und Sor-gen!
Naß, den ju-belnd wir er-faß-ten!
baß, daß nicht die Her-zen fa-sten!
Glas, das ju-belnd wir er-faß-ten!

So lang im Kel=ler noch ein Faß, so lang im
So lang ein Tro=pfen noch im Faß, so lang ein
So lang im Kel=ler noch ein Faß, so lang im
So lang ein Tro=pfen noch im Faß, so lang ein
ein Faß,
Kel=ler noch ein Faß, so lang im Kel=ler noch ein
Tro=pfen noch im Faß, so lang ein Tro=pfen noch im
Kel=ler noch ein Faß, so lang im Kel=ler noch ein
Tro=pfen noch im Faß, so lang ein Tro=pfen noch im
ein Faß,
Faß, soll un=ser Wirth nicht ra=sten! ra=sten!

Heinrich Heise.

182. Lied und Wein.

Frisch und bewegt. H. Bönicke.

1. Wenn die Sor-gen uns umschwe-ben, was soll dann uns
2. Nach des Ta-ges lan-gen Mü-hen, wo wird uns'-re
3. Wenn wir im-mer sor-gen müs-sen, wann wird uns die
Was? Was?
Freu-de ge-ben, wenn die Sor-gen uns um-schwe-ben,
Lust er-blü-hen, nach des Ta-ges lan-gen Mü-hen,
Freu-de grü-ßen, wenn wir im-mer sor-gen müs-sen,
Was? Was?
was soll dann uns Freu-de ge-ben? Was? Was?
wo wird uns'-re Lust er-blü-hen? Wo? Wo?
wann wird uns die Freu-de grü-ßen? Wann? Wann?

Tutti.
Herr - li - cher Lie - der - klang, herr - li - cher Lie - der - klang,
Hier, wo die Freu - de lebt, hier, wo die Freu - de lebt,
Blei - bet euch selbst ge - treu, blei - bet euch selbst ge - treu,
Solo.
Tutti.
Tutti.
feu - ri - ger Wei - nes - trank, feu - ri - ger Wei - nes - trank,
Blü - then in's Le - ben webt, Blü - then in's Le - ben webt,
e - wig dann lacht der Mai, e - wig dann lacht der Mai!
Solo.
Tutti.
Tutti.
bei - de sol - len uns e - wig er - freu'n, bei - de -
laßt er - schal - len im trau - ten Ver - ein, laßt er-
Auf, ihr Brü - der, und stimmt Al - le ein, auf, ihr
Solo.
Tutti.

sol = len uns e = wig er = freu'n.
schal = len im trau = ten Ver = ein:
Brü = der, und stimmt Al = le ein:
Halbchor.
Es le = be das
Halbchor.
Es le = be das Lied,
Es le = be das Lied,
Es le = be das Lied,
Lied, es le = be das Lied, es le = be der
es le = be der Wein!
es le = be der Wein!
Es le = be das
es le = be der Wein!
sf
sf
Wein, es le = be der Wein!

Chor.
Lied, es le - be der Wein! Es le - be das Lied, es
Chor.
das Lied, der
stringendo
le - be der Wein, es le - be das Lied, es le - be der
stringendo
das Lied, der Wein,
Wein, es le - be das Lied, es le - be der Wein, das
Lied, der Wein!
C. Lange.

Kräftig. **183. Trinklied.** E. M. Arndt.

f
ff
1. Bringt mir Blut der ed = len Re = ben, bringt mir
2. Bringt mir Mägd=lein, hold und mund=lich, zu dem
3. Heil dir, Quell der sü = ßen Won = ne, in dem
4. Heil dir, Quell der sü = ßen Lie = be, in dem
5. Bringt mir auch, was nicht darf feh = len, bei dem
6. Und dies Letzt', wem soll ich's brin = gen, in dem
mf
Halbchor.
Wein! Wie ein Früh=lings=vo = gel le = ben, in den Lüf = ten
Wein! Rollt die Stun = de glatt und rund=lich, greif' ich mir die
Wein! Ach, schon seh' ich Frühlings=son = ne, Mond und Sternlein
Wein! Sor = gen schlei=chen weg wie Die = be, und wie Hel = den
Wein! Aech = te, treu = e deut=sche See=len und Ge=sang aus
Wein? Sü = ße=stes von al = len Din=gen, dir, o Frei=heit
ff
will ich schwe=ben bei dem Wein, bei dem Wein!
Lust se=kund=lich in dem Wein, in dem Wein!
in der Ton=ne, in dem Wein, in dem Wein!
glüh'n die Trie = be bei dem Wein, bei dem Wein!
vol = len Keh = len zu dem Wein, zu dem Wein!
will ich's brin=gen in dem Wein, in dem Wein!
Wiederholung
Chor
mit voller Kraft.

184. Vom hoh'n Olymp.

Mit Kraft und Feuer. Arrang. v. W. Baumgartner.

Die fünfte Strophe muß langsamer und vorherrschend schwach gesungen werden.

f
1. Vom hoh'n O-lymp her-ab ward uns die Freu-de,
2. Ver-senkt in's Meer der ju-gend-li-chen Won-ne,
3. So lang es Gott ge-fällt, ihr lie-ben Brü-der,
4. Herr Bru-der, trink auf's Wohl-sein dei-ner Schö-nen,
5. Ist ei-ner uns'-rer Brü-der dann ge-schie-den,
f
mf
mf
ward uns der Ju-gend-traum be-scheert, drum trau-te
lacht uns der Freu-den ho-he Zahl, bis einst am
woll'n wir uns die-ses Le-bens freu'n, und wenn der-
die dei-ner Ju-gend Traum be-lebt; laß ihr zur
vom blas-sen Tod ge-for-dert ab, so wei-nen
mf
mf
sf
marcato
dolce
Brü-der, trotzt dem blas-sen Nei-de, der uns're Ju-gend-
A-bend uns die lie-be Son-ne, nicht mehr ent-zückt mit
einst der Vorhang fällt her-nie-der, ver-gnügt uns zu den
Ehr' ein flot-tes Hoch er-tö-nen, daß ihr's durch je-de
wir, und wünschen Ruh' und Frie-den, in un-sers Freun-des
sf
marcato
dolce

bewegter
freu = den stört. f Fei = er = lich schal = le der
ih = rem Strahl. f Fei = er = lich schal = le der
Vä = tern reih'n. f Fei = er = lich schal = le der
Ner = ve bebt! f Fei = er = lich schal = le der
stil = les Grab; p wir wei = nen und wün = schen
bewegter
Ju = bel = ge = sang schwär = men = der Brü = der beim Be = cher =
Ju = bel = ge = sang schwär = men = der Brü = der beim Be = cher =
Ju = bel = ge = sang schwär = men = der Brü = der beim Be = cher =
Ju = bel = ge = sang schwär = men = der Brü = der beim Be = cher =
Ru = he hin = ab in un = sers Bru = ders stil = les
1–4
5
1.–4. klang. Ja klang.
5. Grab. Wir Grab.
1–4
5

H. Ch. Schnoor.

185. Trinklied.

Heiter.

p Soli.
Chor.
mf

1. Die Wein-lein, die da flie - ßen, die soll m
2. Die Wölk-lein, die da flie - gen, die müs-s
3. Die Vög - lein kön-nen sin - gen, auf grü-n
4. Die Sternlein, die da blin - ken, die soll m
5. Die Rös - lein, die da blü - hen, ich pflück' i

Soli.
p
mf
Chor.

Chor
mf

wer ein lie - bes Schätz-lein hat, der soll ihm
schlim-mer Bub' die Ei - ne läßt und geht zur
wer ein sü - ßes Lieb - chen herzt, der soll's ver
je - den hol - den Frau - en - mund, den soll man
leg' sie in mein grü - nes Glas, das voll von

Chor.
mf

mf
cresc.

win - ken mit Au - gen und tre-ten
Früh-ling bringt die Ro - sen, der Win-ter b
schwei - gen, denn Dor - nen und Di - steln
Mond geht in die Wol - ken, so - bald der
trink' ich, daß Roth - rös - lein mir die Lip-pen

cresc.

Soli. Wiederholung Chor.
mf
cresc.
f
1
Es ist ein har=ter Or=den, der sei=nen Lieb=sten mei=den muß,
be=schwor=ne Lieb' zu bre=chen, thut treu=en Her=zen gar so weh,
doch bö=se Lä=ster=zun=gen, die ste=chen noch weit mehr, weit mehr,
doch schö=ne Frau=en=au=gen, die leuch=ten lieb=lich Tag und Nacht,
Wie das mein Herz er=freu=et, und herr=lich mahnt an Lieb=chens Kuß,
2 etwas belebter
p
muß.
weh.
mehr.
Nacht.
Kuß.
Fal=le=ra, fal=le=ra, fal=le=ra, fal=le=ra, fal=le=ra, fal=le=
ff
ra, fal=le=ra, fal=le=ra, fal=le=ra, fal=le=ra, fal=le=ra.

Feodor Löwe. Nach einem alten Volksliede.

Die mit Chor bezeichneten Stellen, Takte 3, 4, 7 und 8, werden zuerst vom Soloquartett und dann erst vom Gesammtchor gesungen.

186. Im Pokale klaren Wein.

Mit Feuer.
Stunz.
mf
cresc.
f
ff
1. Im Po = ka = le kla = ren Wein, wie ihn beut der Va = ter
2. Für das Schö = ne hel = len Blick, in der hol = den Lie = be
3. Für die Kunst das gan = ze Sein, im Er = faf = sen keusch und
Rhein, in dem Her = zen heit' = re Luft, für den Freund die off' = ne
Glück, für das Va = ter = land den Muth, für die Frei = heit un = ser
rein, im Voll = füh = ren Man = nes = kraft, fe = sten Sinn, der Wun = der
Brust, für den Freund, für den Freund die off' = ne Brust! Schal = len
Blut, für die Frei = heit, für die Frei = heit un = ser Blut! Schal = len
schafft, fe = sten Sinn, fe = sten Sinn, der Wun = der schafft! Schal = len

Schal-len uns'-re fro-hen Lie-der,
mf
cresc.
cresc.
uns'-re fro-hen Lie-der, tönt es in den Her-zen
mf
mf
cresc.
unſ'-re fro-hen Lie-der, tönt es in den
tönt es in den Her-zen:
mf
cresc.
ff
wie-der Frei-heit und Va-ter-land, Frei-heit und
mf
ff
Her-zen wie-der
ff
Va-ter-land, Frei-heit, Va-ter-land.
ff
in unsern Herzen tönt

Weichselbaumer.

187. Warnung vor dem Wasser.

Leicht bewegt und scherzend. W. Baumgartner.

mf
1. Guckt nicht in Was - ser - quel - len, ihr lu - sti - gen Ge -
2. Nar - ziß, der hat's er - fah - ren, in sei - nen schön - sten
3. Trink' ich aus vol - lem Gla - se, da spie - gelt mei - ne
4. Ihr lu - sti - gen Ge - sel - len, guckt nicht in Was - ser -
mf
sel - len, guckt lie - ber in den Wein, guckt lie - ber in den
Jah - ren, er sah nicht in dem Wein, er sah nicht in dem
Na - se sich lang und roth im Wein, sich lang und roth im
quel - len, guckt lie - ber in den Wein, guckt lie - ber in den
legato e sempre cres - - - - - - - - cen - - -
sf sf sf
Wein! Das Was - ser ist be - trüg - lich, die Quel - len sind an -
Wein, nein, in dem Quell der Wild - niß sein al - ler - lieb - stes
Wein; sie ist nicht zum Ver - lie - ben, sie ist nicht zum Be -
Wein! Doch ü - ber eu - er Guk - ken, ver - geßt nicht auch zu
legato e sempre cres - - - - - - - - cen - - -
sf sf sf

Wein
züg - lich: guckt lie - ber in den Wein, guckt nicht in Was - ser-
Bild - niß: guckt lie - ber in den Wein, guckt nicht in Was - ser-
trü - ben, drum guck' ich in den Wein, guckt nicht in Was - ser-
schluk - ken, trinkt aus, trinkt aus den Wein, ihr lu - sti - gen Ge-
quel - len, guckt lie - ber in den Wein, guckt, guckt, guckt, guckt, guckt,
quel - len, guckt lie - ber in den Wein, guckt, guckt, guckt, guckt, guckt,
quel - len, guckt lie - ber in den Wein, guckt, guckt, guckt, guckt, guckt,
sel - len, trinkt aus, trinkt aus den Wein, stoßt an, trinkt aus! Stoßt
lie - ber in den Wein!
lie - ber in den Wein!
lie - ber in den Wein!
an, trinkt aus den Wein!

188. Wo möcht' ich sein?

Rasch und feurig. C. Zöllner.

1. Wo möcht' ich sein? Wo der per-len-de Wein im
2. Wo möcht' ich sein? Wo die Bra-ven gedeih'n, wo das
3. Wo möcht' ich sein? Wo sich Skla-ven befrei'n, wo die
Be - cher glüht, wo Män-ner prei-sen des Sän-gers
ei - len - de Schiff vor - ü - ber - ei - let am Fel - sen-
Ku - gel saust, wo der Frei-heits-aar durch die Lüf - te
Lied, am Rhein, am to-ben-den schäu-men - den Rhein,
riff, wo die Bra-ven, die Küh-nen mit Lust ge - deih'n,
braust, wo sich Skla-ven mit gött-li-cher Kraft be - frei'n,

sf
mf etwas langsamer
da möcht' ich sein! 4. Wo zwei Freunde sich weih'n auf Le-bens-
etwas langsamer
cresc.
zeit, ein-an-der zu lie-ben in Lust und Leid, wo zwei
wak-ke-re Män-ner der Freundschaft sich weih'n, da möcht' ich
f
sf
pp noch langsamer
sein! 5. Wo das Lieb-chen se-lig an mei-ner Brust in's
pp
noch langsamer

ritard.
mf f p mf pp
lieb-te mein, da möcht' ich sein, ja, da möcht' ich sein!
mf f p mf pp
ritard.

189. Gambrinus.

Sehr mäßig. C. Ecker.

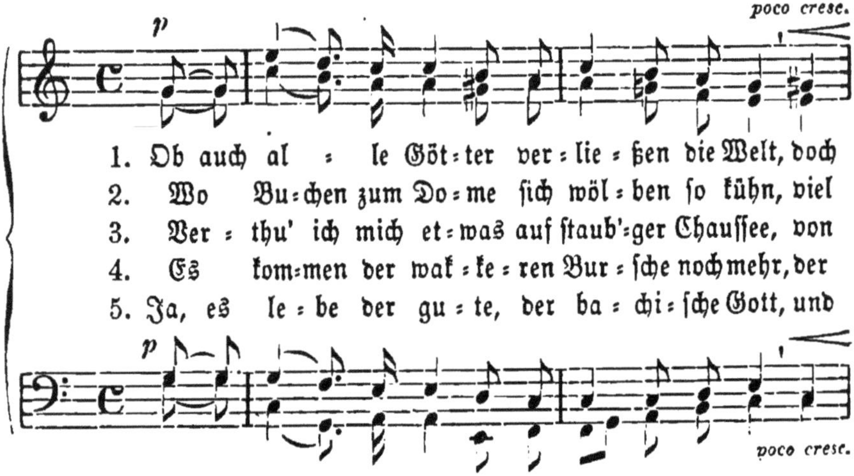
p
poco cresc.
1. Ob auch al - le Göt-ter ver-lie-ßen die Welt, doch
2. Wo Bu-chen zum Do-me sich wöl-ben so kühn, viel
3. Ver-thu' ich mich et-was auf staub'-ger Chaussee, von
4. Es kom-men der wak-ke-ren Bur-sche noch mehr, der
5. Ja, es le-be der gu-te, der ba-chi-sche Gott, und
p
poco cresc.

ein gu=ter Kerl noch am Ru=der sich hält,
Blu=men lau=schen aus duft'=gem Grün,
rechts viel ro=the Fä=cher ich seh',
Wirth, ja der ken=net schon ihr Be=gehr,
spinnt er zu=wei=len ein klei=nes Kom=plott,
dim.
der fünf für
sich Zel=te zur
die lu=gen her=
sie ha=ben im
wir wol=len so
p
cresc.
der fünf für g'rad läßt ge=hen, denn
sich Zel=te zur La=bung er=schlie=ßen, da
die lu=gen her=vor aus den Bäu=men, die
sie ha=ben im Hal=se ein Juk=ken, er
wir wol=len so sehr ihn nicht schel=ten, es er=
p
g'rad läßt ge=hen, läßt ge=hen,
La=bung er=schlie=ßen, er=schlie=ßen,
vor aus den Bäu=men, den Bäu=men,
Hal=se ein Juk=ken, ein Juk=ken,
sehr ihn nicht schel=ten, nicht schel=ten,
cresc.

wo er weiß ei = nen lu = sti = gen Ort, da zieht's ihn ge=
sieht man ein ro = si = ges Voll = mond = ge = sicht, wer ken = net dich
Lip = pen sind trok=ken, der Tag ist so heiß, wer läßt aus dem
holt die fun=keln=den Kan = nen her = bei, vom Za = pfen ge=
fri = schet die dur=sten = de See = le sein Thau, und gilt auch da=
f
mf
wal = tig und gleich ist er dort, läßt fröh = lich sein
Ho = pfen = um = ran = ke = ten nicht, der hier sei = ne
Häus=chen so freund = lich und weiß, dem Wand'=rer den
schwind macht das Fäß = chen er frei, sie hö = ren dein
heim nur das Scep = ter der Frau! Wir wis = sen, wo
riten.
mf
Ban = ner dort we = hen, dort we = hen, läßt
Quel = le läßt flie = ßen, läßt flie = ßen, der
Be = cher hier schäu = men, hier schäu=men, dem
lok = ken = des Gluk = ken, das Gluk=ken, sie
dei = nes darf gel = ten, darf gel = ten, wir
mf
f
rit.
mf
läßt fröh = lich sein Ban = ner dort
der hier sei = ne Quel = le läßt
dem Wand'=rer den Be = cher hier
sie hö = ren dein lok = ken=des
wir wis = sen, wo dei = nes darf

a tempo
rit.
zärtlich, mezza voce
p
fröh-lich sein Ban-ner dort we-hen, Gam-bri-nus, Gam-
hier sei-ne Quel-le läßt flie-ßen, Gam-bri-nus, Gam-
Wand'-rer den Be-cher hier schäu-men, Gam-bri-nus, Gam-
hö-ren dein lok-ken-des Gluk-ken, Gam-bri-nus, Gam-
wis-sen, wo dei-nes darf gel-ten, Gam-bri-nus, Gam-
rit.
zärtlich, mezza voce
p
a tempo
f
e poco string.
bri-nus, Gam-bri-nus! Gam-bri-nus, Gam-bri-nus, Gam-
f
bri-nus!
A. W.

190. Zechers Wunsch.

Feurig bewegt. Schröter.

f
p
rit.
p a tempo
dolce
a tempo
1. Wenn das at=lant'=sche Meer lau=ter Champag=ner wär',
2. Wenn das at=lant'=sche Meer lau=ter Champag=ner wär',
3. Ging ich dann auch zu Grund, schlürft' in der letz=ten Stund
wenn das at=lant'=sche Meer lau=ter Champag=ner wär',
wenn das at=lant'=sche Meer lau=ter Champag=ner wär',
ich dei=nen Schaum noch ein, glüh'nder Champag=ner=wein.
möcht' ich ein Hai=fisch sein, schlürf=te nur Wel=len ein,
wär' ich weit lie=ber noch ein Schiff mit gro=ßem Loch,
Ging ich dann auch zu Grund, schlürft' in der letz=ten Stund

mf
möcht' ich ein Hai-fisch sein, schlürf-te nur Wel-len ein.
wär' ich viel lie-ber noch ein Schiff mit gro-ßem Loch.
ich dei-nen Schaum noch ein, glüh'nder Champag-ner-wein.
dolce
Wenn das at-lant'-sche Meer lau-ter Cham-pag-ner wär',
Wenn das at-lant'-sche Meer lau-ter Cham-pag-ner wär',
Ging ich dann auch zu Grund, schlürft' in der letz-ten Stund
möcht' ich ein Hai-fisch sein, schlürf-te nur Wel-len ein.
wär' ich viel lie-ber noch ein Schiff mit gro-ßem Loch.
ich dei-nen Schaum noch ein, glüh'n-der Cham-pag-ner-wein.

Chor.
Soli. sehr leicht
1. 2. 3. Ja, wenn das at=lant'=sche, at=lan=ti=sche Meer, ja
Soli. sehr leicht
Chor.
lau=ter Cham=pag=ner wär', ja lau=ter Cham=pag=
ner, ja lau=ter Cham=pag=ner wär'!

191. Ich bin nicht gern allein.

Fröhlich und rasch. Fr. Schneider.

Chor.
1.—4. Ich bin nicht gern al=lein bei mei=nem Gla=se Wein!
Chor.

Halbchor, leicht gesprochen
p
Mag al = lein der Geiz = hals fa = sten ne = ben dem ver=schloss'nen
Mag al = lein der finst' = re Wei = se brü = ten, bis er wird zum
Mag der Mönch in sei = ner Zel = le ein = sam rin = gen mit der
Muß ich einst al = lein auch ster = ben, laß' ich doch nicht viel zu
p
Halbchor, leicht gesprochen
Ka=sten, mag al = lein an finst' = rer Mau = er steh'n der Dieb auf
Grei=se, so zu le = ben und zu lie = ben, wie's die Schu = le
Höl = le, die mit sü = ßem Bra = ten = rau = che nach = stellt sei = nem
er = ben, will mein Le = ben lang den Be = cher schwin=gen in dem
sei = ner Lau = er!
vor = ge = schrie = ben!
fei = sten Bau = che.
Kreis der Ze = cher.
mf
Ich bin nicht gern al=
Ich bin nicht gern, nicht gern al=
marcato
mf
Ich bin nicht gern al=

lein mit meinem Gla=se Wein; ich bin nicht gern al=lein
mit mei=nem Gla = se Wein;
lein mit meinem Glase Wein;
Halbchor.
gern, nicht gern al=
— mit mei=nem Gla = se Wein; ich bin nicht gern al=
Halbchor.
Chor.
lein mit mei=nem Gla = se Wein; ich bin nicht gern al=
Chor.
lein mit mei = nem Gla = se Wein!
mit mei=nem,

192. Im Weinhaus.

Frei vorzutragen. Gekröntes Preislied von H. Bönicke.

Baß. Solo.
mf

1. Drau=ßen reg=nets, Al=les ist naß, die La=ter=nen
2. Drau=ßen pfeift in Bäu=men der Sturm, schau=rig heult das
3. Drau=ßen lau=ert die Po=li=zei, hor=chet was für
p 4. Drau=ßen steht mein Schatz vor der Thür', ach, sie weint und

bewegt I. Baß. Chor.
f

schei=nen so blaß. Soll's ein Naß denn sein, blei=ben wir beim
Käuz=chen im Thurm. Ei, für sol=chen Klang lob' ich mir Ge=
Lär=men hier sei. Spi=tzet sie das Ohr, la=chen wir im
grä=met sich schier. Las=sen wir sie steh'n? Las=sen wir sie

f eilend
Tutti.
f sehr schnell und feurig

Wein, blei=ben, blei=ben wir beim Wein! Ja! wir wol=len
sang, lob' ich, lob' ich mir Ge=sang! Auf! Ge=sang und
Chor, la=chen, la=chen wir im Chor! Mag die Welt in
geh'n? las=sen, las=sen wir sie geh'n? Sagt, sie soll zu

f
eilend
f sehr schnell und feurig

blei=ben, blei=ben, blei=ben wir beim Wein!
lob' ich, lob' ich, lob' ich mir Ge=sang.
la=chen, la=chen, la=chen wir im Chor.
las=sen, las=sen, las=sen wir sie geh'n?

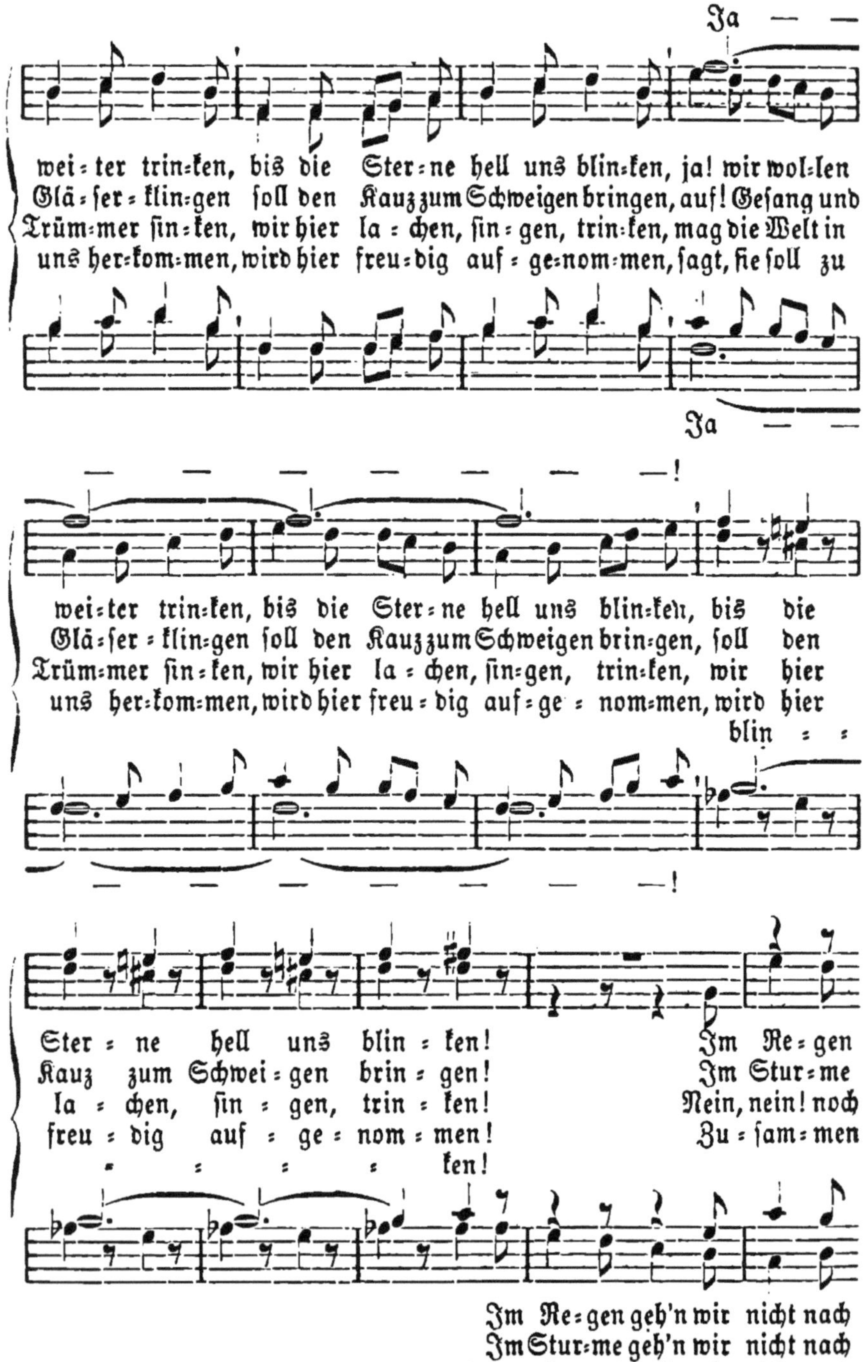
Ja — —
wei = ter trin=ken, bis die Ster = ne hell uns blin=ken, ja! wir wol=len
Glä = ser = klin=gen soll den Kauz zum Schweigen bringen, auf! Gesang und
Trüm=mer sin = ken, wir hier la = chen, sin = gen, trin=ken, mag die Welt in
uns her=kom=men, wird hier freu = dig auf = ge=nom=men, sagt, sie soll zu
Ja — —
— — — — — — —!
wei=ter trin=ken, bis die Ster = ne hell uns blin=ken, bis die
Glä=ser = klin=gen soll den Kauz zum Schweigen brin=gen, soll den
Trüm=mer sin = ken, wir hier la = chen, sin=gen, trin=ken, wir hier
uns her=kom=men, wird hier freu = dig auf = ge = nom=men, wird hier
blin = =
— — — — — — —!
Ster = ne hell uns blin = ken! Im Re = gen
Kauz zum Schwei = gen brin = gen! Im Stur = me
la = chen, sin = gen, trin = ken! Nein, nein! noch
freu = dig auf = ge = nom = men! Zu = sam = men
= = = = ken!
Im Re = gen geh'n wir nicht nach
Im Stur = me geh'n wir nicht nach
Nein, nein! noch geh'n wir nicht nach
Zu = sam = men geh'n wir dann nach

Im Re = gen geh'n wir nicht nach Haus,
p cresc.
geh'n wir nicht nach Haus, im Re = gen geh'n, im Re = gen geh'n wir
geh'n wir nicht nach Haus, im Stur = me geh'n, im Stur=me geh'n wir
geh'n wir nicht nach Haus, nein nein, noch geh'n, nein, nein, noch geh'n wir
geh'n wir dann nach Haus, zu = sam=men geh'n, zu = sam=men geh'n wir
Im Re = gen geh'n wir nicht — —
p cresc.
Haus.
Im Re = gen geh'n wir nicht — —
cresc.
ff tr
nicht nach Haus, im Re = gen geh'n wir nicht nach Haus, im Re=
nicht nach Haus, im Stur=me geh'n wir nicht nach Haus, im Stur=
nicht nach Haus, nein, nein, noch geh'n wir nicht nach Haus, nein, nein,
dann nach Haus, zu = sam=men geh'n wir dann nach Haus, zu = sam=
cresc.
ff tr
ff
gen, im Re = gen geh'n wir nicht nach Haus!
me, im Stur=me geh'n wir nicht nach Haus!
nein, nein, nein, noch geh'n wir nicht nach Haus!
men, zu = sam=men geh'n wir dann nach Haus!
ff

Vers 1 und 2 von **Karl Strauß**; Vers 3 und 4 von **Stefan Born**.

193. Stiftungsfeier.

Maestoso. A. Ahrenssen.

f
Freu = de brei = te ih = re Schwin = gen ü = ber uns'= re
f
Fei = er aus; hoch soll un = ser Lied er = klin = gen, frei aus
frei aus
mf
fro = her Brust her=aus! Treu in Noth und Tod ver = bun = den
mf
sind wir nun schon man = ches Jahr; ei = nig hat man uns ge=

più crescendo
fun = den heu = te noch, wie im = mer = dar! D'rum soll uns'= re
f
più crescendo
a tempo
Stif=tungs=fei = er auch ein Freu=den=tag uns sein. Hell er=
Hell er=tön',
tön' Ge=sang und Lei = er, Glück und Se = gen dem Ver = ein!
f Glück und
Glück und Se=gen, Glück und Se =
f
Glück und Se = gen, Glück und Se = gen dem Ver=
Glück und Se=gen, Glück und Se =
f
Se = = gen, Glück und Se = gen dem Ver=

= gen,
ff
ein, dem Ver=ein,
Glück und Se=gen dem Ver=ein!
J. Tötemeier.
= gen,
ff
ein, dem Ver=ein,

Nach Uebereinkunft mit dem Verleger, aus: „Drei Quartette für vierstimmigen Männerchor", komponirt von A. Ahrenssen. Op. 7. Preis 15 Sgr. Verlag der Heinrichshofen'schen Musikalienhandlung in Magdeburg.

194. Der Gesang.

Frisch bewegt und heiter. **C. Häser.**

mf
1. Wenn die Quel=len sil=bern flie=ßen, im Ge=birg das Horn er=
2. Las=set nun den Lenz er=blü=hen in des Lie=des fro=hem
3. Fort mit Sor=gen, fort mit Kla=gen, Lust durchströ=me je=des
mf
p
cresc.
riten.
klingt, wenn die Blu=men säu=selnd grü=ßen, Vög=lein sich zum Ae=ther
Klang, und in Tö=nen laßt er=glü=hen uns'=rer See=len schön=sten
Herz! Son=ne hilft den Sturm ver=ja=gen, und im Lie=de stirbt der
p
cresc.
riten.

mf a tempo
f
schwingt und den Wäldern und den Wie-sen sü-ße Me-lo-die-en
Drang; aus Ak-kor-den soll er-sprü-hen, rauschen soll's im Ju-bel-
Schmerz. Uns, ihr Brü-der, soll es tra-gen zu den Ster-nen him-mel-
mf
f
a tempo
f
dim.
bringt, dann hat erst das rech-te Le-ben im Ge-sang der Lenz ge-
sang, was die Brust so tief be-we-get, was sie Gro-ßes je ge-
wärts; Je-der gab aus un-serm Bun-de von des Her-zens Frühling
f
dim.
f
rit.
p
pp
ge-ben, im Ge-sang —, im Ge-sang!
he-get, im Ge-sang —, im Ge-sang!
Kun-de, im Ge-sang —, im Ge-sang!
f
p
rit.
pp

Brämer.

195. Des Sängers Gränze.

Lebhaft und mit Feuer.

Bra-vo! Brü-der, so ist's recht! Fröh-lich darf das Herz uns
wal-len, fröh-lich darf das Herz uns wal-len,
Bra-vo! Bra-vo!
a-ber un-be-fleckt und echt soll das deut-sche Lied, das
deut-sche Lied er-schal-len! Freud' ist gött-li-ches Ge-

ſchenk, doch in Got = tes Freu = den = hal = len, darf nur
er = ſchal = = = = = len ih = res
rei = ne Freud' er = ſchal = len, rei = ne Freud' er = ſchal=len ih = res
darf nur
Urſprungs ein = ge = denk. Sin=get Brüder, fro = he Lie=der!
Bra-vo!
Sin = get Brü = der fro = he Lie = der, ſin=get Brüder fro = he
Bra-vo! ſin=get

Lie = der! Frisch in un = ge = trüb=tem Glanz blü = he
Lie = der. Bravo! Frisch in un = ge = trüb = tem
stets der Sän=ger Kranz, frisch in
frisch in un = ge = trüb=tem Glanz, frisch in
frisch in
un = ge = trüb=tem Glanz, blü = he stets der Sän = ger
mf
Kranz, der Sän = ger Kranz.
mf

196. Brüder, laßt uns lustig sein!

Lebhaft. H. Marschner.

f
1. Brü - der laßt uns lu - stig sein hier beim Wein!
2. Al - le Gril - len sol - len flieh'n, wei - ter zieh'n,
3. Wer sich freut, der sei uns Freund, uns ver - eint,
4. Brü - der, wollt ihr lu - stig sein, trin - ket Wein!
f

ff
Reicht das vol - le Glas her - um, schen - ket ein. O - ho!
tau - gen nicht in un - sern Kreis, im - mer - hin! O - ho!
und es le - be drei - mal hoch, wer's gut meint. O - ho!
Trinkt die vol - len Be - cher aus, schen - ket ein! O - ho!
ff

p
Sum sum sum sum sum sum sum sum sum sum sum sum
p

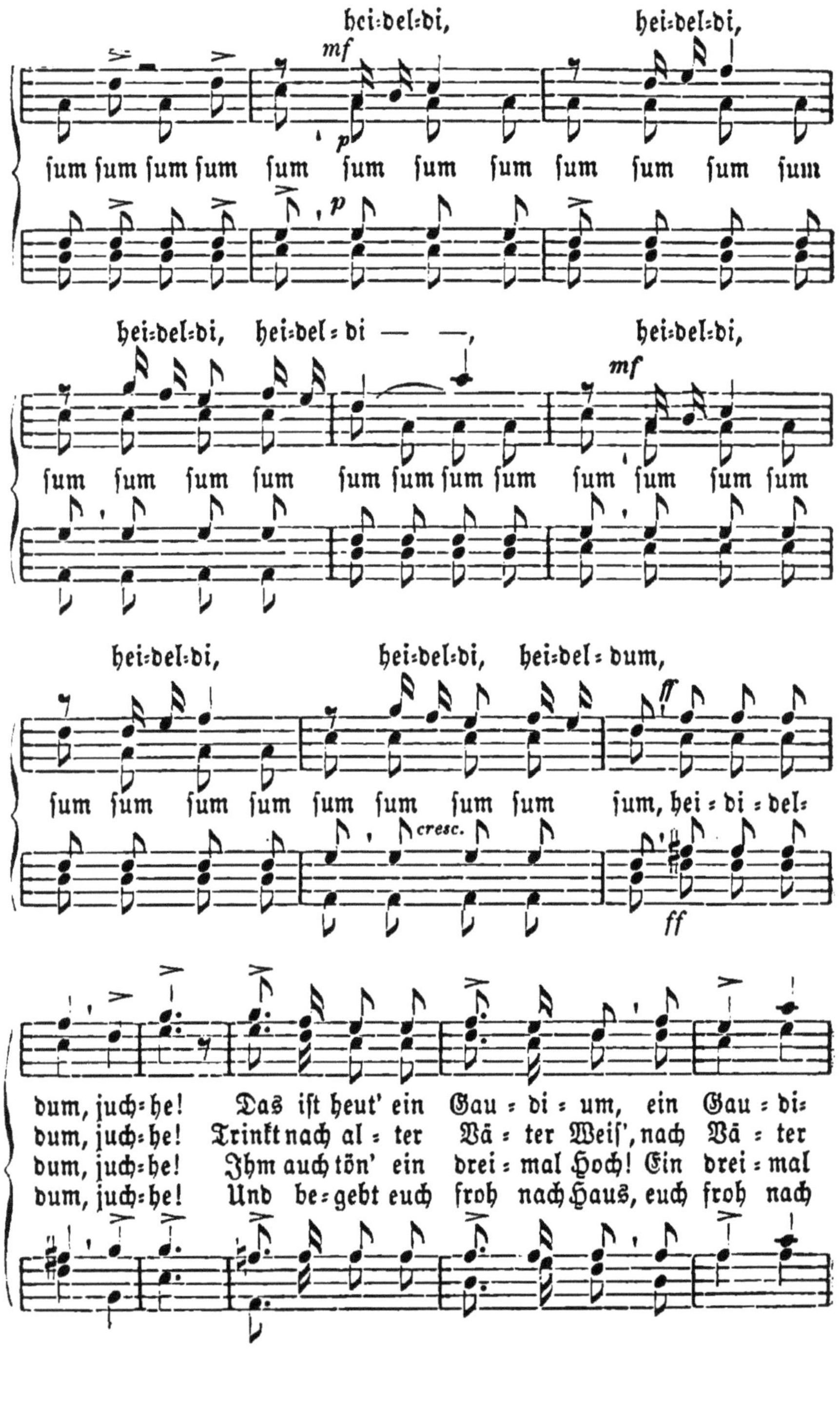
hei=del=di, hei=del=di,
mf
p
sum sum sum sum sum sum sum sum sum sum sum sum
p
hei=del=di, hei=del=di — —, hei=del=di,
mf
sum sum sum sum sum sum sum sum sum sum sum sum
hei=del=di, hei=del=di, hei=del=dum,
ff
sum sum sum sum sum sum sum sum sum, hei=di=del=
cresc.
ff
dum, juch=he! Das ist heut' ein Gau=di=um, ein Gau=di=
dum, juch=he! Trinkt nach al=ter Vä=ter Weis', nach Vä=ter
dum, juch=he! Ihm auch tön' ein drei=mal Hoch! Ein drei=mal
dum, juch=he! Und be=gebt euch froh nach Haus, euch froh nach

p
um, hei = del = di, hei = del = dum, ein Gau = di = um.
Weis', hei = del = di, hei = del = dum, nach Vä = ter Weis'.
Hoch! hei = del = di, hei = del = dum, ein drei=mal Hoch!
Haus, hei = del = di, hei = del = dum, euch froh nach Haus!
p

197. Stoßt an, trinkt aus.

Gemüthlich. **Volksweise.**

mf
1. Seht, Freunde, wie der Be = cher blinkt! Es perlt der
p 2. Was still und treu im Her = zen wacht, den Him=mel
mf 3. Ein Herz in Noth und Kampf be = währt, Heil dem, wer's
f 4. Ein vol = les Glas dem Va = ter = land, der Frei=heit
mf

mf
gold' = ne Wein! Wer weiß, wie lang' die Freu = de winkt, d'rum
ge = ben kann: Dem Lieb=chen sei dies Glas ge=bracht, d'rauf
fin = den kann: „Ein Freundes=herz ist Gol = des werth; d'rauf
statt = lich Haus! Ihr Brü = der, nehmt das Glas zur Hand, stoßt
mf

schen-ket ein! mf Ju-vi-hei-ra-sa-sa-sa-sa-sa-sa
sto-ßet an! p Ju-vi-hei-ra-sa-sa-sa-sa-sa-sa
sto-ßet an! f Ju-vi-hei-ra-sa-sa-sa-sa-sa-sa
an, trinkt aus! ff Ju-vi-hei-ra-sa-sa-sa-sa-sa-sa
sa! Ju-vi-val-le-val-le-ral-le-ral-le-ra! Wer
sa! Ju-vi-val-le-val-le-ral-le-ral-le-ra! Dem
sa! Ju-vi-val-le-val-le-ral-le-ral-le-ra! Ein
sa! Ju-vi-val-le-val-le-ral-le-ral-le-ra! Ihr
weiß, wie lang die Freu-de winkt, d'rum schen-ket ein!
Lieb-chen sei dies Glas ge-bracht; d'rauf sto-ßet an!
Freundes-herz ist Gol-des werth; d'rauf sto-ßet an!
Brü-der, nehmt das Glas zur Hand, stoßt an, trinkt aus!

H. J. Boßhard.

198. Mailied.

Dem San Francisco Männerchor gewidmet von Max Burkhardt.

Allegretto. C. J. Pfeiffer.

mf
1. Ju=belnd in die blau=en Lüf=te, schwingt die Ler=che sich em=
2. Lä=chelst uns so hold ent=ge=gen, streckt die Ar=me lie=bend
3. Tief in je=des Sän=gers Bu=sen glüht ja ew'ger Frühlings=
mf
por, wenn des Frühlings sanf=te Düf=te strö=men aus dem Blu=men=
aus; o ge=nießt des Him=mels Se=gen in dem duft'=gen Blü=then=
schein; der ge=lieb=te Freund der Mu=sen wird ihm hoch will=kom=men
p
flor. Le=ben glüht im Son=nen=strah=le,
haus! Freun=de kommt ihn zu ge=nie=ßen,
sein! Wo die Vö=gel mun=ter sin=gen,
Le=ben glüht im Son=nen=strah=le, Le=ben
p
Le=ben glüht im Son=nen=strah=le,

cresc.
Le - ben blüht auf Feld und Flur; wie beim fest - lich schö-nen
ruft der Sän - ger fro - he Schaar; für die Freu-den die uns
und der Hol - den Au - ge lacht, soll das deut-sche Lied er-
blüht auf Feld und Flur.
cresc.
Le - ben blüht auf Feld und Flur.
Mah - le lä-chelt freundlich die Na - tur; wie beim fest - lich schö-nen
flie-ßen, brin-gen wir ihm Lie - der dar; für die Freu-den die uns
klin-gen, in des Frühlings Zauber-pracht; soll das deut-sche Lied er-
cresc.
cresc.
decresc.
Mah - le lä - chelt freund-lich die Na - tur!
flie - ßen, brin - gen wir ihm Lie - der dar!
klin - gen, in des Früh-lings Zau - ber - Pracht!
decres.
1 2
3
1 2
3

Bewegter.
4. Und hin=aus mit fro=hem Her = zen zie=het heut der Sänger
Und hin = aus mit frohem Herzen zie = het heut der
Schaar; bringt dir mit Ge=sang und Scher=zen, Früh=ling!
Sän=ger Schaar;
den Will=kom=men dar! Bringt dir mit Ge=sang und Scherzen, Frühling!
sfz
den Will=kom=men dar! Früh=ling! Will = komm!
Früh=ling!
f
ff

199. Mein Herz ist wie die dunkle Nacht.

(Quartett.)

Andante. Gustav Bergmann in Solothurn.

p
sf
Mein Herz ist wie die dunk=le Nacht, wenn al=le Wi=pfel
Sein Herz ist wie die dunk=le Nacht, wenn al=le Wi=pfel
rau=schen — — — — —, wenn
crescendo
rall.
pp
rau=schen, da steigt der Mond in vol=ler Pracht aus Wol=ken sacht, und
a tempo
sieh', der Wald ver=stummt in tie=fem Lau=schen.
m. r.
Der

Mond, der hel=le Mond bist du. Aus dei = ner Lie=bes=fül = le
m. r. sf pp
wirf ei=nen Blick ihm zu voll
sf ten. m. r. pp
wirf ei=nen, ei=nen Blick mir zu — — — — voll
rall. a tempo p dim.
Himmelsruh', und sieh', dies un=ge=stü= = me Herz wird stil=
rall. a tempo p dim.
adagio
le, pp wird stil = le, wird stil = le.
stretto p pp
le, dies un=ge=stü=me Herz wird stil = le, wird stil = le.

Emanuel Geibel.

200. O, spielt ein traurig Lied!

Langsam. (Slowakisch.) Carl Munzinger.

pp
Heut' ha-ben sie mein Lieb be-gra-ben, d'rum geh' ich
mf
heu-te fort von hier, und die zu Gra-be sie ge-lei-tet, die
rit.
pp
ge-ben das Ge-leit auch mir. O, spie-let mir ein
Lied recht trau-rig, das sich in's Herz fest klammernd schmiegt und

und fort hallt durch mein gan - - zes Le-
und fort hallt durch mein gan - - zes Le-
fort hallt, fort — durch mein gan - - zes Le-
fort hallt durch — mein gan - - zes Le-
ben, und fort hallt
mf f p
ben, und fort hallt, und fort hallt durch mein gan - - zes
mf f p
und fort, fort hallt
f pp
ver - siegt.
Le - ben, bis es mit ihm zu - gleich ver-siegt.
f pp
ver - siegt.

Uebersetzt von Kapper.

201. Der todte Soldat.

Nicht zu langsam. J. R. Weber.

p
1. Auf fer = ner frem = der Au = e, da liegt ein
2. Es ist um man=chen Ge = fall = nen viel Frag und
3. Da sitzt ei = ne wei=nen = de Mut = ter und schluch=zet
4. Drei Au = gen = paa = re schik = ken, so heiß ein
p
tod = ter Sol = dat, ein un = ge=zählt Ver = geß = ner, wie
Jam = mer=wort, und für den ar = men Sol = da = ten gibt's
laut: Gott helf! Er hat sich an = ge = mel = det, die
Herz nur kann, für den ar = men tod = ten Sol = da = ten ih=re
brav er ge=kämpft auch hat. Es rei = ten viel Ge = ne=
we = der Thrä=nen noch Wort. Doch fern, wo er zu
Uhr blieb steh'n auf Elf! Da starrt ein blas = ses
Thrä = nen him = mel = an. Und der Him = mel nimmt die

mf
ra = le mit Kreu=zen an ihm vor = bei, denkt Kei = ner,
Hau = se, da sitzt bei'm A = bend = roth, ein Va = ter voll
Mäd = chen hin = aus in's Däm=mer = licht: Und ist er da=
Thrä = ne in ei = nem Wölk=chen auf und trägt es zur
mf
dim.
der da lie = get auch werth ei = nes Kreuz = leins
ban = ger Ah = nung und sagt, ge = wiß ist er
hin und ge = stor = ben, mei=nem Her = zen stirbt er
fer = nen Au = e hin = ü = ber im ra = schen
dim.
f
f
sei, denkt Kei = ner, der da lie = get, auch
todt, ein Va = ter voll ban = ger Ah = nung und
nicht, und ist er da=hin und ge = stor = ben, mei=nem
Lauf, und trägt es zur fer = nen Au = e hin=
f
f

dim. rit.

werth ei = nes Kreuz = leins sei.
sagt, ge = wiß ist er todt.
Her = zen stirbt er nicht.
ü = ber im ra = schen Lauf.

G. Seidl.

dim. rit.

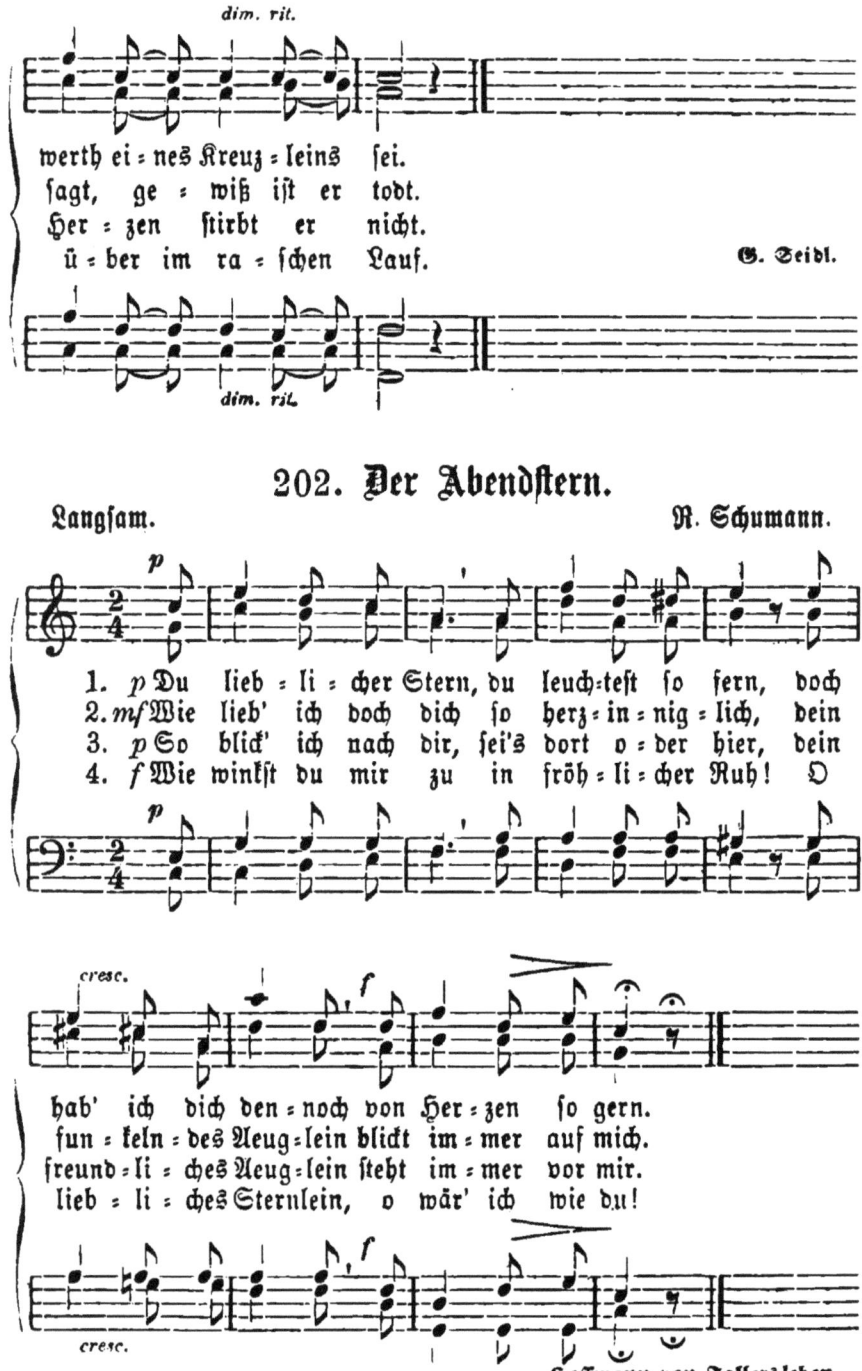

202. Der Abendstern.

Langsam. R. Schumann.

p

1. *p* Du lieb = li = cher Stern, du leuch=test so fern, doch
2. *mf* Wie lieb' ich doch dich so herz = in = nig = lich, dein
3. *p* So blick' ich nach dir, sei's dort o = der hier, dein
4. *f* Wie winkst du mir zu in fröh = li = cher Ruh! O

p

cresc.
f

hab' ich dich den = noch von Her = zen so gern.
fun = keln = des Aeug = lein blickt im = mer auf mich.
freund = li = ches Aeug = lein steht im = mer vor mir.
lieb = li = ches Sternlein, o wär' ich wie du!

f
cresc.

Hoffmann von Fallersleben.

203. Mein liebster Aufenthalt.

Munter. C. A. Mangold.

f 1. Wo Bü-sche steh'n und Bäu-me voll tau-send schö-ner
f 2. Wo's lu-stig hüpft und sprin-get und schwirrt und ruft und
pp 3. Wo's bald so stil-le lau-schet, mf bald wun-der-selt-sam
Träu-me und Laub und Gras und Blu-men-duft rings-um er-füllt
sin-get und nah und fern das Jagd-horn schallt und nah und fern
rau-schet, pp bald süß und sü-ßer spielt und kost, f bald wild und wil-
die fri-sche Luft. f Wo Bü-sche steh'n und Bäu-me voll
die Büch-se knallt. f Wo's lu-stig hüpft und sprin-get und
der braust und tost. pp Wo's bald so stil-le lau-schet, mf bald

tau = send schö = ner Träu=me, und Laub und Gras und Blu=men=
schwirrt und ruft und sin = get und nah' und fern das Jagd=horn
wun = der = selt = sam rau=schet pp bald süß und sü = ßer spielt und
ff
p
duft rings = um er = füllt die fri = sche Luft, rings=
schallt und nah' und fern die Büch = se knallt, und
tost, ff bald wild und wil = der braust und tost, ff bald
f
pp
um er = füllt die fri = sche Luft. Tra = ra, tra=ra, tra = ra, tra=
nah' und fern die Büch = se knallt. Tra = ra, tra=ra, tra = ra, tra=
wild und wil=der braust und tost. Tra = ra, tra=ra, tra = ra, tra=

Echo.
ra, tra=ra, tra = ra. Im Wald, im Wald, im
Echo.
da — —,
Echo.
cresc.
Wald, im Wald, da ist mein Aufent = halt, da — —,
da ist mein Auf=ent=
Echo.
da — —,
da — —, da ist mein Auf = ent=halt, da ist, da
cresc.
da ist mein Auf=ent=halt, mein Auf=ent=halt, da, da
halt, — —, da ist mein Auf=ent=halt, da, da
cresc.
da — —, da ist mein Auf=ent=halt, da ist, da

ist mein lieb = ster Auf = ent = halt, da ist, da
f
p
cresc.
— ist mein lieb = ster Auf = ent = halt, da — —, da —
—, da mein lieb = ster Auf = ent = halt, da — —, da —
cresc.
p
ist mein lieb = ster Auf = ent = halt, da ist, da
ist mein
f
poco ritard.
p Schluß.
mf
— ist mein lieb = ster Auf = ent = halt. Im Wald, im Wald, im
—, da mein lieb = ster Auf = ent = halt.
poco ritard.
Schluß.
mf
ist mein lieb = ster Auf = ent = halt.
cresc.
f
cresc.
Wald, im Wald, da ist mein lieb = ster Auf = ent = halt, mein lieb = ster
cresc.
f
cresc.

sf
f
cresc.
ff
Auf=ent=halt, mein Auf=ent=halt.
Im Wald, im Wald, da ist mein

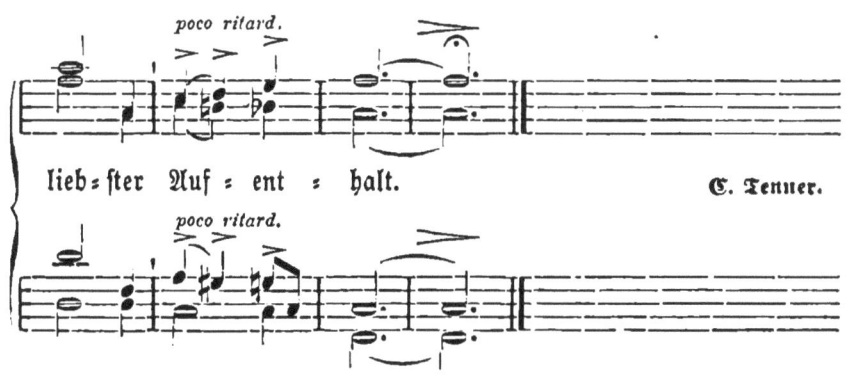

poco ritard.
lieb=ster Auf = ent = halt.

C. Tenner.

204. Es ist bestimmt in Gottes Rath.

Getragen. Arrang. v. **W. Baumgartner.**

mf
sf
p
1. Es ist bestimmt in Got = tes Rath, daß man vom Lieb=sten,
2. So dir geschenkt ein Knösp=lein was, so thu' es in ein
3. Und hat dir Gott ein Lieb' be=scheert, und hältst du sie recht

Soli.
p
mf
Tutti.
was man hat, muß schei = den, muß schei = den, wie wohl doch nichts im
Was=ser=glas; doch wis = se, doch wis = se: blüht mor=gen dir ein
in = nig werth, die Dei = ne, die Dei = ne, es wird nur we=nig
sf
Lauf der Welt, dem Her = zen, ach so sau = er fällt, als Schei=
Rös = lein auf, es welkt wohl schon die Nacht dar=auf; das wis=
Zeit wohl sein, da läßt sie dich so gar al = lein; dann wei=
f
den, als Schei = den, als Schei = den!
se, das wis = se, das wis = se!
ne, dann wei = ne, dann wei = ne!
4. Nun mußt du

poco rit. a tempo
mich auch recht versteh'n, nun mußt du mich auch recht ver=steh'n, wenn
poco rit. a tempo
cres - cen - do - al
Men=schen aus=ein=an=der=geh'n, so sa=gen sie, auf
cres - cen - do - al
Soli. Tutti.
Wie=der=seh'n, auf Wie=der=seh'n, auf Wie=der=seh'n, auf
Soli. Tutti.
poco riten.
Wie=der=seh'n.
poco riten.

205. Am Ufer hin und wieder.

Leicht und heiter. Volksweise.

mf
p
1. Am U = fer hin und wie = der fahr' ich vor = bei an
2. Vom Kuß des A = bend = gol = des soll dir die Wang' ge=
3. Und ü = ber'm Kahn dort o = ben wölbt sich des Him=mels
mf
cresc.
f
Lieb=chens Haus; es tö = nen mei = ne Lie = der in wei = ten
rö = thet sein, bist du mit mir, o Hol = de, am stil = len
blau = es Dach, vom Ae = ther = licht um = wo = ben, ein stil = les
f
See hin = aus. f Die Wo = ge hüpft und rollt — so
See al = lein. p Der Sehn=sucht fle = hend Wort — tönt
Braut=ge = mach. f Es blinkt vom Him = mel fern — schon

Chor.
pp
frisch im Son=nen=licht!
lei=se im=mer=fort:
1. 2. 3.
O
da und dort ein Stern.
Chor.
O komm, mein Lieb, o komm!
O
Solo.
f
pp
komm, mein Lieb, ich war=te dein, der A=bend winkt so
komm — — — —, der A=bend winkt so
mild, o komm — — — —, du lie=bes
p
mf
cresc.
cresc.
mild, und mei=nem Glück fehlst du al=lein, du lie=bes
p
mf
cresc.
cresc.

rit.
En = gels = bild, o komm — —, du lie = bes En = gels =
rit.
bild — — —!
rit. e dim.
bild, o komm, mein Lieb!
rit. e dim.
bild — — —!

Ed. Hobein.

206. Mein schönster Kirchengang.

Mit Weihe. **Carl Santner.**

mf
p
1. Es ist das Lied mein Got = tes = haus, in dem ich
2. Es ist das Lied mein Sin = ge = buch, drein ste = hen
3. Es ist das Lied mein Pre = digt = buch, gar reich an
4. Du lie = bes, theu = res Got = tes = haus, dir bin ich
mf
p

mf
täg = lich be = te, in wel=chem ich mit rei = nem
schö = ne Wei=sen, die als ein äch = ter Got = tes=
gu = ten Leh=ren, die schrieb ich tief in's Herz hin=
treu er = ge = ben, du bist mein E = van = ge = li=
in wel=chem
die als ein
die schrieb ich
du bist mein
mf
mf
ich mit rei = nem
äch = ter Got = tes=
tief in's Herz hin=
E = van = ge = li=
Sinn, in wel=chem ich mit rei = nem Sinn zu mei = nem
dienst, die als ein äch = ter Got = tes = dienst den Va = ter
ein, die schrieb ich tief in's Herz hin = ein, dem lie = ben
um, du bist mein E = van = ge = li = um, mein gan = zes
ich mit rei = nem Sinn, mit rei=nem
äch = ter Got = tes = dienst, als Got=tes=
tief in's Herz hin = ein, in's Herz hin=
E = van = ge = li = um, mein gan=zes Sein,
Sinn, in wel=chem ich mit rei = nem
dienst, die als ein äch = ter Got = tes=
ein, die schrieb ich tief in's Herz hin=
um, du bist mein E = van = ge = li=

p
f a tempo
Schö=pfer tre = te, aus vol=ler Brust ein Lied, ein
o = ben prei = sen; sie tö = nen mir wie Or = gel=
Gott zu Eh = ren. Ein in = nig Lied aus Her = zens=
Sein und Le = ben, du deut=sches Lied, du deut = scher
f
f
aus vol=ler
es tönt wie
ein Lied aus
ein deut=sches
Sang —, aus vol = ler Brust ein Lied, ein Sang:
klang —, zu mei = nem schön = sten Kir = chen = gang,
drang —, das ist mein schön = ster Kir = chen = gang,
Sang —, sei treu mir bis zum letz = ten Gang,
Brust ein Lied,
Or = gel = klang,
Her = zens=drang,
Lied und Sang,
ff
mf
Das ist mein schön = ster Kir = chen = gang,
zu mei=nem schön = sten Kir = chen = gang,
das ist mein schön = ster Kir = chen = gang,
sei treu mir bis zum letz = ten Gang,
ff

das ist mein schön : ster
zu mei : nem schön : sten
das ist mein schön : ster
sei treu mir bis zum
das ist mein schön:ster, mein schön : ster
zu mei : nem schön:sten, zum schön : sten
das ist mein schön:ster, mein schön : ster
sei treu mir bis zum letz : ten, zum
das ist mein schön : ster, das ist mein schön : ster
zu mei : nem schön : sten, zu mei : nem schön : sten
das ist mein schön : ster, das ist mein schön : ster
sei treu mir bis zum letz : ten Gang, zum
Kir : : chen : gang.
Kir : : chen : gang.
Kir : : chen : gang.
letz : : ten Gang!

H. Stein.

Etwas heiter. **207. Abendfeier.** **C. Kreutzer.**

Ich geh' noch A : bends spät vor:bei, ich geh' noch A:bends

spät vor=bei, und schau' nach dei=nem
und schau' nach dei-nem Fen=ster frei,
da seh' ich bei dem
fp
Fen=ster frei, beim klei = nen
fp
da seh' ich bei dem klei=nen Licht, beim klei = nen
da seh' ich dich beim
pp
pp
Licht mit engels=glei=chem An = ge = sicht, da seh' — ich dich
da seh' ich
pp
sicht, da seh' ich

klei = nen Licht mit en = gels = glei = chem An = ge = sicht, da
— mit en=gels = glei = chem An = ge = sicht, da
dich mit en = gels = glei = chem An = ge = sicht, da
seh' ich dich beim klei = nen Licht mit
seh' ich dich mit en = gels = glei = chem
An = ge = sicht. Da bin = dest du die Lok = ken los, sie fal = len
reich in dei = nen Schoos! Da fal = test du die Hän = de beid' und

rall.
a tempo
be = test still, du rei = ne Maid: O be = te auch für mei = ne Ruh, mein
rall.
a tempo
gan = zer Him = mel bist ja du, für mei = ne Ruh!
o be = te auch für mei = ne Ruh! O
für mei = ne Ruh! Mein gan = zer Him = mel bist ja
be = te auch für
du, mein gan = zer Him = mel bist ja du!

208. Der weiße Hirsch.

Lebhaft. L. Heisig in Rosenberg.

Chor.
Es gin=gen drei Jä=ger wohl auf die Birsch, die Birsch
wohl
— — —, sie woll=ten er=ja=gen den wei=ßen
auf die Birsch,
auf die Birsch,
Hirsch, sie woll=ten er=ja=gen den wei=ßen Hirsch. Sie
leg=ten sich un=ter den Tan=nen=baum, da hat=ten die

pp rit.
drei ei = nen ſelt = ſa = men Traum, ei = nen
pp
rit.
da hat = ten die drei ei = nen
Andante. Halbchor. II. Baß. Solo.
Mir
p
ſelt = ſa = men Traum. La la la la la la la la
p
Traum — — —.
hat ge=träumt, ich klopf auf den Buſch, da rauſch=te der Hirſch her=
la la la la la la la la la la la la

aus, da rausch=te der Hirsch her=aus, da
la husch husch la la la la la la husch husch la
rausch=te der Hirsch her=aus
her=aus her=aus
la la la la la husch husch husch husch husch husch husch
mf p
her=aus her=aus
II. Tenor. Solo.
Und
p
husch husch husch la la la la la la la la la

als er sprang mit der Hunde Ge=klaff, da brannt' ich ihn auf das
la la la la la la la la la la la la
Fell, da brannt ich ihn auf das Fell, da
la piff paff la la la la la la piff paff la
brannt' ich ihn auf's Fell.
auf's Fell auf's Fell
mf
la la la la la piff paff piff paff piff paff piff
mf
auf's Fell auf's Fell

I. Tenor. Solo.
Und
paff piff paff la la la la la la la la
p
als ich den Hirsch an der Er = de sah, da stieß ich lu=stig in's
la la la la la la la la la la la la
Horn, tra = ra, da stieß ich lu=stig in's Horn, tra = ra tra=
la tra = ra la la la la la la tra = ra tra=
f
p

cresc.
f
ra tra=ra tra=ra tra=ra tra=ra tra=ra tra=
cresc.
ra tra=ra tra=ra tra=ra tra=ra tra=ra tra=
cresc.
ra.
pp
Chor. Tempo I.
ra tra=ra tra=ra tra=ra. So la=gen sie
pp
da und so spra=chen die drei, die drei — — —, da
drei —, so spra=chen die drei, da

rann=te der wei = ße Hirsch vor=bei, da rann = te der
wei = ße Hirsch vor=bei. Und eh' die drei Jä-ger ihn
recht ge=seh'n, da war er da=von ü = ber Tie=fen und
Höh'n, da war er da=von ü = ber Tie = fen und Höh'n. Husch

husch husch husch piff paff piff paff tra = ra tra = ra tra = ra.

L. Uhland.

209. Wanderlied.

Gemüthlich. **A. Billeter.**

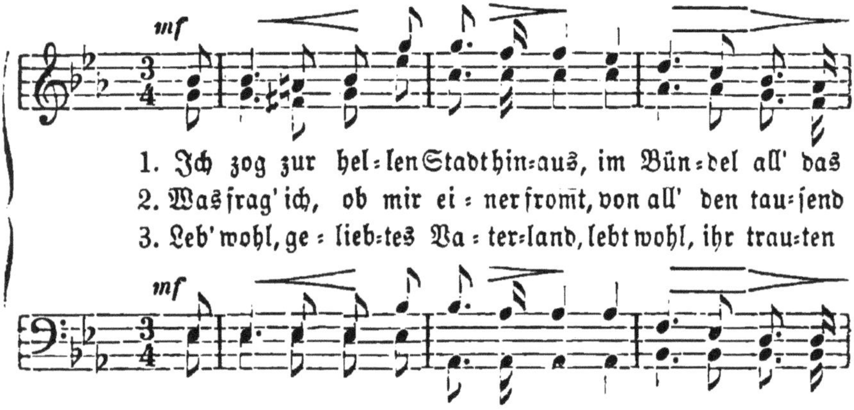
mf
1. Ich zog zur hel = len Stadt hin = aus, im Bün = del all' das
2. Was frag' ich, ob mir ei = ner fromt, von all' den tau = send
3. Leb' wohl, ge = lieb = tes Va = ter = land, lebt wohl, ihr trau = ten
mf

Mei = ne, die Fen = ster hell an je = dem Haus im kla = ren Mor = gen =
We = gen? Aus mei = ner lie = ben Hei = mat kommt mir Kei = ner doch ent =
Hai = ne! Ich zieh' nun fort in's fer = ne Land beim kla = ren Mor = gen =

p
schei=ne. Da dacht ich still im Her=zen mir: aus all' den tau=send
ge=gen! Ich steh' al=lein in wei=ter Welt, mag, wo ich will, er=
schei=ne. Ich denk' an euch mit nas=sem Blick, muß lan=ge von euch
Schei=ben winkt Nie=mand hei=tern Ab=schied mir, kein lei=ser
schei=nen! Und als ich kam in's wei=te Feld, da mußt ich
schei=den! Doch kehr' ich einst zu euch zu=rück, dann jauchzt mein
rit.
Wunsch zu blei=ben!
hef=tig wei=nen.
Herz vor Freu=den!

210. O Jugendzeit!

Frisch bewegt. **W. Baumgartner.**

mf
sf
p

1. O Ju-gend-zeit, du grü-ner Wald, dar-in der
2. Und doch ge-trost, die Blü-then-zeit, ver-weht, hat
f 3. Drum klag' ich nicht, drum zag' ich nicht, *f* sie halt ich

mf
sf
p

mf
sf

Lie-be Rös-lein blüht, wie ist dein Rau-schen mir ver-hallt, ver-
sie des Win-des Flucht, doch reift in tie-fer Ein-sam-keit, und
fest in Noth und Pein, und wenn mein Herz im Kam-pfe bricht, so

mf
sf

riten.
p
mf
a tempo

hallt im Ohr und im Ge-müth! Voll Lie-des-lust der
un-ter Schmer-zen reift die Frucht! Die Sehn-sucht laß ich
muß die Sehn-sucht Flü-gel sein. Da schwingt sie kühn sich

riten.
p
mf
a tempo

bewegter
drängend
mf
fri=sche Muth, der hel=le Blick, der kek=ke Sinn, das ra=sche, ro=
nim=mer los, sie wächst in kran=ker Brust und schwillt, wie in der dun=
auf mit mir, daß hell, wie Lie=des=gruß es schallt, und schwebt, und trägt
bewegter.
mf
drängend
langsamer
zögernd
p
the Dich=ter= 1. blut. O sprich, o sprich, wo sind sie hin!
keln Mu=schel
mich hin zu
langsamer
zögernd.
p
f
poco rit.
2. Schooß em=por die lich=te Per=le quillt.
3. dir, o Ju=gend=zeit, du grü=ner Wald.
f
poco rit.

Der Schlußton auf die dritte Strophe lang und verhallend.

211. Hoffe das Beste!

Frisch und heiter. **Fr. Silcher.**

p
1. Her-zel, was kränkt dich so sehr, als wenn im Him-mel kein'
2. Soll's a - ber kom-men so weit, daß dich sollst rich-ten und
3. Und was von An-dern ge-schieht, die - ses be-kümm'-re, be-
cresc.
Hoff-nung mehr wär'! Wenn schon das Wet-ter ge-fähr-lich aus-
weh-ren zum Streit: strei - te fein ta-pfer und un-ver-
sor-ge dich nicht; kehr' nur vor dei-ner Thür', wohl auf dich
f
sieht, hof-fe das Be-ste, ver-za-ge nur nicht; sagt man ja
zagt, Al-les ist g'won-nen, wenn's dreist ist ge-wagt; sagt man ja
schau', und ja nicht je-dem dein Her-zel ver-trau'; blas nicht, was

f
in's = ge = mein, sagt man ja in's = ge = mein: auf Re = gen, auf
daß im Krieg, sagt man ja daß im Krieg die Lor = beer'n
dich nicht brennt, blas nicht, was dich nicht brennt, so wirst du
Re = gen folgt Son = nen = schein, schein.
wach = sen und blü = he der Sieg, Sieg.
froh sein, bis an dein End', End'.

212. Abschiedsgesang der Auswanderer.

Innig. **Volksweise.**

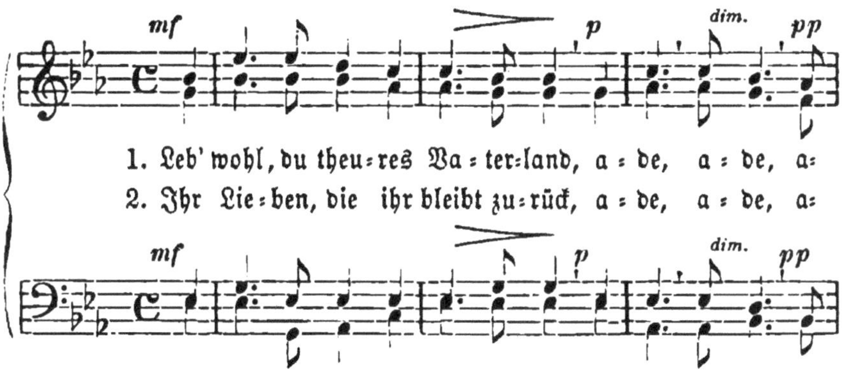
mf
p
dim.
pp
1. Leb' wohl, du theu = res Va = ter = land, a = de, a = de, a=
2. Ihr Lie = ben, die ihr bleibt zu = rück, a = de, a = de, a=

de! Wir zie - hen fort zum fer - nen Strand, a - de, a - de, a-
de! Uns trennt ein feind - lich Miß - ge - schick, a - de, a - de, a-
de! p Wir se - hen dich wohl nim - mermehr, mf a - de, a - de, a-
de! f Es reißt uns von des Freun-des Brust, p a - de, a - de, a-
de! mf bald tren-net uns das wei - te Meer, a - de, a - de, a-
de! p die mit uns theil-te Schmerz und Lust, a - de, a - de, a-

Soli. Die Wiederholung Chor.
mf
kräftiger und belebter
de! Doch bei der Wo = gen Brau=sen, bei Stur=mes=wuth und
de! Doch in des Ur=walds Schat=ten und auf den frem = den
mf
kräftiger und belebter
sf
Grau = sen, bleibt stets das Herz dir zu = gewandt, mein theu = res
Mat = ten bleibt stets das Herz dir zu = gewandt, mein theu = res
sf
Va = ter = land! theu=res Va = ter = land!
Va = ter = land! theu=res Va = ter = land!
Genée.

213. Was glänzt im Aug' so helle?

Frisch und freudig. C. M. v. Weber.

p Tutti.
1. Was glänzt im Aug' so hel = le, was glänzt im
2. Sie heißt die Hel = den strei = ten, sie heißt die
3. Nach ihr stand das Ver = lan = gen, nach ihr stand
Soli.
Tutti.
Tutti.
p
Aug' so hel = le, ist al = les Schö = nen Quel = le, ist
Hel = den strei=ten, den Schlachten = tod er = lei = den, den
das Ver = lan=gen, wir ha = ben sie em = pfan = gen, wir
Soli.
Tutti.
p
al = les Schö = nen Quel = le? Was schaf = fet al = les
Schlach=ten = tod er = lei = den, heißt Deutschlands Bar = den
ha = ben sie em = pfan = gen, will ih = re Glut er=
Soli.

p Tutti.
Gu = te, was schaf = fet al = les Gu = te, er=
sin = gen, heißt Deutschlands Bar = den sin = gen von
kal = ten, will ih = re Glut er = kal = ten, wir
p Tutti.
Soli.
p Tutti.
füllt mit Wahr=heits = mu = the, er = füllt mit Wahr=heits=
all' den ho = hen Din = gen, von all' den ho = hen
wol = len sie er = hal = ten, wir wol = len sie er=
Tutti.
p
p Tutti.
mu = the? Was schlägt des Fein = des Spott, Fein=des Spott, er=
Din = gen; sie ist des Glau = bens Reich, Glau=bens Reich, macht
hal = ten; geh'n wir zum dun = keln Ort, dun = keln Ort, sei
Soli.
p Tutti.

ff
hebt den Men=schen zum Gott? Frei=heit, Frei=heit auf
al=le Men=schen gleich; Frei=heit, Frei=heit die
un=ser letz=tes Wort: Frei=heit, Frei=heit des
Er=den flammt, Frei=heit, Frei=heit, Frei=heit,
Welt re=giert, Frei=heit, Frei=heit, Frei=heit,
Men=schen Hort, Frei=heit, Frei=heit, Frei=heit,
Frei=heit vom Him=mel stammt.
Frei=heit zum Him=mel führt.
Frei=heit glänzt uns von dort.

214. In's Freie.

Kräftig. Stunz.

f
1. Auf, ihr Brü=der, laßt uns wal=len in den
2. In der mächt'=gen Ei=chen Rau=schen mi=sche
3. Ue=ber=all in deut=schen Lan=den blü=het
4. Sei ge=grüßt du Fest der Lie=der, strö=me
f
fz
gro=ßen heil'=gen Dom, laßt aus tau=send Keh=len schal=len des Ge=
sich der deut=sche Sang, daß der al=ten Gei=ster Lau=schen sich er=
kräf=tig der Ge=sang, der aus tief=ster Brust ent=stan=den, kün=det
Freud' und Se=gen aus, daß die Schaaren trau=ter Brü=der keh=ren
fz
sang's le=bend'gen Strom, laßt aus tau=send Keh=len schal=len
freu' am frei=en Klang, daß der al=ten Gei=ster Lau=schen
laut des Herzens Drang, der aus tief=ster Brust ent=stan=den
froh in's Va=ter=haus, daß die Schaaren trau=ter Brü=der

1. laßt aus tau=send Keh=len schal=len
2. daß der al=ten Gei=ster Lauschen
3. der aus tief=ster Brust ent=stan=den,
4. daß die Schaaren trau=ter Brü=der

1. Wenn die
2. Deut=sches
3. Deut=sches
4. Nun wohl=
des Ge=san=ges Strom. Wenn die Tö=ne sich ver=
sich er=freu' am Klang. Deut=sches Lied, tön' ih=nen
kün=det laut des Her=zens Drang. Deut=sches Lied aus deut=schem
keh=ren froh in's Va=ter=haus. Nun wohl=an denn Deutschlands
p
p
p
1. Wenn die
2. Deut=sches
3. Deut=sches
4. Nun wohl=
Tö=ne sich ver=schlin=gen, knü=pfen wir das Bru=der=
Lied, tön' ih=nen Kun=de fort und fort von deut=schem
Lied, aus deut=schem Her=zen tö=net fort von Mund zu
an denn, Deutschlands Söh=ne laßt uns fei=ern Hand in
schlin=gen, knü=pfen wir das Bru=der=
Kun=de fort und fort von deut=schem
Her=zen tö=net fort von Mund zu
Söh=ne, laßt uns fei=ern Hand in
Tö=ne sich ver=schlin=gen, knü=pfen wir das Bru=der=
Lied, tön' ih=nen Kun=de fort und fort von deut=schem
Lied aus deut=schem Her=zen tö=net fort von Mund zu
an denn Deutschlands Söh=ne, laßt uns fei=ern Hand in

band, auf zum Him=mel Wün=sche drin=gen für das
Geist, der in tau=send stimm'=gem Bun=de sei=ne
Mund, hemmt die Kla=gen, heilt die Schmer=zen, knü=pfet
Hand, und die fro=he Kun=de tö=ne durch das
1. auf zum Him=mel Wün=sche
theu=re Va=ter=land, auf zum Him=mel Wün=sche
al=ten Hel=den preist, der in tau=send=stimm'=gem
frei=er Män=ner Bund, hemt die Kla=gen, heilt die
wei=te Va=ter=land, und die fro=he Kun=de
1. auf zum Him=mel Wün=sche
drin=gen, drin=gen, für das deut=sche Va=ter=land.
Bun=de, Bun=de, sei=ne al=ten Hel=den preist.
Schmer=zen, Schmer=zen, knü=pfet frei=er Män=ner Bund.
tö=ne, tö=ne, durch das wei=te Va=ter=land.

Dr. H. Weißmann.

215. In die Ferne.

Bewegt. E. R. Kühne in Zürich.

p

1. Siehst du am A-bend die Wol-ken zieh'n, siehst du die
2. Dort in den Wäl-dern, so e-wig grün kann still und
f 3. Am star-ren Fel-sen, da bricht sich der Nord, *pp* sanft we-hen
4. O könnt' ich zie-hen im Mor-gen-roth, o leuch-te

cresc.

Spi-tzen der Ber-ge glüh'n, mit e-wi-gem Schnee die
heim-lich die Lie-be blüh'n, der Mor-gen nur sieht sie, der
Lüft-chen im Tha-le fort, durch Wäl-der, da schimmert der
A-bend mir Lie-bes-tod, es schwin-det das Le-ben, du

cresc.

mf
cresc.
f
rit.

Gi-pfel umglänzt, mit grü-nen-den Wäl-dern die Thä-ler be-kränzt:
A-bend-schein, und Lieb' ist mit Lie-be so se-lig al-lein;
Mond ein-her, und fer-ne da rau-schet und brau-set das Meer:
weißt es kaum, o e-wi-ge Lie-be, o e-wi-ger Traum:

f
rit.
mf
cresc.

mf
p
Ach, in die Fer- ne sehnt sich mein Herz, ach, in die
Ach in die Fer- ne sehnt sich mein Herz, in die
rit.
Fer- ne sehnt sich mein Herz!

H. Kletke.

216. Stirb Lieb' und Freud'!

Mäßig. **Fr. Silcher.**

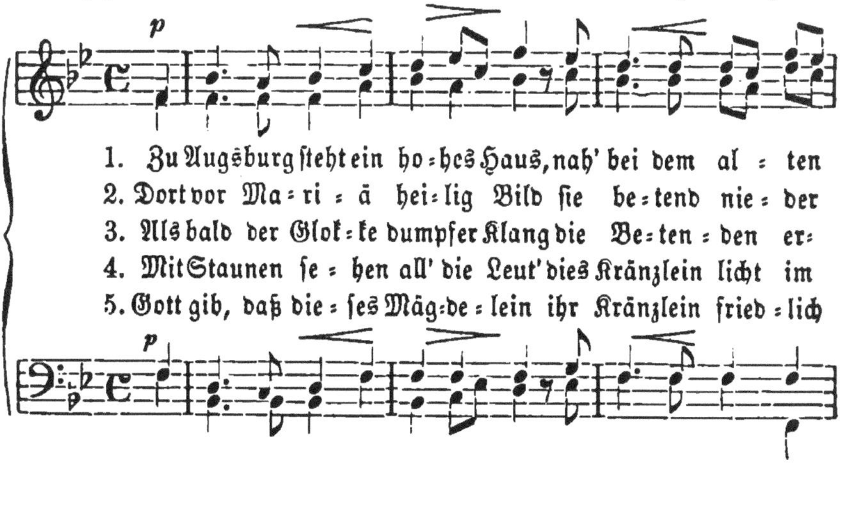
p
1. Zu Augsburg steht ein ho- hes Haus, nah' bei dem al- ten
2. Dort vor Ma- ri- ä hei- lig Bild sie be- tend nie- der
3. Als bald der Glok- ke dumpfer Klang die Be- ten- den er-
4. Mit Staunen se- hen all' die Leut' dies Kränzlein licht im
5. Gott gib, daß die- ses Mäg- de- lein ihr Kränzlein fried- lich

Dom, da tritt an hel=lem Mor=gen aus ein Mäg=de=lein gar
kniet, f der Him=mel hat ihr Herz er=füllt und al=le Welt=lust
weckt, das Mägdlein wallt die Hall' ent=lang, es weiß nicht was es
Haar, das Mägdlein a=ber wallt nicht weit, tritt vor den Hoch=al=
trag'; es ist die Al=ler=lieb=ste mein, bleibt's bis zum jüng=sten
fromm. Ge=sang er=schallt, zum Do=me wallt die
flieht: p „O Jung=frau rein, laß mich al=lein dein
trägt, auf dem Haup=te, ganz von Him=melsglanz, ei=nen
tar: „Zur Non=ne weiht mich ar=me Maid! Stirb
Tag. Sie weiß es nicht, mein Herz zer=bricht, stirb'
lie=be Ge=stalt, die lie=be Ge=stalt.
ei=gen sein, dein ei=gen sein!"
Lil'=jen=kranz, ei=nen Lil'=jen=kranz.
Lieb' und Freud', stirb Lieb' und Freud'!"
Lieb' und Licht, stirb Lieb' und Licht.
J. Kerner.

217. Scheiden.

Mäßig. C. Wilhelm.

p
mf
rit.
dim.
1. Mag auch heiß das Schei=den bren=nen, treu=er Muth
2. Ist kein Was=ser so ohn' En=de, noch so schmal
3. Ue=ber Berg' und tie=fe Tha=le, mit den Wol=
4. Und die Wind' und Wol=ken tra=gen hier zu mir
5. Ich bin im=mer froh und stil=le, muß ich noch
hat Trost und Licht, mag auch Hand von Hand sich tren=nen, Lie=be
ein Fel=sen=steg, daß nicht rech=te Sehn=sucht fän=de drü=ber
ken, mit dem Wind, täg=lich, stünd=lich, tau=send=ma=le, grüß' ich
die Lie=be dein, die Ge=dan=ken, die da sa=gen: Ich bin
so fer=ne geh'n, je=der Schritt ist's Got=tes Wil=le, ist ein
läßt von Lie=be nicht, Lie=be läßt von Lie=be nicht.
hin den si=chern Weg, drü=ber hin den si=chern Weg.
dich, ge=lieb=tes Kind, grüß' ich dich, ge=lieb=tes Kind.
dein und du bist mein, ich bin dein und du bist mein.
Schritt zum Wie=der=seh'n, ist ein Schritt zum Wie=der=seh'n.

E. Geibel.

218. Der wandernde Musikant.

Frisch. Th. Gaugler.

1. Durch Feld und Bu-chen-hal-len, bald singend, bald fröh-lich
2. Die Lerch als Mor-gen-bo-te sich in die Lüf-te
3. Vom Ber-ge Vög-lein flie-gen und Wol-ken so ge-
still, recht lu-stig sei vor Al-len, wer's Rei-sen
schwingt, ei-ne fri-sche Rei-se-no-te durch Wald und
schwind, Ge-dan-ken ü-ber-flie-gen die Vö-gel
1. recht lu-stig sei vor
2. —, ei-ne Rei-se
3. Ge-dan-ken ü-ber
wäh-len will, wer's Rei-sen wäh-len will! Wenn's kaum im
Herz er-klingt, durch Wald und Herz er-klingt. O Lust, vom
und den Wind, die Vö-gel und den Wind. Die Wol-ken
f
mf
p

O = sten glüh = te, die Welt noch still und weit: Da weht recht
Berg zu schau = en weit ü = ber Wald und Strom, hoch ü = ber
zieh'n her = nie = der, das Vög = lein senkt sich gleich; Ge = dan = ken
durch's Ge = mü = the die schö = ne, die schö = ne
sich den blau = en, tief = kla = ren, tief = kla = ren
geh'n und Lie = der fort — — und fort bis in's
Blü = = = then = zeit.
Him = = = mels = dom.
Him = = = mel = reich.
Blü = then = zeit, die schö = ne Blü = then = zeit.
Him = mels = dom, den tief = kla = ren Him = mels = dom.
Him = mel = reich, und fort bis in's Him = mel = reich.

219. Abschied vom Walde.

Etwas bewegt. A. Zimmermann.

mf
1. O Thä - ler weit, o Hö - hen, o schö - ner grü - ner
2. Im Wal - de steht ge - schrie - ben ein stil - les, ern - stes
3. Bald werd' ich dich ver - las - sen, fremd in die Frem - de
mf
f
Wald, du mei - ner Lust und We - hen an - dächt' - ger Auf - ent -
Wort vom rech - ten Thun und Lie - ben und was der Men - schen
geh'n, auf bunt - be - weg - ten Gas - sen des Le - bens Schau - spiel
p
f
p
p
mf
halt, an - dächt' - ger Auf - ent - halt, an - dächt' - ger
Hort, und was der Men - schen Hort, f und was der
seh'n, des Le - bens Schau - spiel seh'n, des Le - bens
p
mf

Auf - ent - halt! Da drau - ßen stets be - tro - gen, saust
Men - schen Hort. Ich ha - be treu ge - le - sen die
Schau - spiel seh'n. Und mit - ten in dem Le - ben wird
die ge - schäft' - ge Welt, schlag' noch ein - mal die Bo - gen um
Wor - te schlicht und wahr, und durch mein gan - zes We - sen ward's
dei - nes Ernsts Ge - walt mich Ein - sa - men er - he - ben, so
mich du grü - nes Zelt.
un - aus - sprech - lich klar.
wird mein Herz nicht alt.
Joseph v. Eichendorff.

220. Frauen-Lob.

Fröhlich geschwind.

f
1. Zu eh - ren und prei - sen der Frau - en Ge-
2. Die Frau - en zu prei - sen ist lieb - li - cher
3. Zu eh - ren und prei - sen der Frau - en Ge-
schlecht, sei Star - ken und Wei - sen ein hei - lig
Klang, ist Weis - heit der Wei - sen, ist Sän - gers
schlecht in fröh - li - chen Wei - sen, ist deut - sches
p
Recht! Durch An - muth ent - zük - ken - de, durch Lie - be be-
Sang! Der Wol - lust be - geh - ren - de, die Un - schuld zer-
Recht! Durch An - muth ent - zük - ken - de, durch Lie - be be-

cresc.
glük = ken = de, durch Freundschaft er = quik = ken = de treu = e
stö = ren = de, die Schö = nen ent = eh = ren = de Frau = en=
glük = ken = de, durch Freundschaft er = quik = ken = de treu = e
cresc.
p
mf
Frau'n sind duf = ten = de Ro = sen auf E = dens Au'n, sind
feind ist herz = li = chem San = ge kein war = mer Freund, ist
Frau'n sind hei = mi = sche Blu = men auf deut = schen Au'n, sind
p
mf
duf = ten = de Ro = sen auf E = dens Au'n.
herz = li = chem San = ge kein war = mer Freund.
hei = mi = sche Blu = men auf deut = schen Au'n.

221. Lützow's wilde Jagd.

Rasch und feurig. **C. M. v. Weber.**

p
1. Was glänzt dort vom Wal=de im Son=nen=schein? Hör's
2. Was zieht dort rasch durch den fin = stern Wald? Was
3. Wo die Re = ben glü=hen, dort braust der Rhein, der
p

cresc.
pp
nä=her und nä = her brau = sen. Es zieht sich her = un = ter in
streift von Bergen zu Ber = gen? Es legt sich in nächt=li = chen
Wüthrich ge = bor=gen sich mein = te; da naht es schnell wie Ge=
cresc.
pp

f
ff
dü=ste=ren Reih'n und gel = len = de Hör=ner er=schal=len dar=ein, er=
Hin = ter=halt, das Hur = rah jauchzt und die Büch = se knallt, es
wit = terschein, und wirft sich mit rü = sti = gen Ar=men hin=ein und
f
ff

p
fül-len die See-le mit Grau-sen. Und wenn ihr die
fal-len die frän-ki-schen Scher-gen. Und wenn ihr die
springt an's U-fer der Fein-de. Und wenn ihr die
p
f
ff
schwarzen Ge-sel-len fragt, das ist, das ist
schwar-zen Jä-ger fragt, das ist, das ist
schwar-zen Schwimmer fragt, das war, das war
Lützow's wilde ver-
f
ff
we-ge-ne Jagd, das ist Lü-tzow's wil-de, ver-we-ge-ne Jagd.

222. Zum Walde mußt du wandern geh'n.

Moderato. A. Billeter.

mf
1. Zum Wal=de mußt du wan=dern geh'n, zum grü=nen
2. Im Wal=de klingt das lei=se Wort, dem du ge=
3. Und wan=derst du im Wald al=lein, wo hat die
mf
Hag, zum dunk=len Tann, drinn all' die Wun=der noch ge=scheh'n,
lau=schet lang und tief, und je=der Na=me säu=selt dort,
Er=de schö=nern Raum? Und ruhst du drin=nen gar zu Zwei'n,
p dolce
von de=nen je die Lie=be sann; zum Wal=de, wo vom
den je dein Herz in Lie=be rief, und was hier au=ßen
wo hat der Him=mel sel'=gern Traum? Und grüßt vom Grunde
p
dolce

jun = gen Reis dein Herz ein jun = ges Hof = fen bricht, zum Wald, zum
stumm und kalt an dei = ner Brust vor = ü = ber zieht, das weicht, das
her so bald ein fer = nes Post=horn in den Hag, dann gibt, dann
Wald, der all' dein Seh=nen weiß und dei = ne stil = le Spra=che
weicht, der Wald, der heil'=ge Wald, das rauscht er dir in Ton und
gibt der Wald, der grü = ne Wald, was Erd' und Him=mel je ver=
spricht.
Lied.
mag.
Zum Wald, zum Wald, zum Wald; zum Wald, zum Wald, zum
Wald! Zum Wal = de mußt du wan = dern geh'n, zum grü = nen

f
rit.
Hag, zum dunk=len Tann; zum Wal=de mußt du wan=dern geh'n,

zum grü=nen Hag, zum dunk=len Tann!

Scheurlin.

223. Oesterreichisches Nationallied.

Mäßig. **Joseph Haydn.**

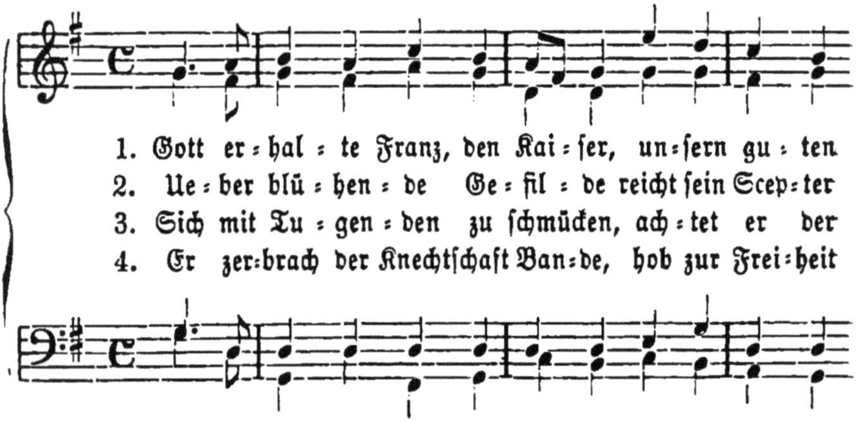
1. Gott er=hal=te Franz, den Kai=ser, un=sern gu=ten
2. Ue=ber blü=hen=de Ge=fil=de reicht sein Scep=ter
3. Sich mit Tu=gen=den zu schmücken, ach=tet er der
4. Er zer=brach der Knechtschaft Ban=de, hob zur Frei=heit

Kai = ser Franz! Hoch als Herr=scher, hoch als Wei = ser steht er
weit und breit. Säu=len sei = nes Throns sind Mil = de, Bie = der=
Sor = gen werth. Nicht um Völ = ker zu er = drük = ken, flammt in
uns em = por! Früh er = leb' er deut = scher Lan = de, deut = scher
in des Ruh=mes Glanz! Lie = be win = det Lor=beer=rei = ser ihm zum
sinn und Red=lich = keit, und von sei = nem Wap=pen=schil = de strah=let
sei = ner Hand das Schwert. Sie zu seg = nen, zu be = glük=ken, ist der
Völ = ker höch=sten Flor, und ver = neh = me noch am Ran=de spä = ter
e = wig grü = nen Kranz!
die Ge = rech = tig = keit.
Preis, den er be = gehrt.
Gruft der En = kel Chor:
Gott er = hal = te Franz, den Kai = ser,

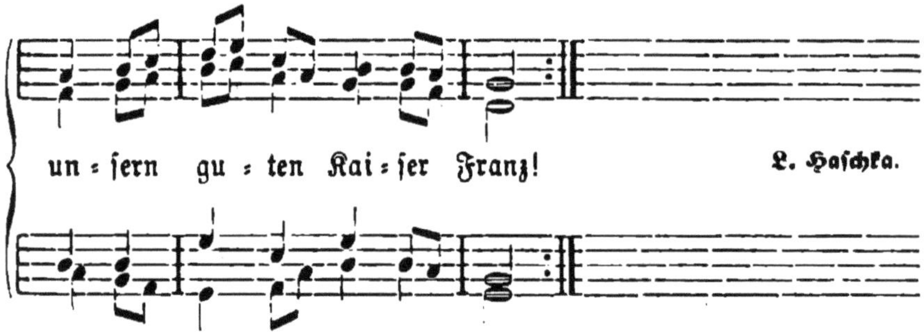
un = sern gu = ten Kai = ser Franz!
L. Haschka.

224. Theodor Körner.

Ernst, doch kräftig. **L. Berger.**

p
1. Bei Wöb = be = lin im frei = en Feld, auf Meck = len = bur = ger
2. Was ihm er = füllt die Hel = den = brust, er hat es uns ge =
3. So ist die Lei = er und das Schwert be = kränzt mit grü = nen
p

mf
Grun = de, da ruht ein ju = gend = li = cher Held an sei = ner
sun = gen, daß To = des = muth und Sie = ges = lust in un = ser
Ei = chen, dem Krie = ger, wie dem Sän = ger werth, ein theu = res
mf

To - des-wun-de. Er war mit Lü-tzow's wil-der Jagd wohl
Herz ge-drun-gen. Und wo er sang zu sei-nem Troß', zu
Sie-ges-zei-chen. Wo un-ser frei-es Lied er-klingt, wo
in die Schlacht ge-zo-gen, da hat er frisch und un-ver-
sei-nen schwar-zen Rit-tern, das Volk stand auf, der Sturm brach
wir die Hü-te schwen-ken, und wo die Ei-sen-braut uns
zagt die Frei-heit, die Frei-heit ein-ge-so-gen.
los, in tau-send, in tau-send Un-ge-wit-tern.
blinkt, wir wer-den, wir wer-den dein ge-den-ken.

225. Ueber allen Gipfeln ist Ruh.

Langsam. E. R. Kühne in Zürich.

p
Ue = ber al = len Gi = pfeln ist Ruh, in al = len
p
in
Wi = pfeln hö = rest du kei = nen Hauch; die
pp
al = len Wi = pfeln hö = rest du
pp
p dolce
Vö = ge = lein schwei = gen im Wal = = de,
p
dolce marcato
die Vö = ge = lein schla = fen im

p
p un poco
war=te nur, war=te nur, bal = = de, bal=de
p
p
Wal = de, war=te nur, war=te nur,

cresc.
decresc. e rit.
p
pp
ruhst du auch, bal=de, bal=de ruhst du auch!
Göthe.
p
pp

226. Trinklied für Alte.

Moderato. **Maczewsky.**

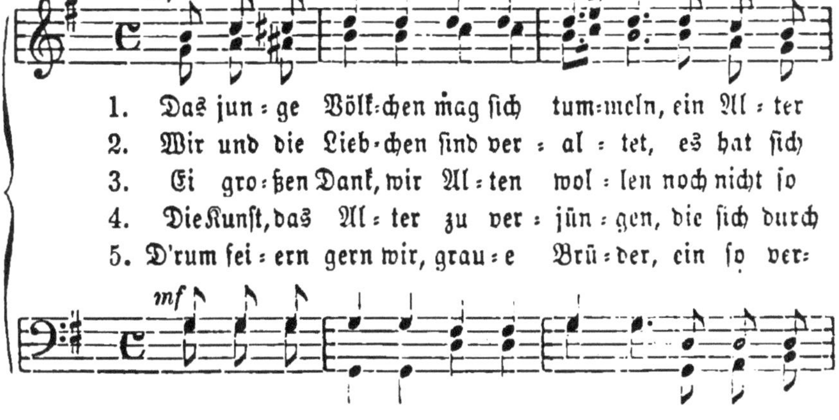
mf
1. Das jun=ge Völk=chen mag sich tum=meln, ein Al=ter
2. Wir und die Lieb=chen sind ver=al=tet, es hat sich
3. Ei gro=ßen Dank, wir Al=ten wol=len noch nicht so
4. Die Kunst, das Al=ter zu ver=jün=gen, die sich durch
5. D'rum fei=ern gern wir, grau=e Brü=der, ein so ver=
mf

sitzt gern fest beim Wein; wir schwärm-ten auch einst wie die
ei - ne neu - e Welt all - mä - lig um uns her ge-
gleich von dan - nen zieh'n: mag A - mor uns kein Glück mehr
kei - ne Wis - sen - schaft, durch kei - nen Zau - ber läßt er-
jüng - tes Phö - nix - fest, der Tod wirft leicht den Men - schen
Man sah uns
p
Hum-meln durch un - sers Le - bens Früh-lings-hain.
stal - tet, die uns zur Noth in Eh - ren hält.
zol - len, der Gott des Wein's er - setzt uns ihn.
zwin - gen, ver - steht und übt er mei - ster - haft.
nie - der, der sich von Gram er - mat - ten läßt.
sprin - gen, rei - ten, tan - zen, auch wa - ren
p
Man sah uns sprin-gen, rei-ten, tan - zen, auch wa-ren
Ein Kuß, den man im Ju-gend-le - ben uns still und
Er hat sich zum Pa - tron der Al - ten, seit-dem man
Wer fühlt nicht, daß sich bei der Fla - sche, die al - te
Wir wol - len uns mit Flaschen weh - ren, und end-lich
p

f
uns die Mägd=lein hold, und ach! was bra=chen wir für
scheu im Win=kel gab, wird öf=fent=lich uns jetzt ge=
Re=ben pflanzt, er=klärt, und will uns Nie=mand Far=be
See=le neu be=lebt, und wie der Phö=nix aus der
nach ver=lor=ner Schlacht der Welt so kalt den Rük=ken
f
p
fp
Lan=zen um ih=ren sü=ßen Min=ne=sold, um ih=ren
ge=ben, doch wie ein Rei=se=geld in's Grab, doch wie ein
hal=ten, so fin=den wir doch ihn be=währt, so fin=den
A=sche mit Ju=gend=flü=geln sich er=hebt, mit Ju=gend=
keh=ren, wie sie es uns bis=wei=len macht, wie sie es
p
fp
sü=ßen Min=ne=sold.
Rei=se=geld in's Grab.
wir doch ihn be=währt.
flü=geln sich er=hebt.
uns bis=wei=len macht.
Langbein.

227. Mutterseelenallein.

Getragen, mit Bewegung. **A. Braun.**

p dolce
1. Es blickt so still der Mond mich an, es fließt so still der
2. Den Kna= ben hält die Lie = be wach, die Wel= le fließt vor=
p
cresc.
f
rit.
Rhein; der Fi = scher = kna = be steht ihm Kahn so mut=ter=see=len=al=
bei, er sen = det ei = ne Thrän' ihr nach, daß sie al= lei= ne nicht
a tempo.
sf
lein! Ich sitz' am Rok= ken trau=rig still in mei = nem Käm=mer=
sei! Am Hüttchen, wo sein Mädchen weint, steh'n bei = de lau=schend

p
pesante e rit.
legato e rit.
sempre decresc.
lein, das Mäd-chen mir nicht ſchnur-ren will, ſo mut-ter-
ſtill, ob ſie wohl nur den Kna-ben meint, der ih-re
pp
p
sf
piu mosso e affectuoso
ſee-len-al-lein! Wärſt du bei mir, wär' ich bei dir, du
Lie-be nur will! Wärſt du bei mir, wär' ich bei dir, du
rit.
sempre cresc.
con ardore
a tempo
lie-ber Kna-be mein, du ſtünd'ſt nicht dort, ich ſäß' nicht hier ſo
lie-bes Mäd-chen mein, du ſpänn'ſt nicht dort, ich ſeufzt' nicht hier ſo
rit.
1
2
mut-ter-ſee-len-al-lein, mut-ter-ſee-len-al-lein!

228. Die Harmonie.

Lento. **J. Wassermann.**

Wir sin - gen
mf
f
p
O Har-mo-nie, o Har-mo-nie! Wir sin-gen
p
mf
dir, o Har-mo-nie, wir sin-gen dir,
p
mf
o Har - mo - nie, wir sin - gen dir,
f
p
in heil'-gen Tö - nen brin-gen wir dir un-sers Dan-kes
wir dir un-sers Dan - kes
von dei - ner
Zoll. Es schal-len uns're Lie - der von dei-ner

Macht, die wir er = fleh = ten, wie = der, dir
sin = gen wir, o Har = mo = nie, Heil dir, Heil dir!
all=
cresc.
all=mächt'=ge Har=mo = nie! Dir sin = gen wir, Heil
mächt'=ge Har = mo = nie!
dir, Heil, Heil — —!

229. Zur Cäcilienfeier.

Getragen. **Flemming.**

p

1. Nur in des Her - zens hei - lig ern - ster Stil - le
2. Ein - tracht und Lie - be hal - ten uns zu - sam - men,
mf 3. Rast - los und fröh - lich trei - ben uns're Blü - then;

p

kann erst das Le - ben schö - ner sich ge - stal - ten; nur wo der
wie auch im Wech - sel steigt und fällt das Le - ben. *f* Aufwärts die
wenn schon der Ju - gend Ster - ne ab - wärts zo - gen, *p* win - ken sie

Ein - tracht sanf - te Gei - ster wal - ten, *f* stärkt sich der Wil - le.
Blik - ke! kräf - tigt eu - er Stre - ben, *f* wah - ret die Flam - me!
freundlich doch von fer - nen Bo - gen *pp* Ru - he und Frie - den.

Chr. Schulz.

230. Im Herbst.

Mäßig. **C. Zöllner.**

p 1. Hol=der Lenz, du bist da=hin, nir=gends, nir=gends
mf 2. Wie der Wind so trau=rig fuhr, durch den Strauch als
pp 3. Wie=der ist wie bald, wie bald mir ein Jahr da=
f 4. Wal=des=rau=schen, wun=der=bar hast du mir das
darfst du blei=ben! Wo ich sah dein fro=hes Blüh'n, braust des
ob er wei=ne! Ster=be=seuf=zer der Na=tur schau=ern
hin ge=schwunden! Fra=gend rauscht es durch den Wald: Hat dein
Herz ge=trof=fen. Treu=lich bringt ein je=des Jahr neu=es
Herb=stes ban=ges Trei=ben.
durch die wel=ken Hai=ne.
Herz sein Glück ge=fun=den?
Laub, wie neu=es Hof=fen!
mf
f

Nikol. Lenau.

Die vierte Strophe etwas kräftiger und bewegter.

231. Bleib' bei mir.

Andante. **B. Vogler.**

1. Wie die Blümlein drau-ßen zit-tern in der A-bend-
2. Draußen in der wei-ten Fer-ne, sind die Men-schen
3. Hab' ge-liebt dich oh-ne En-de, hab' dir nichts zu
cresc.
lüf-te Weh'n! Und du willst mir's Herz ver-bit-tern, und du
nicht so gut, und ich gäb' für dich so ger-ne, ja mein
leid ge-than, und du drückst mir stumm die Hän-de, und du
cresc.
mf
f
piu lento
willst schon wie-der geh'n!
Le-ben und mein Blut.
fängst zu wei-nen an.
Bleib' bei mir und geh' nicht
mf
f
piu lento

mf
dim.
f
fort, in mei=nem Her=zen ist der schön=ste Ort, bleib' bei
mf
dim.
f
poco rit.
mir und geh' nicht fort, in mei=nem Her=zen ist der
poco rit.
schön=ste Ort.
O. Sternau.

232. Harmonisches Hoch.

Langsam.

f
1. Va=ter=land hoch! Va=ter=land hoch! Va=ter=land hoch!
a. Er le=be hoch! Er le=be hoch! Er le=be hoch!
f

233. Toast.

Dreimal in beschleunigter Bewegung und gesteigerter Kraft zu singen.

Sehr schnell. Fr. Abt.

Er le = be hoch, er le = be hoch, er le = be
hoch, er le = be hoch, hoch, hoch, hoch,
hoch, er le = be hoch, er le = be hoch, er le = be hoch,
er le = be hoch, hoch, hoch, hoch,
hoch, er le = be hoch!
er le = be hoch, er le = be hoch!
hoch,

Anhang.

234. Dem Vaterland.

1. Rufst du, mein Vaterland?
Sieh' uns mit Herz und Hand,
All' dir geweiht!
Heil dir, Helvetia!
Hast noch der Söhne ja,
Wie sie Sankt Jakob sah,
Freudvoll zum Streit!

2. Da, wo der Alpenkreis
Nicht dich zu schützen weiß —
Wall' dir von Gott —
Steh'n wir den Felsen gleich,
Nie vor Gefahren bleich,
Froh noch im Todesstreich,
Schmerz uns ein Spott.

3. Nährst uns so mild und treu,
Hegst uns so stark und frei,
Du Hochlands Brust!
Sei denn im Feld der Noth,
Wenn dir Verderben droht,
Blut uns ein Morgenroth,
Tagwerk der Lust!

4. Frei, und auf ewig frei
Ruf' unser Feldgeschrei,
Hall' unser Herz!
Frei lebt, wer sterben kann,
Frei, wer die Heldenbahn,
Steigt als ein Tell hinan,
Nie hinterwärts!

5. Doch, wo der Friede lacht,
Nach der empörten Schlacht
Drangvollem Spiel.
O da, viel schöner trau'n,
Fern von der Waffen Grau'n,
Heimat, dein Glück zu bau'n.
Winkt uns das Ziel!

---

235. Freiheit.

1. Freiheit, die ich meine,
Die mein Herz erfüllt,
Komm mit deinem Scheine,
Süßes Engelsbild!
Magst du nie dich zeigen
Der bedrängten Welt,
Führest deinen Reigen
Nur am Sternenzelt?

2. Auch bei grünen Bäumen,
In dem lust'gen Wald,
Unter Blüthenträumen
Ist dein Aufenthalt!
Ach! das ist ein Leben,
Wenn es weht und klingt,
Wenn dein stilles Weben
Wonnig uns durchdringt.

3. Wenn die Blätter rauschen
Süßen Freundesgruß,
Wenn wir Blicke tauschen
Liebeswort und Kuß.
Aber immer weiter
Nimmt das Herz den Lauf,
Auf der Himmelsleiter
Steigt die Sehnsucht auf.

4. Aus den stillen Kreisen
Kommt mein Hirtenkind,
Will der Welt beweisen,
Was es denkt und minnt.
Blüht ihm doch ein Garten
Reift ihm doch ein Feld
Auch in jener harten,
Steinerbauten Welt.

5. Wo sich Gottes Flamme
In ein Herz gesenkt,
Das am alten Stamme
Treu und liebend hängt;
Wo sich Männer finden,
Die für Ehr' und Recht
Muthig sich verbinden,
Weilt ein frei Geschlecht.

6. Hinter dunkeln Wällen,
Hinter ehr'nem Thor
Kann das Herz noch schwellen
Zu dem Licht empor;
Für die Kirchenhallen,
Für der Väter Gruft,
Für die Liebsten fallen,
Wenn die Freiheit ruft.

7. Das ist rechtes Glühen
Frisch und rosenroth:
Heldenwangen blühen
Schöner auf im Tod.
Wollest auf uns lenken
Gottes Lieb' und Lust,
Wollest gern dich senken
In die deutsche Brust.

8. Freiheit, die ich meine,
Die mein Herz erfüllt,
Komm mit deinem Scheine,
Süßes Engelsbild!
Freiheit, holdes Wesen,
Gläubig, kühn und zart,
Hast ja lang' erlesen
Dir die deutsche Art.

236. Ab!

1. Wir hatten gebauet
Ein stattliches Haus,
:,: Und d'rin auf Gott vertrauet
Trotz Wetter, Sturm und Graus. :,:

2. Wir lebten so traulich,
So einig, so frei,
:,: Den Schlechten ward es graulich,
Wir hielten gar zu treu. :,:

3. Sie lugten, sie suchten
Nach Trug und Verrath,
:,: Verläumdeten, verfluchten
Die junge, grüne Saat. :,:

4. Was Gott in uns legte,
Die Welt hat's veracht't,
:,: Die Einigkeit erregte
Bei Guten selbst Verdacht. :,:

5. Man schalt es Verbrechen,
Man täuschte sich sehr;
:,: Die Form kann man zerbrechen
Die Liebe nimmermehr. :,:

6. Die Form ist zerbrochen
Von außen herein;
:,: Doch, was man d'rin gerochen,
Ist eitel Dunst und Schein. :,:

7. Das Band ist zerschnitten,
War schwarz, roth und gold,
:,: Und Gott hat es gelitten,
Wer weiß, was er gewollt. :,:

8. Das Haus mag zerfallen —
Was hat's denn für Noth?
:,: Der Geist lebt in uns Allen,
Und uns're Burg ist Gott. :,:

237. Klage.

1. In einem kühlen Grunde,
Da geht ein Mühlenrad,
:,: Mein Liebchen ist verschwunden,
Das dort gewohnet hat. :,:

2. Sie hat mir Treu' versprochen,
Gab mir ein'n Ring dabei;
:,: Sie hat die Treu' gebrochen,
Das Ringlein sprang entzwei. :,:

3. Ich möcht' als Spielmann reisen,
Weit in die Welt hinaus,
:,: Und singen meine Weisen,
Und geh'n von Haus zu Haus. :,:

4. Ich möcht' als Reiter fliegen
Wohl in die blut'ge Schlacht,
:,: Um stille Feuer liegen
Im Feld bei dunkler Nacht. :,:

5. Hör' ich das Mühlrad gehen,
Ich weiß nicht, was ich will —
:,: Ich möcht' am liebsten sterben,
Da wär's auf einmal still. :,:

238. Der Schweizerknabe.

1. Ich bin ein Schweizerknabe,
Ich hab' die Heimath lieb,
Wo Gott in hohe Firnen
Den Freiheitsbrief uns schrieb.
Der Berge wunderbare Pracht,
Die zieht mich an mit Zaubermacht.
Ich bin ein Schweizerknabe
Und hab' die Heimath lieb.
Hali, hali, halio, halio.

2. Ich bin ein Schweizerknabe,
Ich liebe Lust und Scherz.
In's heit're Land der Alpen
Da paßt kein finst'res Herz.
O hör' der Heerden Glockenklang,
In Thal und Höhen Jubelsang!
Ich bin ein Schweizerknabe
Und liebe Lust und Scherz.
Hali, &c.

3. Ich bin ein Schweizerknabe,
Bin allen Menschen gut.
Es liegt die Herzensgüte
Ja schon im Schweizerblut.
Wie wäre sonst in Berg und Thal
Der Freude lauter Wiederhall?
Ich bin ein Schweizerknabe
Bin allen Menschen gut.
Hali, &c.

4. Ich bin ein Schweizerknabe,
Ich leide keine Schmach.
Am Hochgefühl der Schweizer
Schon manche Lanze brach.
Wer feige weicht vom heil'gen Recht,
Der ist schon von Natur ein Knecht.
Ich bin ein Schweizerknabe,
Ich leide keine Schmach.
Hali, &c.

5. Ich bin ein Schweizerknabe,
Von Freiheitssinn durchglüht.
Da lachet keine Freude,
Wo keine Freiheit blüht.
Der Bund im Rütli ist der Stern
Des Glücks im Lande nah und fern.
Ich bin ein Schweizerknabe,
Von Freiheitssinn durchglüht.
Hali, &c.

---

239. Brüder, lagert euch im Kreise.

1. Brüder, lagert euch im Kreise,
Trinkt nach alter Väter Weise,
Leert die Gläser, schwenkt die Hüte
Auf der gold'nen Freiheit Wohl!

2. Flur, wo wir als Knaben spielten,
Ahnung künft'ger Thaten fühlten,
Süßer Traum der Kinderjahre,
Kehr' noch einmal uns zurück!

3. Mädchen, die mit keuschen Trieben
Nur den braven Jüngling lieben,
Nie der Tugend Reiz entstellen,
Sei ein schäumend Glas gebracht!

4. Schweizer Jünglingen zu Ehren,
Will auch ich den Becher leeren,
Die für Ehr' und Freiheit fechten;
Selbst ihr Fall sei heilig mir!

5. Männern, die das Herz uns rühren,
Uns den Pfad der Weisheit führen,
Deren Beispiel wir verehren,
Sei ein dreifach Hoch gebracht!

6. Brüdern, die vor vielen Jahren
Uns'res Bundes Glieder waren,
Die der Bund stets ehrt und liebet,
Sei ein schäumend Glas geweiht!

7. Brüdern, die befreit von Kummer,
Ruhn den langen Grabesschlummer,
Weih'n wir, der Erinn'rung heilig,
Diese frohe Libation!

8. Weil uns noch die Gläser blinken,
Laßt sie nicht vergebens winken,
Leert sie, Freunde, schwenkt die Hüte
Auf der gold'nen Freiheit Wohl!

240. Ça, ça, geschmauset!

1. Ça, ça, geschmauset,
Laßt uns nicht rappelköpfisch sein!
Wer nicht mit hauset,
Der bleib' daheim!
Alle: Edite, bibite, collegialis,
Post multa sæcula, pocula nulla.

2. Der Herr Professor
Liest heut' kein Collegium,
D'rum ist es besser,
Man trinkt eins 'rum!
Edite etc.

3. Trinkt nach Gefallen,
Bis ihr die Finger darnach leckt,
Dann hat's uns Allen
Recht wohl geschmeckt.
Edite etc.

4. Auf, auf, ihr Brüder,
Erhebt den Bacchus auf den Thron,
Und setzt euch nieder!
Wir trinken schon.
Edite etc.

5. So lebt man immer,
So lang der schöne Lenz uns winkt,
Und Jugendschimmer
Die Wangen schminkt.
Edite etc.

6. Knaster, den gelben,
Hat uns Apollo präparirt,
Und uns denselben
Recommandirt.
Edite etc.

7. Hat nun ein Jeder
Sein Pfeifchen Knaster angebrannt,
So nehm' er wieder
Das Glas zur Hand.
Edite etc.

8. So lebt man heiter,
Weil es noch flotter Bursche heißt,
Bis daß man leider!
Ad patres reist.
Edite etc.

9. Bis daß mein Hieber
Vom Corpus juris wird besiegt,
So lang mein Lieber!
Leb' ich vergnügt!
Edite etc.

10. Denkt oft, ihr Brüder!
An unsere Jugendfröhlichkeit!
Sie kehrt nicht wieder
Die goldne Zeit!
Edite etc.

---

241. Die drei Röselein.

1. Jetzt gang i an's Brünnele, trink' aber net, :,:
Do such' i mein herztausige Schatz, find'n aber net. :,:

2. Do laß i meine Aeugelein um und um geh'n, :,:
Do sieh'n i mein herztausige Schatz, bei'me And're steh'n. :,:

3. Und bei'me And're stehe seh'n, ach, das thut weh! :,:
Jetzt b'hüt' di Gott, herztausiger Schatz, di b'siehn i nimme meh. :,:

4. Jetzt kauf' i mir Dinten und Fed'r und Papier, :,:
Und schreib' mei'm herztausige Schatz einen Abschiedsbrief. :,:

5. Jetzt leg' i mi nieder auf's Heu und auf's Moos, :,:
Do falle mir drei Röselein nieder in den Schooß. :,:

6. Und diese drei Röselein sein rosenroth, :,:
Jetzt weiß i net, lebt mein Schatz, oder ist er todt. :,:

242. Rheinweinlied.

1. Bekränzt mit Laub den lieben, vollen Becher,
:,: Und trinkt ihn fröhlich leer! :,:
In ganz Europia, ihr Herren Zecher!
:,: Ist solch' ein Wein nicht mehr. :,:

2. Er kommt nicht her aus Ungarn, noch aus Polen,
:,: Noch wo man franzmänn'sch spricht; :,:
Da mag Sanct Veit, der Ritter, Wein sich holen,
:,: Wir holen ihn da nicht. :,:

3. Ihn bringt das Vaterland aus seiner Fülle;
:,: Wie wär' er sonst so gut! :,:
Wie wäre er sonst edel, wäre stille,
:,: Und doch voll Kraft und Muth! :,:

4. Er wächst nicht überall im deutschen Reiche;
:,: Und viele Berge, hört, :,:
Sind, wie die weiland Kreter, faule Bäuche,
:,: Und nicht der Stelle werth. :,:

5. Am Rhein, am Rhein, da wachsen unsre Reben,
:,: Gesegnet sei der Rhein! :,:
Da wachsen sie am Ufer hin und geben
:,: Uns diesen Labewein :,:

6. So trinkt, so trinkt, und laßt uns allewege
:,: Uns freu'n und fröhlich sein! :,:
Und wüßten wir, wo Jemand traurig läge,
:,: Wir gäben ihm den Wein. :,:

---

243. Der Wirthin Töchterlein.

1. Es zogen drei Burschen wohl über den Rhein,
:,: Bei einer Frau Wirthin da kehrten sie ein. :,:

2. „Frau Wirthin, hat sie gut Bier und Wein?
:,: Wo hat sie ihr schönes Töchterlein?" :,:

3. „Mein Bier und Wein ist frisch und klar;
:,: Mein Töchterlein liegt auf der Todtenbahr!" :,:

4. Und als sie traten zur Kammer hinein,
:,: Da lag sie in einem schwarzen Schrein. :,:

5. Der erste schlug den Schleier zurück
:,: Und schaute sie an mit traurigem Blick: :,:

6. „Ach lebtest du noch, du schöne Maid!
:,: Ich würde dich lieben von dieser Zeit!" :,:

7. Der zweite deckte den Schleier zu
:,: Und kehrte sich ab und weinte dazu: :,:

8. „Ach, daß du liegst auf der Todtenbahr!
:,: Ich hab' dich geliebet so manches Jahr!" :,:

9. Der dritte hub den Schleier sogleich
:,: Und küßte sie auf den Mund so bleich: :,:

10. „Dich liebt' ich immer, dich lieb' ich noch heut',
:,: Dich werd' ich lieben in Ewigkeit!" :,:

244. Die Schildwache.

1. Steh' ich in finst'rer Mitternacht,
So einsam auf der fernen Wacht,
:,:So denk ich an mein fernes Lieb,
Ob mir's auch treu und hold verblieb.:,:

2. Als ich zur Fahne fortgemüßt,
Hat sie so herzlich mich geküßt,
:,:Mit Bändern meinen Hut geschmückt,
Und weinend mich an's Herz gedrückt.:,:

3. Sie liebt mich noch, sie ist mir gut,
D'rum bin ich froh und wohlgemuth;
:,:Mein Herz schlägt warm in kalter Nacht,
Wenn es an's treue Lieb' gedacht.:,:

4. Jetzt bei der Lampe mildem Schein
Gehst du wohl in dein Kämmerlein,
:,:Und schickst dein Nachtgebet zum Herrn
Auch für den Liebsten in der Fern'.:,:

5. Doch wenn du traurig bist und weinst,
Mich von Gefahr umrungen meinst,
:,:Sei ruhig, bin in Gottes Hut,
Er liebt ein treu Soldatenblut.:,:

6. Die Glocke schlägt, bald naht die Rund'
Und löst mich ab zu dieser Stund';
:,:Schlaf wohl im stillen Kämmerlein
Und denk' in deinen Träumen mein.:,:

245. Reiters Morgenlied.

1. Morgenroth! Morgenroth!
Leuchtest mir zu frühem Tod.
Bald wird die Trompete blasen,
Dann muß ich mein Leben lassen,
Ich und mancher Kamerad.

2. Kaum gedacht, kaum gedacht,
Wird der Lust ein End' gemacht,
Gestern noch auf stolzen Rossen,
Heute durch die Brust geschossen,
Morgen in das kühle Grab.

3. Doch wie bald, doch wie bald,
Welket Schönheit und Gestalt!
Prahlst du gleich mit deinen Wangen,
Die wie Milch und Purpur prangen,
Ach, die Rosen welken all'.

4. Darum still, darum still
Füg' ich mich, wie Gott es will,
Und so will ich wacker streiten,
Und sollt' ich den Tod erleiden,
Stirbt ein braver Reitersmann.

246. Der Schweizerbue.

1. Bin i nit ä lust'ge Schweizerbue,
Hab' immer frohe Mueth,
Wer mer's nit glaube will,
Schweig' e chli still.
Zieh' mit der Sonne us,
Komm' mit de Stern nach Hus,
Schweizerbue, Schweizerbue
Hör' i ja so gern!
Diridi duida, duida, duidarido, duida, duida, la la la la la la la la la la la la la hodirida.

2. Wenn i blas' auf meinem Alpenhorn,
Folgt mir mei liebi Heerd,
Hin und her führ' is wohl,
Drob'n auf der Alp.
Wenn i zur Sennhütt' komm',
Jodli mei Diridum,
D'Sennrin ruft: lust'ger Bue,
Wo bist du so lang?
Diridi duida, 2c.

247. Loreley.

1. Ich weiß nicht, was soll es bedeuten,
Daß ich so traurig bin;
Ein Mährchen aus alten Zeiten,
Das kommt mir nicht aus dem Sinn.
Die Luft ist kühl und es dunkelt,
Und ruhig fließt der Rhein;
Der Gipfel des Berges funkelt
Im Abendsonnenschein.

2. Die schönste Jungfrau sitzet
Dort oben wunderbar,
Ihr gold'nes Geschmeide blitzet,
Sie kämmt ihr gold'nes Haar;
Sie kämmt es mit goldenem Kamme,
Und singt ein Lied dabei;
Das hat eine wundersame,
Gewaltige Melodei.

3. Den Schiffer im kleinen Schiffe
Ergreift es mit wildem Weh;
Er schaut nicht die Felsenriffe,
Er schaut nur hinauf in die Höh'.
Ich glaube, die Wellen verschlingen
Am Ende Schiffer und Kahn;
Und das hat mit ihrem Singen
Die Loreley gethan.

248. Fiducit.

1. Es hatten drei Gesellen
Ein fein Collegium,
:,: Es kreiste so fröhlich der Becher
In dem kleinen Kreise herum. :,:

2. Sie lachten dazu und sangen,
Und waren froh und frei,
:,: Des Weltlauf's Elend und Sorgen,
Sie gingen an ihnen vorbei. :,:

3. Da starb von den Dreien der Eine,
Der And're folgt ihm nach,
:,: Und es blieb der Dritte alleine
In dem öden Jubelgemach. :,:

4. Und wenn die Stunde gekommen
Des Zechens und der Lust,
:,: Dann thät er die Becher füllen
Und sang aus voller Brust. :,:

5. So saß er einst auch beim Mahle
Und sang zum Saitenspiel,
:,: Und zu dem Wein im Pokale
Eine helle Thräne fiel. :,:

6. „Ich trink' euch ein Smollis, ihr Brüder!
Wie sitzt ihr so stumm und still?
:,: Was soll aus der Welt denn werden,
Wenn Keiner mehr trinken will? :,:

7. Da klangen der Gläser dreie,
Und wurden mälig leer;
:,: Fiducit! Fröhlicher Bruder!" —
Der trank keinen Tropfen mehr. :,:

249. Vaterlandsgelübde.

1. Ich hab' mich ergeben,
Mit Herz und mit Hand,
:,: Dir, Land voll Lieb' und Leben,
Mein theures Vaterland! :,:

2. Ach Gott, thu erheben,
Mein jung Herzensblut,
:,: Zu frischem, freud'gem Leben,
Zu freiem, frohem Muth! :,:

3. Laß Kraft mich erwerben
In Herz und in Hand,
:,: Zu leben und zu sterben
Für's heil'ge Vaterland! :,:

250. Lob der edeln Musika.

1. Ein lust'ger Musikante spazierte einst am Nil,
(Chor) O tempora, o mores!
Da kroch wohl aus dem Wasser ein großer Krokodil,
(Chor) O tempora, o mores!
Der wollt' ihn gar verschlucken,
Wer weiß, wie das geschah?
(Chor) Juchheirassassassa! o tempo-tempora!
Gelobet seist du jederzeit, Frau Musika!

2. Da nahm der Musikante seine alte Geigen,
(Chor) O tempora, o mores!
Und thät mit seinem Bogen fein darüber streichen,
(Chor) O tempora, o mores!
Allegro, dolce presto,
Wer weiß, wie das geschah?
Juchheirassassassa! ꝛc.

3. Und wie der Musikante den ersten Strich gethan,
(Chor) O tempora, o mores!
Da fing der Krokodilius gar schön zu tanzen an,
(Chor) O tempora, o mores!
Menuett, Galopp und Walzer,
Wer weiß, wie das geschah?
Juchheirassassassa! ꝛc.

4. Er tanzte wohl im Sande im Kreise herum,
(Chor) O tempora, o mores!
Und tanzte sieben alte Pyramiden um;
(Chor) O tempora, o mores!
Denn die sind lange wacklicht,
Wer weiß, wie das geschah?
Juchheirassassassa! ꝛc.

5. Und als die Pyramiden das Teufelsvieh erschlagen,
(Chor) O tempora, o mores!
Da ging er in ein Wirthshaus und sorgt für seinen Magen;
(Chor) O tempora, o mores!
Tokaierwein, Burgunderwein,
Wer weiß, wie das geschah?
Juchheirassassassa! ꝛc.

6. 'Ne Musikantenkehle, die ist als wie ein Loch,
(Chor) O tempora, o mores!
Und hat er noch nicht aufgehört, so trinkt er noch.
(Chor) O tempora, o mores!
Und wir, wir trinken mit ihm;
Wer weiß wie das geschah?
Juchheirassassassa! ꝛc.

251. Freut euch des Lebens.

Freut euch des Lebens, weil noch das Lämpchen glüht,
Pflücket die Rose, eh' sie verblüht.

1. (Einer.) Man schafft so gern sich Sorg' und Müh',
Sucht Dornen auf und findet sie,
Und läßt das Veilchen unbemerkt,
Das uns am Wege blüht.
Freut euch 2c.

2. (Einer.) Wenn scheu die Schöpfung sich verhüllt,
Und laut der Donner ob uns brüllt,
So lacht am Abend nach dem Sturm
Die Sonn' uns doppelt schön!
Freut euch 2c.

3. (Einer.) Wer Neid und Mißgunst sorgsam flieht
Und Genügsamkeit im Gärtchen zieht,
Dem schießt sie bald zum Bäumchen auf,
Das gold'ne Früchte trägt.
Freut euch 2c.

4. (Einer.) Wer Redlichkeit und Treue liebt
Und gern dem ärmern Bruder gibt,
Da siedelt sich Zufriedenheit
So gerne bei ihm ein.
Freut euch 2c.

5. (Einer.) Und wenn der Pfad sich furchtbar engt,
Und Mißgeschick uns plagt und drängt,
So reicht die Freundschaft schwesterlich
Dem Redlichen die Hand.
Freut euch 2c.

6. (Chor.) Sie trocknet ihm die Thränen ab,
Und streut ihm Blumen bis an's Grab;
Sie wandelt Nacht in Dämmerung
Und Dämmerung in Licht.
Freut euch 2c.

7. (Chor.) Sie ist des Lebens schönstes Band:
Schlingt, Brüder, traulich Hand in Hand!
So wallt man froh, so wallt man leicht
In's beff're Vaterland.
Freut euch des Lebens, weil noch das Lämpchen glüht,
Pflücket die Rose, eh' sie verblüht.

252. Bundeslied.

1. Es kann ja nicht immer so bleiben
Hier unter dem wechselnden Mond;
Es blüht eine Zeit und verwelket,
:,: Was mit uns die Erde bewohnt. :,:

2. Es haben viel fröhliche Menschen
Lang vor uns gelebt und gelacht;
Den Ruhenden unter dem Rasen
:,: Sei fröhlich dies Gläschen gebracht. :,:

3. Es werden viel fröhliche Menschen
Lang nach uns des Lebens sich freu'n;
Uns Ruhenden unter dem Rasen
:,: Den Becher der Fröhlichkeit weih'n. :,:

4. Wir sitzen so traulich beisammen
Und haben einander so lieb,
Erleichtern einander das Leben;
:,: Ach wenn es doch immer so blieb'! :,:

5. Doch weil es nicht immer so bleibet,
So haltet die Freude recht fest;
Wer weiß denn, wie bald uns zerstreuet
:,: Das Schicksal nach Ost und nach West. :,:

6. Und sind wir auch fern von einander,
So bleiben die Herzen sich nah'!
Und Alle, ja Alle wird's freuen,
:,: Wenn Einem was Gutes geschah. :,:

7. Und kommen wir wieder zusammen
Auf weise verhülleter Bahn;
So knüpfen an's fröhliche Ende
:,: Den fröhlichen Anfang wir an! :,:

---

253. Schifferlied.

1. Das Schiff streicht durch die Wellen,
Fidelin!
Vom Ost die Segel schwellen,
Fidelin!
Verschwunden ist der Strand
In die Ferne,
O wie gerne
Wär' ich in dem Heimathland.
Fidelin! Fidelin!

2. Ihr dunkelblauen Wogen, Fidelin!
Wo kommt ihr hergezogen, Fidelin!
Kommt ihr vom fernen Strand?
Laßt sie rollen,
Denn sie sollen
Noch zurück in's Heimathland.
Fidelin! Fidelin!

3. Und bei der Welle Rauschen,
Fidelin!
Wird sie am Ufer lauschen, Fidelin!
O dann eilt hin zu ihr,
Sie zu grüßen,
Sie zu küssen,
Sagt ihr viel, recht viel von mir.
Fidelin! Fidelin!

4. Wenn bald die Wogen brausen,
Fidelin!
Und wild die Stürme hausen,
Fidelin!
Dann denk' ich nur an dich,
Daß mir bliebe
Deine Liebe,
Und kein Sturm erschüttert mich.
Fidelin! Fidelin!

5. Was ich jetzt fern muß singen,
Fidelin!
Bald soll dir's näher klingen,
Fidelin!
Meine Fahrt ist bald vorbei,
Meine Lieder
Bring ich wieder
Und mit ihnen meine Treu'.
Fidelin! Fidelin!

254. Der Matrose.

Auf, Matrosen, die Anker gelichtet,
Segel gespannt, den Kompaß gerichtet!
Liebchen ade! Scheiden thut weh!
:,: Morgen geht's in die wogende See. :,:

Dort draußen auf tosenden Wellen,
Schwankende Schiffe an Klippen zerschellen,
In Sturm und Schnee wird mir so weh,
:,: Daß ich auf immer vom Liebchen geh'. :,:

Einen Kuß von rosiger Lippe,
Und ich fürchte nicht Sturm und Klippe!
Braus' o See, Sturmwind weh'!
:,: Wenn ich mein Liebchen nur wieder seh'! :,:

Doch find' ich die Heimath nicht wieder,
Und reißen die Fluthen mich nieder
Tief in die See! Liebchen, ade!
:,: Wenn ich dich oben wiederseh',
Dich wiederseh'! :,:

---

255. Vive la Compagneia!

1. Ich nehm' mein Gläschen in die Hand,
Viva la Compagneia!
Und fahr' damit in's Unterland,
Vive la Compagneia!
Vive la, vive la, vive la, va!
Vive la, vive la, hopsasa,
Vive la compagneia!

2. Ich hol' das Gläschen wieder hervor,
Vive la Compagneia!
Ich halts' an's recht und linke Ohr,
Vive la Compagneia!
Vive la, vive la, etc.

3. Ich setz' mein' Gläschen an den Mund,
Vive la Compagneia!
Und leer' es aus bis auf den Grund,
Vive la Compagueia!
Vive la, vive la etc.

4. Dem Gläschen ist sein Recht gescheh'n,
Vive la Compagneia!
Was oben ist, muß unten steh'n;
Vive la Compagneia!
Vive la, vive la etc.

5. Das Gläschen, das muß wandern,
Vive la Compagneia!
Von einer Hand zur andern,
Vive la Compagneia!
Vive la, vive la etc.

---

256. Der gute Kamerad.

1. Ich hatt' einen Kameraden,
Einen bessern findst du nit.
Die Trommel schlug zum Streite,
Er ging an meiner Seite
:,: In gleichem Schritt und Tritt. :,:

2. Eine Kugel kam geflogen,
Gilt es mir, oder gilt es dir?
Ihn hat es weggerissen,
Er liegt vor meinen Füßen,
:,: Als wär's ein Stück von mir. :,:

3. Will mir die Hand noch reichen,
Derweil ich eben lad',
Kann dir die Hand nicht geben,
Bleib' du im ew'gen Leben
:,: Mein guter Kamerad. :,:

257. La Marseillaise.

1. Allons, enfants de la patrie, le jour de gloire est arrivé; contre nous de la tyrannie :,: lètendard sanglant est levé. :,: Entendez-vous, dans les campagnes, mugir ces féroces soldats? Ils viennent jusque dans vos bras égorger vos fils, vos compagnes. Aux armes, citoyens! Formez vos bataillons! :,: Marchons, marchons! Qu'un sang impur abreuve nos sillons! :,:

2. Que veut cette horde d'esclaves, de traîtres, de rois conjurés? Pour qui ces ignobles entraves, :,: ces fers dès longtemps préparés? :,: Français, pour nous, ah, quel outrage! Quels transports il doit exciter! C'est nous qu'on ose méditer, de rendre à l'antique esclavage. Aux armes, citoyens, etc.

3. Quoi! des cohortes étrangères feraient la loi dans nos foyers! Quoi! ces phalanges mercenaires :,: terrasseraient nos fiers guerriers! :,: Grand Dieu! Par des mains enchaînées nos fronts sous le joug se ploiraient; de vils despotes deviendraient les moteurs de nos destinées! Aux armes, citoyens, etc.

4. Nous entrerons dans la carrière, quand nos aînés n'y seront plus, nous y trouverons leur poussière :,: et la trace de leurs vertus! :,: Bien moins jaloux de leur survivre que de partager leur cercueil, nous aurons le sublime orgueil de les venger ou de les suivre. Aux armes, citoyens, etc.

---

258. Wanderlied.

1. Wohlauf noch getrunken den funkelnden Wein,
Ade nun, ihr Lieben, geschieden muß sein!
:,: Ade nun, ihr Berge, du väterlich Haus,
Es treibt in die Ferne mich mächtig hinaus :,: (hinaus).
Juvevallera, 2c.

2. Die Sonne, sie bleibet am Himmel nicht steh'n,
Es treibt sie, durch Länder und Meere zu geh'n,
:,: Die Woge nicht haftet am einsamen Strand,
Die Stürme, sie brausen mit Macht durch das Land :,: (das Land).

3. Mit eilenden Wolken der Vogel dort zieht,
Und singt in der Ferne manch' heimathlich Lied;
:,: So treibt es den Burschen durch Wälder und Feld,
Zu gleichen der Mutter, der wandernden Welt :,: (der Welt).

4. Da grüßen ihn Vögel, bekannt über'm Meer,
Sie flogen von Fluren der Heimath hieher;
:,: Da duften die Blumen vertraulich um ihn,
Sie treiben vom Lande die Lüfte dahin :,: (dahin).

5. Die Vögel, sie kennen sein väterlich Haus,
Die Blumen einst pflanzt' er, der Liebe zum Strauß;
:,: Und Liebe, die folgt ihm, die geht ihm zur Hand,
So wird ihm zur Heimath das ferneste Land :,: (das Land).

259. Frisch gesungen!

1. Hab' oft im Kreise der Lieben,
Im duftigen Grase geruht,
Und mir ein Liedlein gesungen,
Und Alles war hübsch und gut,
Und mir ein Liedlein gesungen,
Und Alles war hübsch und gut,
Und Alles, Alles,
Und Alles war hübsch und gut.

2. Hab' einsam auch mich gehärmet
In bangem düsterem Muth,
Und habe wieder gesungen,
Und Alles war wieder gut,
Und habe wieder gesungen,
Und Alles war wieder gut,
Und Alles, Alles,
Und Alles war wieder gut.

3. Und Manches, was ich erfahren,
Verkocht' ich in stiller Wuth,
Und kam ich wieder zu singen,
War Alles auch wieder gut,
Und kam ich wieder zu singen,
War Alles auch wieder gut,
War Alles, Alles,
War Alles auch wieder gut.

4. Sollst uns nicht lange klagen,
Was Alles Dir wehe thut,
Nur frisch, nur frisch gesungen,
Und Alles wird wieder gut,
Nur frisch, nur frisch gesungen,
Und Alles wird wieder gut,
Und Alles, Alles
Und Alles wird wieder gut.

---

260. Gekommen ist der Winter.

1. Gekommen ist der Winter,
Der Sommer hat ein End':
Ade, ade, Herzliebste mein,
Von dir ich mich nun wend'!

2. Die Vög'lein sind verflogen,
Die Haid' ist blumenleer:
Ade, ade, Trautliebste mein,
Mach' mir das Herz nicht schwer.

3. Der Schnee fällt auf die Tannen,
Die Lieb' ist stumm und still:
Ade, ade, Herzliebste mein,
Weiß wohl, wohin ich will!

4. Ach, Schatz, daß dich's erbarme,
Weil ich so elend bin:
Schließ mich in deine Arme,
Dann fährt der Winter hin.

---

261. Schweizerlied.

1. Ufem Bergli bin i g'sässe,
Ha de Vögle zugeschaut;
Hänt gesunge, hänt gesprunge,
Hänt Nestli gebaut.

2. In ä Garte bin i g'stande,
Ha de Imbli zugeschaut;
Hänt gebrummet, hänt gesummet,
Hänt Zelli gebaut.

3. Uf d' Wiese bin i gange,
Lugt' i Summervögli a;
Hänt gesoge, hänt gefloge,
Gar z'schön hänt's gethan.

4. Und da kommt nun der Hansel,
Und da zeig' i em froh,
Wie sie's mache, und mer lache,
Und mache's au so.

---

262. Urbummellied.

1. Studio auf einer Reis',
Juchheidi, juchheida,
Ganz famos zu leben weiß,
Juchheida, heida;
Immer fort durch Dick und Dünn
Schlendert er durch's Dasein hin,
Juchheidi, heidi, heida, Juchheidi,
Juchheida, Juchheidi, heidi, heida,
Juchheidi, heida!

2. Hat der Studio auch kein Geld,
Ist er d'rum nicht schlecht bestellt,
Manches feiste Pfäffelein
Ladet ihn zum Frühstück ein,
Juchheidi, 2c.

3. Kehren wir im Wirthshaus ein,
Trinken wir stets Bier statt Wein,
Alle Mädel für uns glüh'n,
Denn wir tragen braun, blau, grün!
Juchheidi, 2c.

4. Bairisch Bier und Leberwurst,
Und ein Kind mit runder Brust,
Und ein Glas Crambambuli,
Donnerwetter, Paraplui!
Juchheidi, 2c.

263. Die Auserwählte.

1. :,: Mädele ruck, ruck, ruck an meine rechte Seite,
I hab de gar so gern, i kann de leide! :,:
Bist so lieb und gut,
Schön wie Milch und Blut,
Du mußt bei mir bleibe,
Mußt mir Zeit vertreibe.

2. :,: Mädele guck, guck, guck in meine schwarze Auge,
Du kannst dei lieblichs Bildle drinne schaue. :,:
Guck no recht drei nei,
Du mußt drinne sei,
Bist du d'rinne z'Haus,
Kommst du nimme raus.

3. :,: Mädele du, du, du mußt mir den Trauring gebe,
Denn sonst liegt mir ja nex mehr an mei'm Lebe. :,:
Wenn i di net krieg,
Gang i fort in Krieg,
Wenn i di net hab,
Ist mir d'Welt a Grab.

264. Die drei Sterne.

1. Es blinken drei freundliche Sterne
In's Dunkel des Lebens hinein,
Die Sterne, sie funkeln so traulich,
Sie heißen Lied, Liebe und Wein.
Es lebt in der Stimme des Liedes
Ein treues, mitfühlendes Herz,
:,: Im Liede verjüngt sich die Freude,
Im Liede verweht sich der Schmerz. :,:

2. Der Wein ist die Stimme des Liedes
Zum freudigen Wunder gesellt,
Und malt sich mit glühenden Strahlen
Zum ewigen Frühling der Welt.
Doch schimmert mit freudigem Winken
Der dritte Stern erst herein,
:,: Dann klingt's in der Seele wie Lieder,
Dann glüht es im Herzen wie Wein. :,:

3. D'rum blickt denn, ihr herzigen Sterne,
In unsere Brust auch hinein,
Es leite durch Leben und Sterben
Uns Lied und Liebe und Wein.
Und Wein und Lieder und Liebe,
Sie schmücken die festliche Nacht,
:,: D'rum leb', wer das Küssen und Lieben
Und Trinken und Singen erdacht. :,:

265. Der Lindenbaum.

1. Am Brunnen vor dem Thore,
Da steht ein Lindenbaum,
Ich träumt' in seinem Schatten
So manchen süßen Traum;
Ich schnitt in seine Rinde
So manches liebe Wort;
Es zog, in Freud' und Leide,
:,: Zu ihm mich immerfort. :,:

2. Ich mußt' auch heute wandern
Vorbei in tiefer Nacht,
Da hab' ich, noch im Dunkel,
Die Augen zugemacht;
Und seine Zweige rauschten,
Als riefen sie mir zu:
Komm' her zu mir, Geselle,
:,: Hier find'st du deine Ruh'. :,:

3. Die kalten Winde bliesen
Mir g'rad in's Angesicht,
Der Hut flog mir vom Kopfe,
Ich wendete mich nicht.
Nun bin ich manche Stunde
Entfernt von jenem Ort,
Und immer hör' ich's rauschen
:,: Du fändest Ruhe dort. :,:

266. Abschied.

1. Muß i denn, muß i denn zum :,: Städtele 'naus, :,:
Und du, mein Schatz, bleibst hier?
Wenn i komm, wenn i komm, wenn i :,: wied'rum komm, :,:
Kehr' i ein, mein Schatz, bei dir.
Kann i gleich nit allweil bei dir sein,
Han i doch mein Freud' an dir.
Wenn i komm, wenn i komm, wenn i :,: wied'rum komm, :,:
Kehr i ein, mein Schatz, bei dir.

2. Wie du weinst, wie du weinst, daß i :,: wandere muß, :,:
Wie wenn d'Lieb jetzt wär' vorbei!
Sind au d'raus, sind au d'raus der :,: Mädele viel', :,:
Lieber Schatz i bleib dir treu
Denk' du net, wenn i en Andre seh',
No sei mein' Lieb' vorbei;
Sind au draus, sind au d'raus der :,: Mädele viel, :,:
Lieber Schatz, i bleib dir treu.

3. Ueber's Jahr, über's Jahr, :,: wenn me Träubele schneid't, :,:
Stell i hier mi wied'rum ein;
Bin i dann, bin i dann :,: dein Schätzele noch, :,:
So soll die Hochzeit sein.
Ueber's Jahr da ist mein' Zeit vorbei,
Da g'hör i mein und dein;
Bin i dann, bin i dann :,: dein Schätzele noch :,
So soll die Hochzeit sein.

267. Dem Vaterlande.

1. Nimm deine schönsten Melodien
Aus tiefster Brust hervor,
Laß sie dein Sinnen aufwärts ziehen,
Du Schweizer Männerchor!
:,: Dem Vaterland soll's klingen, das Sängerwort,
Soll durch die Wolken dringen zum Vaterort! :,:

2. Geb' Gott dir seinen gold'nen Frieden,
Du liebes Vaterland,
Doch den nicht, den die Herren schmieden
Am fetten Opferbrand!
:,: Auf Treu' sei er gegründet, auf Menschenrecht;
Das Brüder, das verbindet ein frei Geschlecht. :,:

3. Geb' Gott dir seinen besten Segen,
Dann bist geborgen du!
Doch blüht er nicht auf krummen Wegen,
Nur geraden fällt er zu.
:,: Im Guten und im Wahren ist Heiles nur,
Da muß sich offenbaren des Segens Spur. :,:

4. Dich so zu schauen, so zu grüßen,
Ist deiner Söhne Lust.
Nimm diese Wünsche, wie sie fließen
Aus tief bewegter Brust.
:,: Zur Weihe laß dir bringen die treue Hand,
Dir unser Herz und Singen, o Vaterland! :,:

268. Das Vaterland.

1. Wir fühlen uns zu jedem Thun entflammet,
Das frommen soll, das frommen soll dem Vaterland
Wir achten uns als Einem Stamm entstammet
Und legen liebend, legen liebend Hand in Hand.
Brüder, :,: in Leben und Liebe verwandt :,:
:,: Pfleget und bauet das Vaterland! :,:

2. Allweit vom Thal zum Eisesgurt der Höhen;
Allüberall, allüberall ist Bienenfleiß;
Allüberall, wenn hoch die Banner wehen,
Ist kühner Muth, ist kühner Muth zum Schlachtenschweiß.
Brüder, :,: in Leben und Liebe verwandt, :,:
:,: Bauet und schirmet das Vaterland! :,:

3. Im Land, wo Recht und alte Sitten walten,
Strahlt auch des Glaubens, auch des Glaubens alter Glanz;
Da muß des Ganzen Heil sich wohlgestalten,
Zum Guten kommt, zum Guten kommt des Schönen Kranz;
Brüder, :,: in Geist und Gemüthe verwandt, :,:
:,: Schirmet und zieret das Vaterland! :,:

4. Da sproßt ein frei Geschlecht, dem Herrn vertrauend,
Wenn Feindeszorn, wenn Feindeszorn mit Ketten droht,
Im Herzen still der Ahnen Thun beschauend,
Geh'n freudig sie, geh'n freudig sie in Kampf und Tod.
Brüder, :,: im Leben und Sterben verwandt, :,:
:,: Zieret und segnet das Vaterland! :,: